戦国大名の新研究 4

上杉謙信とその一族

黒田基樹・前嶋敏［編著］

戎光祥出版

序にかえて

本書は「戦国大名の新研究」シリーズの第四弾として、上杉謙信を中心とした家族関係、また一族関係に関して、これまでの研究の現状、到達点を把握し、また新たな知見を含めて今後の展望を提示することを目的とするものである。

上杉謙信は享禄三年（一五三〇）に越後守護代長尾為景の子として誕生した。為景には複数の妻がおり、そのため謙信には同母・異母あわせて、謙信より年長の者を含む複数の兄弟姉妹がいた。謙信が長尾家当主となるうえでは、まずその状況を乗り越える必要があった。

また、謙信は永禄四年（一五六一）には関東管領上杉憲政の養子となり、上杉の苗字を名乗るようになっている。それから、実子はいなかったものの、多くの養子を得て、さらに彼らを上条上杉氏や山浦上杉氏といった上杉家一門などの養子としていったことなどが知られる。謙信については養父・養子の縁組による家族関係を多く確認できる。

なお、謙信が誕生した十六世紀前半頃の越後では、府内・上田・古志の長尾家一族が主導権をめぐって争っていた。また、謙信の出自である府内長尾家は越後守護代であり、守護は越後守護上杉家が担っていた。しかし、謙信が府内長尾家の家督を相続してまもなく、守護の上杉定実が没してこの家は断絶する。そして謙信は国内を統一に導いていく。

以上からも、戦国時代の越後、また上杉謙信の政治動向を検討するうえでも、その家族関係、一族関係、また上杉家・長尾家の関係は注目される視点といえる。

なお本書では、上記に見たような謙信を取り巻く家族関係・一族関係を踏まえて、第一部「謙信の父母と兄弟姉妹」、第二部「謙信の養父と養子」、第三部「越後の長尾・上杉一族」の三部構成として、各部において注目すべき人物や家をとりあげていくこととした。収録論文は十八編に及んでおり、謙信について検討するうえで重視すべき家族・一族の多くについて示すことができたのではないかと思う。本書が上杉謙信を中心した戦国期越後などに関する研究の進展に資するようであれば幸いである。

本書ではその家族関係、一族関係に焦点をあてていることから、上杉謙信自身については立項して取り上げていない。謙信自身の動向やその父為景などについては、戎光祥出版のシリーズ・中世関東武士の研究として、黒田基樹編著『長尾為景』、前嶋敏編著『上杉謙信』などが刊行されている。また、本書に関わる書籍として、黒田基樹編著『山内上杉氏』『関東管領上杉氏』『関東上杉氏一族』（いずれもシリーズ・中世関東武士の研究）なども刊行されている。これらをあわせて参照されたい。

末尾となりましたが、本書の刊行にあたり、ご多忙のなか、それぞれのテーマを深めてご執筆いただいた皆様をはじめ、ご協力を賜った多くの方々に感謝申し上げます。

二〇二四年八月

黒田基樹
前嶋　敏

目　次

第一部　謙信の父母と兄弟姉妹

Ⅰ　長尾為景

黒田基樹

はじめに

長尾為景は、上杉謙信の父であるとともに、越後を本国とする戦国大名として、（守護）上杉家（房定・房能・定実）に取って代わった、（長尾）上杉家の初代にあたる。為景の戦国大名化は、房能を殺害し、次いで擁立した定実の国主としての機能を停止し、自らを主宰者とした領国支配を展開することによった。これはすなわち「下剋上」であり、為景の事例はその典型の一つとして認識されている。

しかし為景の「下剋上」は完成したとは言いがたく、その後に主人・定実の政治機能の一部に復権がみられ、晩年には嫡男晴景との対立によって、為景は隠居を余儀なくされている。そして為景の死後に、定実の政治機能はさらに復権をみて、結局、（長尾）上杉家が（守護）上杉家の政治機能を克服して完全に戦国大名化するのは、晴景弟の景虎（謙信）の時に、定実が後継者のないまま死去して、（守護）上杉家が断絶したことによる。

為景に始まった（長尾）上杉家の「下剋上」による戦国大名化は、主家・（守護）上杉家の政治的存続のため、最終的には約四十五年が費やされたのであり、為景の政治的生涯の約三十五年は、ほぼそれに費やされたものとなっている。その一方で為景は、越中・信濃への侵攻、関東政治勢力との外交などの対外関係の展開、国内の上杉氏一族・国衆への政治統制、（守護）上杉家被官の家臣化など、国内での領国統治や領主層の家臣団編成の展開といった、戦国大名としての在り方を確実に構築している。それがあったからこそ、隠居後十年にして、謙信による戦国大名化の完成がみられたといえる。

為景に関する研究については、近時、主要論文を集成した拙編『長尾為景〈シリーズ・中世関東武士の研究34〉』を刊行し、「総論　長尾為景の研究」において、為景に関する諸問題について整理した。本論ではそれをもとに、為景の生涯の概略をまとめることにしたい。なお為景の段階では、戦国大名としての越後上杉家は、（守護）上杉家に限定されるので、同家については単に上杉家とのみ表記する。また史料典拠の表示はここでは省略する。それについては前掲拙稿ないし参考文献を参照していただきたい。

一、上杉家への「下剋上」

為景は、上杉家の家宰兼越後国守護代の府中長尾家・長尾能景の嫡男として、文明十八年（一四八六）に生まれた。生年については近年に確定されたものになる（片桐二〇一七①）。能景が二十三歳の時の生まれである。母は、天文五年（一五三六）死去の玉江正禅大姉であるが（「越後過去名簿」『新潟県立歴史博物館』九号所収）、出自は確定されていない。信濃国衆・高梨政盛の娘とする所伝があるが、当時の良質史料による裏付けはまだとれていない。

まず為景の通称の変遷について、現在の研究段階をもとに整理しておくことにする。仮名は六郎を称し、永正十年（一五一三）三月を初見に官途名弾正左衛門尉を称し、大永四年（一五二四）四月を初見に受領名信濃守を称している。それらはいずれも府中長尾家歴代の通称になる。また在俗段階において、法名を断続的に用いている。永正四年十一月、同六年八月、同年十月、同八年七月、同九年六月に、法名桃渓庵宗弘を称している。ただし同時に実名為景も用いており、その使い分けの理由は判明していない。天文三年（一五三四）正月には、法名蘇久を用いている。同五年八月から九月には、法名黄博を用いている。この時期については、法名で統一されているので、この時点で為景は出家したとみなされる。同年十一月から同八年十月には、法名絞竹庵張恕を用いている。法名の改称とみなされる。そして為景の終見文書となる同九年八月には、再び実名を用いている。これは還俗したものとみなされている。為景は、他者からは同五年九月までは出家呼称されていたが、同九年八月からは俗人呼称されているので、還俗は確かな事実とみなされている（前嶋二〇一五）。

永正三年（一五〇六）九月九日に父能景が死去し、これにともなって為景は府中長尾家の当主になり、同時に上杉家の家宰兼越後国守護代に就任した。わずか二十一歳であった。若年であったためか、上杉家の主導権をめぐる権力闘争が生じたとみられ、早くも同年十一月から、「高家」とそれに味方する勢力とのあいだで軍事抗争を開始している。ここでの「高家」は、房能の養嗣子（竜松丸）を出していた八条上杉家とみなされている（森田二〇一八①）。この抗争は、そのまま主人・房能との抗争に発展して、翌同四年八月七日に、為景は軍事抗争の末に、房能および養嗣子竜松丸とその実父八条上杉房孝を殺害した。すなわち主殺しによる「下剋上」である。

房能との抗争にあたって、為景は、新たな上杉家当主として、越後上杉家庶家筆頭の上条上杉家を継承していた定実（房能の従弟）を擁立し、房能殺害後は、同家当主に据えた。八条上杉家との抗争はその後も続き、同五年八月九日に八条上杉成定を自害させて、ようやくに終息させた。これをうけて同年十一月六日に、上杉定実は室町幕府から越後国守護職に任じられ、上杉家当主の地位を幕府からも公認された。

しかし同六年九月から、越後上杉家出身の関東管領山内上杉可諄（実名は顕定、房能の実兄）が、房能方勢力支援のため、越後侵攻を展開してきた。上杉可諄は、山内上杉家一族の憲房（可諄前代房顕の甥）を同道していて、憲房に越後上杉家家臣に対して主人権を行使させていることから、その憲房を越後上杉家当主に据えようとしていたとみなされる。さらに憲房の実弟の憲明（長茂）も同道していて、これを上条上杉家嫡流家の当主に据えようとしていたことが推定される。またこの可諄の侵攻には、上条上杉家庶家の定憲が従っている。

定実・為景は、一旦は越後から没落するものの、越中・信濃勢力の支援をうけて態勢を挽回し、同七年六月に上杉可諄を戦死させ、これにより山内上杉軍を上野に後退させた。越後・上野国境では、同年九月頃まで抗争が続いたが、為景は可諄の侵攻を撃退し、越後の確保に成功した。しかし越後における権力闘争は完全には終息せず、同九年正月に、三条長尾長景（房能方）の子と推定されている長尾平六と抗争し、これを殺害している。そして同十年正月から同十一年五月にかけて、主人・定実との抗争を展開している。

定実には、上条上杉定憲・八条左衛門佐らの上杉家一族、宇佐美・石川・飯沼家などの守護家重臣が加担していた。同十年十月十三日には、為景は出陣の隙を衝かれて、本拠の春日山城を占領されるという事態が生じている。為景はすぐに帰陣し、春日山城攻撃に向かうと、二十二日に定実は退城して為景に降伏した。これにより為景は、定実の身柄の確保を果たした。そして定実方勢力の追討をすすめ、同十一年五月にそれらの鎮圧を果たした（森田・長谷川二〇二二）。

これによって永正三年から続いていた越後の内乱は、一応の終息をみるものとなった。これらの内乱は、為景と上杉家との領国支配における主導権をめぐる一連の抗争と認識され、「越後永正の乱」と称されている。そしてその結果、上杉家当主の国主としての機能は停止され、為景による領国支配が展開された。ただしその翌年の同十二年閏四月の段階で、為景は越後国衆安田家に所領充行した際に、「御屋形様御定上、追而御判可申成」と述べていることから、為景の地位は守護家当主を必要としたことが指摘されている（前嶋二〇二三）。この文言は、その時点では上杉家当主が存在していなかったこと、新たな上杉家当主が成立したら、あらためて当主の判物が出されることを示している。抗争の結果、定実は当主の地位から退位させられる状況にあり、そのため当主不在とされているとみなされる。そして為景の行為は、あくまでも当主不在のため、当主権限を代行するものであったと認識される。

その後、定実については、同十二年十二月と同十四年八月に、依然として上杉家当主として存在していたことが確認されるが、当主権限の行使はみられていない。再び定実の当主としての動向が確認されるのは、大永三年（一五二三）六月からになる。その間における定実の立場については、明確ではない。そこで注目されるのが、その間の永正十六年五月に、為景より上位に位置した「松上院」上杉房安（為景より二歳年長）の存在である。為景が上位者として仰いでいることからすると、この上杉房安は、為景が新たに上杉家当主として擁立した存在の可能性もある（ただし系譜関係は不明だが、為景妻の兄、すなわち上杉卜峰の子の可能性が高いように思われる）。

大永三年六月に、定実は幕府から越後への役賦課を命じられており、これによりこの時、名目的な越後国主、同時に上杉家当主として、定実が復活していたことが確認される。そして以後において、定実は幕府から越後国主として扱われ続けている。しかし幕府と定実との通信は、すべて為景を経由したものであることから、上杉家と幕府との外交は、実際には為景によって構築されていたものになる。また領国統治も、為景が主宰者としておこなっていて、定実に独自の権限行使はみられていない。

したがって永正十一年の抗争以降、為景は実質的には戦国大名として存在し、独自の裁量で領国統治をおこなっていた存在とみなされる。その一方で、名目的な越後国主として定実が存在し続けていたという状態にあった、とみなされる。それはすなわち、為景は戦国大名として領国統治をおこなっていた一方で、定実を傀儡化して、当主として推戴していた状態になる。

そのうえで享禄元年（一五二八）十二月に、為景は将軍足利義晴から「毛氈鞍覆・白傘袋」の使用を免許され、嫡男道一（幼名）に足利義晴から偏諱を与えられている（実名晴景）。これは府中長尾家の当主が、将軍家直臣の身分を獲得したこと、同時に守護家・国主並の家格を獲得したことを意味している。これにより為景は、自身による領国統治について、幕府直臣かつ守護家・国主並の家格にあることをもとに、幕府の政治秩序においても明確な位置づけを獲得し、同時に国内勢力に対しても正当性を確保することになったととらえられる。

二、隣国との政治関係

為景は、永正十一年に「越後永正の乱」を終息させると、翌年の同十二年から、隣国の越中への侵攻を開始した。越中侵攻は、永正十二年・同十六年・同十七年・大永元年におこなわれ、その過程で越中東部の新川郡の領国化を遂げ、それについて永正十七年に、越中国守護・畠山卜山（実名尚順・尚慶、紀伊国守護を兼任で紀伊に在国）から新川郡守護代に任じられて、その領国支配を公認されている（久保一九八三・工藤二〇二三）。

永正十二年の侵攻は、具体的な動向はほとんど不明で、前年から能登・越中・越後三ヶ国の軍勢が加賀一向一揆攻略のための侵攻が予想されていることから、加賀一向一揆攻略のためとみられている。

同十六年の侵攻については、栖吉（古志）長尾房景に協力を要請した際に、同三年に越中に侵攻して戦死した父能景の遺志を継ぐものとして、越中国守護畠山家とその同族の能登国守護畠山家と連携して、越中国守護代神保慶宗とそれと連携する越中一向一揆の攻略を目的にしたものであったことが示されている。為景は、畠山卜山からの支援要請を容れて、越中に侵攻したものになる。しかし越中国守護勢・能登勢がともに越中一向一揆に敗北したため、為景も撤退した。

同十七年の侵攻も、畠山卜山の要請を容れたもので、六月に進軍し、七月に越中国衆椎名家に勝利して新川郡を平定し、十二月に神保慶宗を戦死させている。大永元年には、二月に能登畠山義総から能登・越中・越後三ヶ国の連携をはたらきかけられ、同月に越後で一向宗を禁止し、越中・加賀一向一揆との対決姿勢を明確にして、七月に越中に侵攻し、越中・加賀一向一揆と対戦している。

為景による越中侵攻は、その後はみられなくなるが、同年五月に三ヶ国連携の盟主であった畠山卜山が紀伊から没落したことで、連携関係が消滅したことにともなうとみなされている。さらに同三年春に、幕府管領細川高国の仲介により、能登・越中・越後三ヶ国と加賀一向一揆の和睦が成立したことで、為景の越中進軍の理由も消滅している。

為景は、畠山卜山と連携しての越中への進軍によって、新川郡を領国として獲得しており、国外に領国を拡大するようになっている。同郡守護代職への就任は、それを越中国守護家から公認されたものであるとともに、そのことを幕府的政治秩序によって表現するため、守護代職の補任という体裁がとられたものとみなされる。

ただし上杉家・府中長尾家と越中の関係は、父能景が戦死した永正三年にはみられていて、同六年から同七年の山内上杉可諄の越後侵攻の際にも、為景は越中に後退して、越中・信濃の味方勢力を動員して反攻に転じていたから、すでに密接な関係にあったことが知られる。このことからすると、為景の越中侵攻は、越中政治勢力と密接な関係にあったため、その政治情勢の変化への対応としておこなわれたものと理解される。

為景はまた、大永四年十月までに、北信濃に侵攻している。上杉家と北信濃の関係は、すでに上杉房定（顕定・

房能の父）の段階の、享徳の乱の時期からみられていた。為景の時期にも、永正六年～同七年における山内上杉可諄の越後侵攻の際に、北信濃国衆は定実・為景方と可諄方に分裂して抗争がみられたこと、同九年に為景が長尾平六を殺害した時期に、定実重臣の宇佐美房忠が信濃での紛争に仲介を務めることを予定していたこと、同十年～同十一年の為景と定実の抗争において、定実方の上条上杉定憲が味方の信濃国衆を率いて出陣したこと、などが確認されている（前嶋二〇二三）。

北信濃国衆のうち、為景と親密な関係にあったのが高梨家で、為景の母は高梨政盛の娘、為景の姉妹が高梨政盛の孫の政頼の妻、と所伝されている。為景の姉妹が高梨政頼の妻であったことは、事実とみなされる。それと対抗関係にあったのが島津家で、上杉可諄の越後侵攻の際には、それに味方している。島津家との対立関係は、その後も続いていたとみられるが、永正十六年と推定されている四月に、為景は島津家と和睦を成立させていることが知られている。その後に高梨家と島津家の対立が再燃したためか、為景がその後の大永四年に信濃に侵攻したのは、高梨家支援のためであった。しかしその後、為景と北信濃国衆との関係は確認されていない。

為景の信濃侵攻と同時期からみられるようになっているのが、関東勢力との外交関係である。大永四年正月から、相模北条氏綱が武蔵の山内・扇谷両上杉家領国への侵攻を開始したことにともなって、北条氏綱と、それと対抗する扇谷上杉朝興とその味方勢力の双方から通信され、援軍としての関東出陣を要請されている。氏綱からは二度目の書状が十一月二十三日付けで出されていて（最初の書状は十月上旬以前と推定される）、上杉朝興からの書状への為景の返書が、同五年三月十九日に朝興のもとに到着していて、同年二月二十六日に朝興方の上総真里谷武田恕鑑が為景に書状を出している。

為景への接近は、氏綱のほうが早かったとみなされるが、その通信も同五年五月を最後にみられなくなっている。

上杉朝興方との通信も、同年三月に朝興らが為景に宛てて出した書状群が最後で、それらはようやく七月に到着している。結局、為景はどちらにも味方することなく、関東勢力との通信は途絶えている（黒田二〇二〇）。もっともこの時に、為景は山内上杉憲房との通信を開始していたことが知られる。大永五年ないし同六年十二月に、上野国衆の惣社長尾顕景が為景に宛てた書状から、為景が上杉憲房と通信するようになったこと、その後に北条氏綱が惣社長尾顕景に通信したことが知られる。氏綱が長尾顕景に通信したことが確認されるのは、大永四年十一月であるから、為景は、氏綱から通信を求められる直前頃に、上杉憲房と通信を開始したことがうかがわれる。

為景と上杉憲房は、「越後永正の乱」以降は敵対関係にあった。そうした状況のなかで、大永三年から同四年の頃に、為景は上杉憲房と通信するようになったとみなされる。おそらくそれは、北条氏綱への対抗のため上杉憲房から求められたものと考えられる。これによって為景は、山内上杉家と通信関係を成立させた。しかし同家への軍事支援はおこなっていない。理由は判明しないが、同六年正月に、為景は「今度雑意」（今回の謀叛）にともなって阿賀北国衆から起請文を提出させているので、国内情勢に不穏な状況がみられるようになっていたためではないかと思われる。

三、越後享禄・天文の乱

享禄三年（一五三〇）十月から、「越後享禄・天文の乱」と称される内乱が開始される。為景が将軍家直臣、守護家・国主並みの身分を獲得してから、二年も経たないなかでのことであった。この内乱は、為景と上条上杉定憲の抗争として展開された。定憲は、永正六年～同七年の山内上杉可諄の越後侵攻の際には可諄方であったが、途中で定実・

為景方に転じている。同十年〜同十一年の為景と定実の抗争の際には、定実方の有力者として存在していた。

享禄四年正月に、為景方の上杉家一族・越後国衆など十八名によって軍陣での連署壁書が作成されていて、そこには上杉家一族の上条家十郎・山浦家・山本寺家定種や阿賀北衆の有力国衆のほとんどが参加していることから、定憲に味方する勢力はほとんどなく、この頃に定憲の叛乱は一旦、鎮圧されたとみなされている。ただし戦乱自体は、同年十月、翌天文元年（一五三二）二月にいたっても確認されているので、定憲方との抗争が完全に終息したわけではなかった。

戦乱が再び大規模化するのは、同二年九月に定憲の攻勢が強まったことによる。この時には山本寺上杉定種、上田長尾房長、阿賀北衆の中条・新発田家らが定憲に味方した。同四年六月に定憲は蒲原郡に在陣するようになり、これにともなって上杉家重臣の宇佐美・大熊家、阿賀北衆の本庄・色部・鮎川・水原・黒川家、さらに妻有衆・藪神衆など多くの勢力が定憲に味方した。為景はこれに対抗するため、同年九月に朝廷に禁裏の旗の新調を申請し、同五年三月に朝廷から「治罰の綸旨」を獲得している。この獲得は、朝廷・幕府から、越後の正当な支配者と認められていることを意味した。

その翌月に定憲は死去し、叛乱の中心人物はいなくなった。おそらくはそのため、具体的な経緯などは判明していないが、山本寺上杉定種や上杉家重臣などは、相次いで為景に帰服したことと思われる。しかしその後も上田長尾家・阿賀北衆らとの間で、翌同六年九月まで戦乱は継続されている。そこでは為景の優勢に展開されたとみなされている。このことから「治罰の綸旨」の獲得は、一定の効果があったとみることもできるであろう。ただしこの戦乱が完全に終息したのかは、確認されていない（森田二〇一八②・長谷川二〇二三①・前嶋二〇一四）。

ちなみにかつての通説では、為景は天文五年八月に隠居したとみられていたが、為景の隠居は同九年八月であることが明らかになっている（前嶋二〇一五）。これにより天文六年に続く戦乱も、為景のもとでおこなわれたことを認識できるようになっている。

この戦乱は、上杉家一族による叛乱であり、それに上杉家重臣や越後国衆が同調したものになる。為景は上杉家当主定実を取り込んでいたものの、それらの勢力を完全に屈服させるには至っていなかったことがわかる。上杉家の政治秩序では、為景は家宰として、当主と一心同体の関係にあったものの、身分的秩序では上杉家一族のほうが上位に位置し、上杉家重臣・越後国衆は同格に位置していた。為景は将軍家直臣となり、守護家・国主並の家格を獲得したものの、それでもそれらの勢力を安定的に帰服させることはできなかったことがわかる。

そもそもそれらの勢力の叛乱の要因も明確ではない。一般的な状況から考えれば、近隣領主同士の間での所領・権益をめぐる紛争が根底に存在していたと考えられ、叛乱にいたっていることからすると、為景がそれを適正に処置できていなかったことをうかがわせる。それがどのような構造によるものなのか検討していくことが必要になっている。

ちなみに府中長尾家に対する国内勢力の叛乱は、基本的にはその後も継続され、最終的に解決されるのは、景虎（謙信）の時の、天文二十年の上田長尾家従属による。しかしその後も国内勢力同士での紛争は止まず、そのために景虎が弘治二年（一五五六）に「出奔」する事態を生じさせている。その時点での景虎は、上杉家断絶をうけて、正当な越後国主の地位を確立していた。にもかかわらず国内勢力の統制を十分に確立できていなかったことになる。

この問題は、戦国大名による国内統合という事態が、何によって遂げられ、また維持されるのかを認識するうえで、重要な意味を持っていると考えられる。そのことを考えるにあたって、この為景および晴景・景虎の事例は、極めて重要な事例になっている。

四、伊達時宗丸入嗣事件による隠居

天文六年の戦乱が終息をみたのかどうか定かではないなか、同七年から、伊達時宗丸入嗣問題、それにともない越後で戦乱が展開された。

伊達時宗丸入嗣問題とは、上杉定実に後嗣がなかったため、「女縁」にあたるという陸奥伊達稙宗の子時宗丸を養嗣子に迎えようとしたものである。同七年十月には入嗣が決定していたことが確認され、時宗丸は元服し、定実から偏諱を与えられて実名実元を名乗る。

定実と伊達稙宗の「女縁」の関係については、定実の姉妹が上杉房定の養女となって伊達尚宗と結婚し、その間に稙宗が生まれたと推定されている（長谷川二〇一三②）。なお通説では、阿賀北衆の中条藤資の妹が伊達稙宗の妻になり、その間に時宗丸が生まれたとされているが、これについては、確かな事実としては、いまだ確認されていない。またその中条藤資の妻は、為景の姉妹婿の高梨政頼の娘とされて、為景と親密な政治関係にあったとみなされてきた。為景と中条藤資の間に婚姻関係が存在していたことは、確かな事実とみなされるが、その具体的な関係は判明していない。これらのことは、その後に展開される戦乱の背景を認識するうえで重要な要素をなすとみなされるので、今後における解明が求められる。

この時宗丸の入嗣への対応をめぐって、同八年九月頃に、阿賀北衆のなかにそれに反発する勢力がみられるようになったらしい。またこの頃に伊達稙宗が本庄・鮎川家を出羽大宝寺に退却させるという事態が生じた。阿賀北衆は、陸奥・出羽の政治情勢に関わっていたこと、伊達家が阿賀北衆の抗争に介入していたことが知られる。これらにより阿賀北衆の間で抗争が展開され、為景はその鎮圧に乗り出したと考えられる。そこでは、為景には中条・黒川・築地家らが味方し、これに色部家が対抗する態度をとっていたとみなされている。

そして同九年六月に、時宗丸の入嗣実現が日程にのぼるようになって、その父稙宗は反対派の色部家攻略のため、越後に進軍することを予定した。稙宗は、時宗丸の入嗣の遅れは、越後における戦乱の展開によると述べていることから、時宗丸の入嗣実現と、反対派の鎮圧は表裏の関係にあったことがわかる。ところがその直後の同九年七月、為景は「子細」があるとして本拠の春日山城に帰城してしまった。そのためか定実が政治行動をみせ、敵方攻略にあたって伊達稙宗に援軍を要請している。しかし伊達軍の進軍がみられることはなく、八月三日に為景は家督を嫡男晴景に譲って、隠居してしまうのであった。

直後の九月二十七日に、家督を継いだ晴景は、後奈良天皇から敵追討を命じられた「治罰の綸旨」を獲得し、翌二十八日に、晴景はそれまで敵対していた色部家に対し、中条家との抗争での勝利を賞していて、府中長尾家の立場が、色部家支持、中条家敵対と、為景の時期とは反転していることが知られている。そのため為景の隠居は、色部家を支持する晴景との権力闘争があり、それに敗北した結果と推定されている（前嶋二〇一五）。

すなわち為景は、伊達時宗丸入嗣問題をめぐって生じていた阿賀北衆の間における抗争に対し、中条家らを味方にし、これが推進派をなしていたが、嫡男晴景は、それらに対抗する色部家らに味方し、これが反対派を形成していた。両勢力の抗争は、為景と晴景の父子対立をもたらし、為景は晴景との権力闘争に敗れ、それにより晴景に家督を譲って隠居せざるをえなくなった、と理解される。

そしてこの家督交替を契機にして、伊達時宗丸入嗣問題は消滅し、また伊達家においても「伊達天文の乱」が展開されることになる。しかし阿賀北衆をめぐる抗争は、その後も継続され、さらにそれは中越地域にも波及し、やがて晴景弟の景虎の台頭をもたらすものとなる。越後の戦乱は、為景隠居後もしばらく続くのであった。

為景は、隠居から一年余りのちの天文十年十二月二十四日に、五十六歳で死去した。この忌日も近年に確定されたものになる（「越後過去名簿」）。法名は、「越後過去名簿」には「道七沙弥」とあるにすぎない。長尾政景夫妻像に記された戒名でも、「絞竹庵主道七沙弥」、「公族及将士」の戒名書上でも、「林泉中興開基道七沙弥」「道七沙弥」とあるにすぎないので（片桐二〇一七②）、法名は単に「道七」だけであったと考えられる。

おわりに

長尾為景の生涯は、越後統一のための戦乱に明け暮れたものであったというしかない。それは、家督を継いだ二十一歳の時から、死去する前年に隠居した五十五歳まで、足かけ三十五年におよぶものであった。もちろん戦国時代であったから、戦国大名やその家臣が、生涯を戦陣で過ごすのは当然のことであった、とはいえる。

為景の戦争は、最初の九年は、主家との抗争によって、越後での主導権を確立するためのものであった。これにより上杉家当主を存続させつつも傀儡化し、事実上の越後国主として、戦国大名として領国支配を展開するものとなった。その後の十年ほどでは、戦国大名らしく、他国への侵攻を展開した。ところがその後に、国内勢力の叛乱が相次いで生じる事態になり、結局、その叛乱を克服できないまま、最後は嫡男晴景との権力闘争を生じさせ、それに敗北して隠居し、政治生命を終えるものとなっている。

為景は、（長尾）上杉家という新しい戦国大名家を創出したその初代にあたっている。しかしその生涯は、越後統一を完成できないまま終えている。一度は国内統一を果たしたものの、上杉家一族・上杉家重臣・越後国衆の叛乱をうけ続けるという状態になっている。それらの叛乱がいかなる要因から生じているのかは、為景の戦国大名としての在り方をとらえるうえで、重要な要素をなしている。

そもそも為景が、主体的に主家への「下剋上」を志向していたのかは定かとはいえない。家督を相続して上杉家の家宰に就任した時は、わずか二十一歳であった。それに主人の房能、それと密接な関係にあった上杉家一族と、家政をめぐる主導権争いが生じたため、やむなく主家との敵対という態度をとらざるをえなくなったともいいうる。その時の為景の意志がどのようなものであったのかによって、その後の為景の生涯に対する評価は大きく異なるものになるであろう。

また最後は、嫡男晴景との権力闘争におよび、しかもそれに敗北してしまうことになる。その本来的な要因は、十年以上におよんで、国内勢力の叛乱を鎮圧できず、戦乱状態を継続させてしまっていたことにあったとみることができるであろう。しかしながら「越後享禄・天文の乱」をほとんど鎮圧しかけていたなかで、主人・定実の後継問題である伊達時宗丸入嗣問題が生じたことで、さらなる叛乱を引き起こしてしまった。この問題は、為景の政治的地位が主家を圧倒的に凌駕できていたり、後嗣を為景と親密な関係にあった上杉家一族から迎えることができていたりしたならば、回避されていたかもしれない。

これらのことは、家宰の立場から主家である守護家を克服して戦国大名化を遂げることの困難さを認識させる。そうしたなかで為景は、自身が置かれていた状況のなかで、懸命な対応を続けていたとみることも可能であろう。そして実際に、為景が主家を傀儡化し、事実上の越後国主としての地位を確立したことで、上杉家による戦国大名としての復活はありえないものとなっていた。時間は元には戻らないのである。それがゆえに、子の謙信によって、越後統一の完成が果たされ、戦国大名家としての（長尾）上杉家の確立が遂げられるのであった。

そうした観点に立つと、為景の生涯は、戦国大名という存在についてとしてだけでなく、その個性への関心をも引き起こすような、極めて興味深いものと認識される。しかしその生涯の実像について十全に把握するためには、上杉家一族・上杉家重臣・越後国衆、さらには近隣の政治勢力の動向について、具体的な追究が必要と考えられる。為景の時期に関する史料は必ずしも多くはない。それだけに関連する事柄について、精緻な検討を積み重ねていくことが必要であろう。為景研究における課題は、まだまだ山積しているのが現状であろう。

[参考文献]

片桐昭彦「春日社越後御師と上杉氏・直江氏―「大宮家文書」所収文書の紹介―」（『新潟史学』七五号、二〇一七年①）

同「謙信の家族・一族と養子たち」（前嶋敏・福原圭一編『上杉謙信』高志書院、二〇一七年②、所収）

工藤　直「長尾為景論」（黒田編著『長尾為景』二〇二三年、所収）

久保尚文『越中中世史の研究』（桂書房、一九八三年）

黒田基樹『北条氏綱〈ミネルヴァ日本評伝選209〉』（ミネルヴァ書房、二〇二〇年）

黒田基樹編著『関東上杉氏一族〈シリーズ・中世関東武士の研究22〉』（戎光祥出版、二〇一八年）

同『長尾為景〈シリーズ・中世関東武士の研究34〉』（戎光祥出版、二〇二三年）

長谷川伸「長尾為景の朱印状と「越後天文の乱」」（黒田編著『長尾為景』二〇二三年①）

同「南奥羽地域における守護・国人の同盟関係」（黒田編著『長尾為景』二〇二三年②）

前嶋　敏「越後享禄・天文の乱と長尾氏・中条氏」（黒田編著『長尾為景』二〇二三年①）

同「戦国期越後における長尾晴景の権力形成」（『日本歴史』八〇八号、二〇一五年）

同「越後永正の内乱と信濃」（黒田編著『長尾為景』二〇二三年②）

森田真一「上杉房能の政治」「越後守護家・八条家と白河荘」（黒田編著『関東上杉氏一族』二〇一八年①）
同　「上条上杉定憲と享禄・天文の乱」「上条家と享禄・天文の乱」（黒田編著『関東上杉氏一族』二〇一八年②）
森田真一・長谷川伸「守護上杉定実と長尾為景」（黒田編著『長尾為景』二〇一三年）

Ⅱ 為景の家族——兄弟姉妹・妻・子どもたち

今福　匡

はじめに——越後長尾氏の系譜について

本稿で扱うのは、上杉謙信の父長尾為景の兄弟・姉妹、および妻妾、そして謙信をのぞく子どもたちである。また、長尾晴景、仙洞院（長尾政景室）については、別稿にて扱われるため詳細はそちらをお読みいただきたい。しかしながら、為景の妻や子女について検討するうえで晴景、仙洞院の両者についてもまったくふれないわけにはいかず、謙信との関係性、つまり同腹の兄弟であるのか否か、という点を取りあげる必要があると考えている。ただし、それについてはあくまで系譜的な問題のみにとどめ、それぞれの事績には立ち入らないように留意した。

謙信の閨閥をめぐる先行研究としては、謙信評伝の中で扱われてきたことが多かった。

また、早くから検討されていたものに米沢市の常慶院が所蔵する「長尾政景仙洞院夫妻画像」がある。「阿弥陀来迎図」の形式の中に、長尾政景および謙信の姉仙洞院の夫婦の姿、それぞれの位牌が描かれている。さらには十二名の法名が墨書されており、これまでに加澤昌人氏（加澤一九九二）、宮島新一氏（宮島一九九六）らが検討を行っている。

近年、高野山清浄心院の「越後過去名簿」や「越後国供養帳」等が紹介され、越後国内、とりわけ上杉・長尾関係者の没年や法名などが詳しく知られるようになった。長尾為景の関連では、彼自身の没年が天文十年と確定されたことや、それまで系図等で確認されていなかった二人の娘の存在が明らかになった。

このうち、「越後過去名簿」の紹介以降、もっとも包括的に検討を加えているのが、『上杉謙信』（福原圭一・前嶋敏編二〇一七）所収の片桐昭彦氏の論考「謙信の家族・一族と養子たち」である。片桐氏は、これまで知られていた史料の中でも、とりわけ「長尾政景仙洞院夫妻画像」を検討した結果、画中に墨書されている法名は、像主のひとりである仙洞院の血縁者（直系尊属および同母兄弟）のものであると指摘されている。そして、同画像に謙信の法名が含まれていないことから、晴景・仙洞院と、謙信とは生母を異にすると結論づけた。

実は、やや遅れて筆者も謙信の一族について検討を試みた（今福二〇一八）。その際、当該論稿校正中に片桐論文にふれ、「本論とは異なる見解も多く、合わせて参照されたい」と付記した。

今回、せっかくの機会でもあるので、限定的ながら片桐論文に関する筆者の見解もあわせて述べたいと考える。なお、拙論は掲載論集がすでに入手困難となっていたが、黒田基樹編著『長尾為景』（戎光祥出版、二〇二三年）に再録されている。全文についてはそちらを参照いただきたい。

一、為景の兄弟姉妹たち

為景の兄弟姉妹について述べる前に、姻戚関係にある信濃高梨氏の女性について簡単にふれておきたい。

長尾為景の父は能景で、生母は「府中長尾老母」と記録される「玉江正禅大姉」が相当すると考えられる（「越後過去名簿」）。この女性は、北信濃の国衆高梨氏の出身とみられる。上杉景勝は「高梨事ハ　道七以来一家之侍也」

と記している（『上越市史・別編2』一四九八）。「道七」とは為景のことである。為景が越後に侵攻してきた関東管領上杉顕定を破った際、これに高梨摂津守（政盛）が加勢したことによるが、それ以前から府中長尾氏と高梨氏は姻戚関係にあった。

高梨氏は京都公家との交流が記録にみられるが、そのひとり三条西実隆が日記に「越後國高梨刑部大輔政盛五百疋送進之、」と記している（『実隆公記』文亀三年七月二十九日条）。実隆は、高梨政盛を越後国の住人と認識していたのである。実際、高梨氏は越後国内にも所領を有していた（「高梨氏所領注文」『新潟県史』三五〇二）。

高梨氏と越後との関係を示す史料としては、年未詳六月二十一日付の高梨政盛宛長尾能景書状がある。

就今度□戦、従屋形以書状被申（候）、委曲示預而可及披露候、恐々謹言、

六月廿一日　　　　信濃守能景（花押）

謹上　高梨刑部大輔殿

御宿所

（「高梨文書」『新潟県史』三五〇一）

高梨政盛の娘は、長尾能景に嫁いでいる（「高梨系図」）。越後では、ちょうど文明十四年（一四八二）二月二十五日に守護代長尾重景が没しており、子の能景が守護代の地位についていた。能景は「延徳三年長尾能景・上杉房定父子等年齢書出」（「正智院文書」）によって生年が判明しており、延徳三年（一四九一）当時、二十八歳であった。嫡男為景についても近年、「大宮家文書」に永正十六年（一五一九）当時三十四歳と記されていることが紹介（片桐二〇一七②）された。これから逆算して、為景の生年は文明十八年となるため、高梨政盛の娘は文明十七年頃までには、能景に嫁いでいたものと考えられる。

彼女は、高野山清浄心院に伝わる「越後過去名簿」中に、

玉江正禅大姉　　府中長尾老母
　　　　　　　天文五　六月廿七日

とある。

また、「林泉寺文書」（「伊佐早謙採集文書十」東京大学史料編纂所データベース）には、玉江正輝大姉という法名が記され「おすゑさま」と傍記されている。

夫能景は、永正三年（一五〇六）九月十九日に越中において戦死している（「本土寺過去帳」）。四十三歳であった。「おすゑさま」は、その後三十年あまりを寡婦として過ごしたことになる。仮に「おすゑさま」が為景誕生の前年、すなわち文明十七年に十五歳ぐらいで嫁いだと仮定すると、六十代なかばぐらいで没したと考えられる。

そのほかに米沢藩で編纂された「外姻譜略」には、「法住寺殿転輪正玉大姉」という法名と、明応四年（一四九五）六月十三日という没年月日が記されている。この法名は「おすゑさま」のものとは異なっている。片桐氏は、「おすゑさま」を能景の妻妾「お末様」という意であれば、為景は正妻の子ではなかった可能性を指摘されている。そして、明応四年に亡くなった「法住寺殿転輪正玉大姉」は「おすゑさま」とは別に存在した能景の妻であったとしている（片桐二〇一七①）。

ただし、「外姻譜略」が記す夫能景の没年月日は、明応七年九月十九日となっており、命日は正しいが、年次は明らかに誤りである。後述するとおり「外姻譜略」は年紀誤りや事実誤認が多い。「法住寺殿転輪正玉大姉」も「おすゑさま」もともに亡くなったのが六月であり、能景のもうひとりの妻であったかどうか、さらに検討が必要であろう。

高梨政頼室　為景の兄弟姉妹の実態はよくわかっていない。前述の「おすゑさま」こと玉江正禅大姉の所生として確実な男子は、為景のみである。

「おすゑさま」こと玉江正禅が産んだもうひとりの女性は、高梨政盛の孫政頼に嫁いでいる（「高梨系図」）。玉江正禅にとって政頼は甥にあたるため、従兄弟同士の婚姻であった。能景の戦死により、あらたに婚姻関係を結び、関係強化を図ったものと考えられる。越後守護代長尾家はそれだけ信濃高梨氏との関係を重視していたのであろう。『上杉三代軍記』では、為景の子女として「高梨攝津守正頼（政頼）室」があがっているが、為景の娘ではなく妹に相当する。あるいは為景の養女として高梨氏に嫁いだのかもしれない。

後に、謙信は信濃への出兵理由について「為始村上方、井上・須田・島津・栗田、其外連々申談候、殊ニ高梨事者、取分有好儀之条、旁以非可令見除、」（「長尾宗心書状写」『上越市史・資料編3』八一六）と述べており、信濃国衆の中でも高梨氏を特別視していることが察せられる。

伊佐早謙によって採集された「林泉寺文書」中の「公族及将士」には「芳林香公大姉／たかなしとの御らうバ」とあり、これは為景の妹高梨政頼室の法名と考えられる。

なお、政頼の娘は、謙信の養女として揚北衆・中条景資に嫁いでいる。

飯沼正清室・会津陸奥守室　米沢藩で編纂された「外姻譜略」におさめられている府中長尾氏の系図は、為景の姉妹として、飯沼正清室、会津陸奥守室を載せる。飯沼正清室は為景より先に記されているため、あるいは姉なのかもしれない。文明年間には、越後守護上杉房定の重臣として、飯沼頼泰、その子とされる定泰・輔泰らの動向が、さらに延徳二年（一四九〇）には相国寺鹿苑院が「守護被官人飯沼弾正左衛門尉」の違乱を訴えている記録がうかがえる（「伺事記録」『上越市史・資料編3』四六〇）。しかし、為景の姉妹を室としたという正清の諱は史料上確認できない。府中長尾家と婚姻関係にあったとしたら、この弾正左衛門尉か、もしくはその子の世代と考えられる。

また、『謙信公御年譜』にみえる「飯沼日向守政清」については、「長尾為景様永正三年ノ時、五十嵐・石田・大須賀・高家一党逆心ノ輩共追罰有テ、屋形御本意安堵之御祝儀ニ付而、霜月十五日御太刀ノ次第」として、筆頭に「飯沼日向守　金覆輪」とある（「越後侍衆・馬廻衆・信濃・関東大名衆等祝儀太刀次第写」『新潟県史』八三二）。

『謙信公御年譜』天文二十二年癸丑条に、長尾景虎（謙信）が直江実綱に命じて飯沼頼清を誅殺する記事がみられる。同記事によれば、頼清の先祖に「飯沼遠江守頼泰　同日向守政清ヨリ源太頼久ニ至リ越中ニヲイテ為景ノ命ニ替テ戦死ス」とある。

為景が越中に亡命したのは、関東管領上杉顕定の侵攻を受けてのものと考えられる。したがって、永正六年（一五〇九）のことであろう。

為景の楯となって討ち死にした飯沼頼久の未亡人に、家臣の波多野某を娶せ、飯沼の名字を名乗らせた。これが、飯沼頼清であるという。

しかし、謙信期の記録には、飯沼氏討伐は編纂物にしかみられず、事実と確定し難い。永正十一年には、謙信の父為景が上田庄六日市（南魚沼市）の合戦で勝利し、「八条左衛門佐殿・石川・飯沼已下千余人」を討ち取ったと記しており（「長尾為景書状」『上越市史・資料編3』六五五・六五六）、謙信家督以前に飯沼氏は没落していたと考えられる。

謙信による誅殺が史実かどうか不明であるが、以降、史料上に飯沼氏の政治的動向は確認できない。

為景の妹と考えられるもうひとりの会津陸奥守室については、会津地方を領した蘆名氏を想起させる。しかし、蘆名氏歴代に陸奥守を称した者は見当たらず、史実としては成立し難い。

景忠・為重　「外姻譜略」は為景の弟として、景忠、為重のふたりを載せる。しかし、この二名について、確実な史料で実在を確認することができない。

景忠は「猿毛冠者　蔵人」、子に飯野小四郎景直があげられている。為重は「新八郎」、子に景連があげられている。『北越軍談』によれば為重は古志郡蔵王山の城主となったとある。為重の子弾正忠景連については、入道謙忠と号し、永禄五年五月、謙信によって上州厩橋で誅殺されたという記事がみえる（『北越軍談』）が、実際に謙信によって滅ぼされた厩橋長野氏と混同されているのではないかと思われる。

以上、為景の兄弟姉妹をみてきたが、ほぼ確実と言えるのは、高梨政頼に嫁いだ女性（為景妹）のみと言えよう。ただし、最近、「大宮家文書」で初めて存在が確認された泰蔵軒長尾安景は、興味深い存在である（片桐二〇一七②）。年齢は為景の二歳年下で、さらに、これも史料上はじめての知見となる上杉房安、そして為景とともに連名で春日社への寄進状を発給している。さらに、安景は守護上杉定実に代わる存在として担ぎ出されたと考えられる房安から偏諱を受けている。為景とともに府中で活動していたと思われるが、現在のところ所見が「大宮家文書」しかない。

二、為景の妻妾

史料から確認できる為景の妻妾をとりあげる。この検討対象における最大の焦点は、謙信の生母が何者であるのか、という問題である。近年、「越後過去名簿」の紹介により、府中長尾氏の関係者の存在が明らかになっている。一方で、米沢藩に伝わった系譜史料とは著しく相違しており、そのあたりを整理しておきたい。

文献による初出　大永五年（一五二五）、為景は、細川高国の子稙国の元服祝い（『新潟県史』四〇）、同七年、足利義晴の近江亡命の見舞いを贈っている（『新潟県史』五八・九二）。将軍家からは、為景への特権付与（『新潟県史』六三）、道一への「晴」の一字授与（『新潟県史』一一七）がおこなわれている。

為景の妻妾が史料上にあらわれるのは、享禄三年（一五三〇）九月二十八日付で「晴景母分」として唐織物を贈ることを伝える足利義晴御内書である（『新潟県史』二九五）。また、同年十一月二十五日付神余昌綱書状に「一、御新造様へ唐織物被遣之旨、対大館与州へ被成　御内書候、」とあり（『新潟県史』五七八）、為景の対京都交渉を背景に、為景妻の存在が確認できる。

天甫喜清の出自　長尾景虎（上杉謙信）の生母は、古志（栖吉）長尾氏の出身、上田長尾氏の出身とする二説がある。

米沢藩による編纂史料において謙信生母を栖吉長尾氏としている。『謙信公御年譜』冒頭には、「上杉弾正少弼藤原輝虎公ハ越後長尾信濃守為景ノ二男　御母ハ古志郡栖吉城主長尾肥前守房景ノ女也」とあり、同じく永禄十一年五月七日条に「管領ノ御母堂御逝去ナリ　御戒名ハ青岩院殿天甫輝清大姉ト號ス　御導師ハ林泉寺七世益翁宗謙和尚ナリ　御葬禮ノ式尤孝儀ヲ盡セリ　管領ノ御悲嘆甚タ深シ」という記事がみえる。

同様に『謙信公御書集』では、「父侯長尾信濃守為景／母堂越州古志郡栖吉城主長尾肥前守顕吉女」と記され、同じく永禄十一年五月七日条には「御母堂御逝去於春日山林泉寺被遂御葬送奉諡青岩院殿天甫輝清大姉」とある。『御年譜』との違いは、母方の祖父の名が房景ではなく、顕吉となっているところである。

ただし、栖吉長尾家には肥前守を称した人物はいない。肥前守は上田長尾家の官途である。これについては、滝澤健三郎氏が「古志郡の長尾氏は豊州家と備州家にして肥州家にあらず」と指摘している（『越後入廣瀬村編年史中世編』）。

高野山清浄心院所蔵「越後過去名簿」にある次の供養依頼は、「府中新造」すなわち為景の妻のものである。

　天甫喜清　　府中新造サマ
　　　　　　天文十二　五月七日

先の『謙信公御年譜』『謙信公御書集』にみえる命日は同じだが、没年が二十五年も隔たっている。永禄六年の謙信願文に「吾是幼稚而後父母」と記している（『上越市史・別編1』三四四）ように、謙信の生母は永禄十一年以前に亡くなっていたと解するほうが妥当であろう。天文十二年（一五四三）であれば、謙信が十四歳の時に死別したことになり、願文の内容とも整合性がとれよう。

謙信は、天文年間、栖吉長尾氏の名跡を継承したと考えられている。この時、栖吉長尾豊前守房景の後室が存命していた。この女性は、「越後長尾殿之次第」によれば、長尾肥前守顕吉の次女（光室妙智）とされている。一時的に謙信は栖吉長尾家の名跡を継いでいたわけであり、叔母の養子となっていたことから生母が栖吉長尾氏出身と伝わったのかもしれない。永禄十一年に亡くなったのは、この養母（叔母）であった可能性がある。その際、五月七日という命日のみが天甫喜清のそれと混同されてしまったのではないだろうか。

永正八年（一五一一）頃と推定される穴澤二郎右衛門宛長尾顕吉書状（新潟市立歴史博物館所蔵）には「越後古志郡栖吉城主　長尾肥前守様　謙信公母ノ実父」と後年の貼紙がしてある。この書状は「顕吉」と署名され、花押がある。古志郡栖吉城主という部分は混同しているが、顕吉の署名のみで謙信公母の実父であるとしているのは注目すべきである。同書状は、「歴代古案」「別本歴代古案」に写しが採られており、その原本であろう。穴澤氏とは、上田長尾氏に従属していた魚沼郡広瀬郷の武士である。元々は穴澤家文書（現在は酒田市本間美術館が所蔵）の中の一点だったと推測されるが、米沢旧藩士八木氏の手を経て、現在に至っている。

天甫喜清の父とされる肥前守顕吉、顕吉の祖父肥前守房景は、ともに上田庄内の普光寺に対し、別当安堵状を発給している（「普光寺文書」『六日町史』六七、八六、九四）。米沢藩の編纂史料がいずれも謙信の生母を「栖吉城主」とするが、肥前守房景・同顕吉の関連文書は、上田庄の関係者に係わるものが含まれており、栖吉長尾氏とするには無理がある。一方、謙信生母を明確に上田長尾出身とする史料には「越後長尾殿之次第」がある。

次男肥前守顕吉法名寶樹永珍　息四人女二人

嫡女天甫清公大禅定尼

先代管領御母儀　御當代外祖母

（「越後長尾殿之次第」）

「先代管領」は謙信を、「御當代」は景勝を指している。

また、「越後以来穴澤先祖留書」は為景の娘（仙洞院）が上田長尾家へ入輿したことにふれ、「彌六郎殿様・謙信公ハ御前様ト御一腹ノ御所生ナリ」と記している。つまり、仙洞院と彌六郎（晴景）、謙信が同腹の兄弟ということである。

史料としては「越後長尾殿之次第」に見られるのみであるが、上田長尾房長（顕吉養子。政景父）が六月十九日付で上田衆の楡井修理亮に宛てた書状に「永珍三回忌之志致之ニ付而、香銭如御書中給候」（「楡井文書」『六日町史』一六四）とある。顕吉の没年については享禄三年（一五三〇）六月十三日とする「福聚山楞厳禅寺大檀那御回向ノ次第」の説を採ると、房長書状は享禄五年（天文元年）六月十九日のものということになる。六月十三日が顕吉の命日とすれば、房長書状の日付も楡井修理亮の香典に対する返礼のタイミングとして妥当なものと言えよう。「公族及将士」

（「林泉寺文書」所収）に「朴峰永淳庵主／てんほさま御そんふ」とある。この法名は「外姻譜略」では、肥前守顕吉の法名「文明七年十月七日卒朴峰永諄庵主」と出るが、顕吉の法名は「寶樹永珍」が正しい。

そうなると、「外姻譜略」にある没年月日は誤っていることになる。同じく「福聚山楞厳禅寺大檀那御回向ノ次第」によれば、これは顕吉の祖父肥前守房景の没年月日に一致する。ただし、房景の法名は「太年寶重大禅定門」である。房景、顕吉両者ともに肥前守を称していたため、「外姻譜略」あるいはその元となった資料作成段階で混同したものと考えられる。

では、「公族及将士」にみられる「朴峰永淳庵主」に「てんほさま御そんふ（天甫様御尊父）」とあるのは、どのように理解すればいいのだろうか。これについては、「外姻譜略」同様に、「朴峰永淳庵主」を天甫喜清の実父と誤認していた可能性がある。それは、長尾肥前守顕吉と混同された祖父肥前守房景の命日が、「朴峰永淳庵主」のそれと同じ十月七日という点である。ただし、肥前守房景の命日は文明七年（一四七五）十月七日であり（「福聚山楞厳禅寺大檀那御回向ノ次第」）、「朴峰永淳庵主」は天文四年（一五三五）十月七日である（「越後過去名簿」）。

さらに、「公族及将士」の頂点には「雲長院殿／じやういさま」が記されている。「雲長院殿」は上杉憲政の法名である。憲政が「成怡」と署名した文書が伝存しており、「雲長院殿／じやういさま」は、憲政を指すもので間違いない。憲政の供養を、米沢上杉家においておこなうようになったのは、八代藩主重定の時であり、現在、法音寺（米沢市）に安置されている憲政位牌も重定代に制作されたものといわれる。同様に、「林泉寺文書」中の「公族及将士」の法名もそれ以降に作成されたものであろう。

米沢藩では、長尾顕吉の法名を「朴峰永諄庵主」としている（「外姻譜略」）が、これは誤りであることは前述したとおりである。「公族及将士」も同様に誤謬を踏襲している可能性がある。「朴峰永諄庵主」こと上条少弼と上田長尾の肥前守房景はともに命日が十月七日である（「越後過去名簿」「越後長尾殿之次第」）。米沢藩はさらに房景の没年を孫の顕吉のものと誤認識している（「外姻譜略」）。これによって、顕吉の法名を「朴峰永諄庵主」としてしまったと考えられる。

一方で、「越後過去名簿」には「朴峰永浮庵主」として供養依頼の記事が載せられている。供養の対象者は「上条入道」で、「上杉弾正少弼御新蔵立」とある。上条上杉弾正少弼の妻が供養を依頼したということになろう。為景室の生母が上条上杉氏の関係者であることを示すのが、次の供養依頼である。

　春円慶芳
　　越後長尾為景御新蔵様御腹様
　永正十一　五月三日　上杉トノ上条殿上

ただし、この女性は「朴峰永浮庵主」に先んじて没しているため、「上杉弾正少弼御新蔵」とは別人である。長尾顕吉の妻は「上条殿」と呼ばれ、「午十二月七日」（「福聚山楞厳禅寺大檀那御回向ノ次第」）の忌日が記されている。この二人の間に天甫喜清すなわち謙信生母が嫡女として誕生している。「上条殿」の法名・没年月日は「越後過去名簿」と異なるが、供養依頼者によって異なる法名が伝わっているのは不思議ではない。また、いずれかが命日であり、一方は追善供養の日付と考えることもできよう。

長尾殿御つぼね　「越後過去名簿」には、為景の閨閥に関わるものとして、
　小姫
　　越後長尾トノヲツホ子立之
　　大納言トノ御ムスメ子逆修
　大永八　十一月十日

という記事が注目される。

「越後長尾トノ」は為景とみてよかろう。その「ヲツホ子（御局）」が「小姫」のために逆修供養をおこなったというものである。この「小姫」は「大納言トノ」の娘であるという。

片桐昭彦氏は「長尾殿御局」が「為景の妻である可能性がある」（片桐二〇一七①）とし、山田邦明氏も、この「御つぼね」について「為景の妻室と考えてよかろう」としている（山田二〇二〇）が、その素性までは踏み込んでいない。この「大納言」はいわゆる女房名ではなく、「長尾殿御局」が、主人「大納言」の娘の逆修供養を依頼している、ととらえたい。

越後と関係がありそうな公家について少し検討を加えておきたいと思う。

「蔭凉軒日録」に、延徳三年（一四九一）三月、細川政元が馬をもとめに奥州へ向かう記事がみえる（『上越市史・史料編3』四六四）。政元には、多くの伴衆が随行していたが、その中に「冷泉中納言殿」が入っていた。これは、「権中納言」冷泉為広のことだが、一行ではただひとり「殿」付けで表記されている。結局、政元一行は越後まで下向し、守護上杉房定が馬を集めてくれたことにより、目的を達成する。

冷泉為広はこの越後への旅を日記に記しており、政元一行の行程や越後府中での交流の様子がうかがえる。為広は、越後府中の「シトク院」（至徳寺の塔頭長松院か）に逗留しており、上杉相模入道（房定）と対面している。

為広は、永正三年（一五〇六）九月二日、権大納言に任じられている（「公卿補任」）。その後、為広は永正十四年八月下旬に能登へ下向、翌永正十五年五月まで守護畠山氏のもとに身を寄せた。その間、三月から四月にかけて、為広は海路越後へ渡り、信濃善光寺に参詣している。「為広能州下向日記」によれば、「長尾弾正被官　木内大蔵允」という者が為広に五十疋を贈っている。この時期、為景は、畠山卜山（尚順。紀伊・河内・越中守護）から越中への出兵要請を受けており、その視線は西方に注がれていた。当然、能登畠山氏のもとに身を寄せていた冷泉為広の善光寺参詣は、為景にとっても重視すべき事であったろう。

そして、為広の二度目の能登下向が大永六年（一五二六）五月のことで、およそ二ヶ月後に七尾で客死している。

この頃、畠山卜山は、越中神保氏への対処として、為景に越中への出兵を要請した。永正十七年、為景は神保慶宗を討ち取り、越中を平定する。その戦功によって、畠山卜山は為景を越中新河郡守護代に任じた。この時、為景の親類を一名、証人として七尾へ提出するよう求めている（『上越市史・史料編3』六八八）。あるいは、越後と能登において交渉があった過程で、「御つぼね」は、為広あるいは小姫に仕える女房衆のひとりであったかはわからないが、為景の庇護下に入ったのかもしれない。

ただし、冷泉為広と長尾能景・為景父子との直接交渉が確認できる史料は見当たらない。わずかに先述の「為広能州下向日記」において長尾弾正（為景）の被官木内大蔵允から贈答があったことが記されているのみである。しかし、「大納言」の女房衆であった女性は、すでに片桐氏、山田氏も指摘しているように、「長尾殿御つぼね」すなわち為景の妻のひとりとして迎えられたとみて差し支えないだろう。「大納言」が冷泉為広を指すのかどうかは現時点では確実なことは言えない。あるいは、為景の「為」字が冷泉為広から譲り受けたのでは、という想像もかきたてられるが、穿鑿はここまでとして、今後の研究進展に期待したい。

三、為景の子どもたち

本項では、晴景、仙洞院、景虎以外の子女について扱う。『上杉三代日記』に「為景一男弾正左衛門尉晴景、次男平蔵景康、三男上田左平治景房、四女高梨攝津守正頼室、息は源三郎眞頼、二男源五郎頼治、五女加持安藝守室、六女上杉兵庫頭室、七女上田の城主長尾越前守正景室、八男虎千代景虎、謙信輝虎の事なり」とある。為景の子女のほかに、妹と考えられる高梨攝津守正頼室および彼女の所生として男子二名（源三郎眞頼、源五郎頼治）が含まれているため、これを除くと、弾正左衛門尉晴景、平蔵景康、上田左平治景房、加持安藝守室、上杉兵庫頭室、長尾越前守正景室、虎千代景虎の七名となる。

このうち、史料上で実在が確認できるのは、弾正左衛門尉晴景、長尾越前守正景（政景）室、虎千代景虎の三名のみである。

近年、長尾為景には弥六郎晴景、仙洞院（長尾政景室）、景虎（謙信）のほかにも道五、道八という娘がいたことがわかっており、実在が確認できる子女は五名ということになった。

道五・道八　「越後過去名簿」の紹介によって、あらたに為景の子どもとして確認されたのが、道五、道八の姉妹である。

　　　府中長尾為景ソク女道五
玉嶺金公　天文十一　閏三月六日
　　　府中長尾為景息女道八
松巖明貞　天文九　八月四日　蔵王院取次　霊

生年がわからないが、姉妹の長幼の順は、名付けから道五を姉、道八を妹と想定できるかもしれない。「林泉寺文書」では、華嶽光栄禅定門（長尾晴景）をはさんで右に道五、左に道八を載せる。法名は「玉嶺妙金禅定尼／おだうごさま」「松巖明貞大姉／おはちさま」である。

なお、「林泉寺文書」の法名の傍書は小さい文字で書かれているため読みづらいものもある。片桐氏は松巖明貞大姉について「おくろさま（小黒様）」と読み、小黒氏との関係を示唆している（片桐二〇一七①）。しかし、「林泉寺文書」では、たとえば赤田城主斎藤氏の室を「あかだのかミさま」、柿崎氏の室を「かきさきとの御かミ」などと記しており、為景の娘が小黒氏に嫁いだとしたら、「おくろのかミさま」と記されそうなものである。筆者は該当傍書部分について「おはちさま」と読んでみた。ともに列記されている姉妹の「おだうごさま（お道五様）」ともバランスがとれるであろう。

ちなみに、為景は道七と号しており、嫡男晴景の幼名は道一である。長尾一家としての共通性が指摘できよう。道五、道八の享年は不明だが、「〇〇童女」や夭折した者たちにあてられることが多い「露」「幻」といった儚さをあらわす字も使用されていない。このため、幼少期に亡くなったのではなく、成人前後まで生存していたと考えられる。しかし、両者ともに他家へ嫁ぐことはなかったのではないか。そのため長尾家中で使われていた呼称で伝わったのではないだろうか。

「越後過去名簿」では、道五の供養依頼を閏三月六日としているが、「林泉寺文書」では三月六日となっている。「林泉寺文書」が書写の際、閏月が脱落してしまった可能性も捨てきれないが、三月六日を命日、「越後過去名簿」の閏三月六日を供養依頼日と考えることもできよう。

同様に、道八も「越後過去名簿」では八月四日に供養依頼されているが、「林泉寺文書」では九月三日となっている。「林泉寺文書」の九月三日が命日であるとしたら、「越後過去名簿」の日付は翌年以降のものとなる。道五の供養依頼記事には「霊」と記されているので、追善供養と考えられる。おそらく天文八年九月三日に亡くなり、翌九年八月四日に供養依頼したということであろう。「長尾政景仙洞院夫妻画像」には、道八の法名松巖明貞のみが墨書されている。

「公族及将士」にみえる子女　「公族及将士」中に、越後の諸家に嫁いだ女性の法名が複数確認できる。

山田邦明氏は、「光室妙智大姉（上条の上様）」「昌屋明玖大姉（赤田の上様）」「秀林永種大姉（小四郎殿御老母様）」「陽林喜春大禅定尼（柿崎殿御上）」についても為景の娘である可能性が高いとしている（山田二〇二〇）。片桐氏も謙信の姉妹あるいは近親者であるとしている（片桐二〇一七①）。その場合、赤田とは謙信の重臣である斎藤朝信、同様に柿崎殿は柿崎景家を指すと考えられ、いずれも為景の婿ということになる。

このうち、「光室妙智大姉」については上田長尾の肥前守顕吉の娘であり、栖吉城主長尾豊前守房景に嫁いだ（「越後長尾殿之次第」）。したがって、為景の娘ではなく、正妻である「天甫喜清」の妹にあたる。「上条の上様」とされているのは、おそらく上条上杉十郎家の名跡を継いだ甥の景信を頼って上条城（柏崎市上条）に引き移ったからではないか。「光室妙智大姉」は後に、鯨波に妙智寺（柏崎市鯨波）を建立、その開基となった。『白河風土記』も同寺開基として「上杉謙信ノ伯母小少将ト云フ」とあり、「茲照院光室妙智」の戒名を載せている。妙智寺がある鯨波村は、近世まで刈羽郡鵜川庄上条郷に属しており、彼女を「上条の上様」と呼称するのは矛盾しない。また、謙信の寵臣で古志長尾の名跡を継いだ河田豊前守長親（豊前守は古志長尾家に関係が深い官途である）が、永禄六年に同寺へ制札を出して兵たちの竹木伐採を禁じている（『新潟県史』四三八七）。謙信没後におこった御館の乱において、上条上杉十郎家の上杉信虎（十郎景信の子）は御館方につき、上杉景勝の兵に討たれている。鯨波は近在の上条、琵琶島とともに御館方の拠点となっていたが、鯨波、上条城が景勝方に攻略され、琵琶島攻撃の橋頭堡となっている（『新潟県史』三五五四、三五五六）。

「光室妙智大姉」の例もそうだが、「公族及将士」中の傍書があるものとないものが混在している。すでに同史料が作成された時代には、法名の主に関する情報源が失われていたのであろう。それに付随して、誤った情報をもとにしている恐れなしとしない。

三条西実隆の日記に登場する「長尾男子」　大永から享禄年間にかけて、為景は京都との交渉を活発化させている。幕府へ接近し、長尾家の家格上昇を図っていたという指摘がある（矢田一九九九）。

三条西実隆の日記「実隆公記」には、在京雑掌神余氏の動向が散見される。三条青苧座の権益を有する実隆は、青苧の移出元である越後の政治状況を注視しており、しばしば来訪する神余氏から情報を得ていた。この頃、父の神余越前守昌綱、その子である小次郎実綱の活動が確認できる。

実隆の懸念は、越後の戦乱によって、三年間、青苧公銭の未進状態にあることであった。そこで、神余に対し、長尾為景へ未納分の青苧公銭を納めるようはたらきかけを頼むことにした。

大永七年（一五二七）六月十日の朝、神余昌綱が三条西邸を訪ねた。実隆は、越後へ下向する昌綱の子実綱に為景への書状を託し、三年間未進の青苧公銭について納入を依頼した。

同日の日記に「十日丙辰、陰、及晩夕立、早朝神餘來、所望哥共書遣之、長尾男子誕生事賀之、太刀遣之、今朝付遣之、」とある（『実隆公記』巻七）。実隆は、為景に男子が誕生した祝儀として、太刀を遣わした。この太刀は、越後へ下向する昌綱の子実綱に託されたと思われる。

問題は、日記中の「長尾男子」を誰とみるか、である。片桐昭彦氏は、「公族及将士」にみえる法名「実岑一貞禅定門」なる人物を謙信の兄弟姉妹の可能性が高いとしており、「ないしとのさま」と書入れがなされているところから、長尾内記（内史は唐名）という人物を想定している（片桐二〇一七①）。

黒田基樹氏は、長尾内記とは別の男子と考えられるとし、さらに「長尾政景仙洞院夫妻画像」に該当するような法名がみられないことから、天甫喜清の所生ではなく、別腹とみなされるとしている。また、晴景の弟としては景虎しか確認されないことから、この男子は早世したのではないかとする（黒田二〇二三）。

筆者は、「実隆公記」にみえる「長尾男子」を嫡男、すなわち晴景のことであると考えている。越後情勢に敏感な実隆であるが、長尾一族の子女について言及しているのは、大永七年六月十日条の「男子」のみである。実隆がわざわざ日記に記し、誕生祝いとして太刀を贈っているのは、「長尾男子」が為景の次男以下、あるいは庶子ではなく、嫡男だったから、と考える。

ちなみに「上杉羽前米澤家譜」「平姓長尾氏系圖」等は晴景の生年を大永六年（一五二六）、没年を天文二十二年（一五五三）、享年四十五としている（『越佐史料』三―八一、八二）。近年、「越後過去名簿」によって、晴景は天文二十年二月に没したことが明らかになっている。ただし、天文二十年、二十二年いずれにしても享年四十五という説を採った場合、逆算すると前者は永正四年（一五〇七）生となり、後者であれば永正六年生となるが、いずれも大永六年とする生年が矛盾する。四十五歳という晴景の没年齢は検討の余地があろう。

さらに、実隆が神余から「（為景の）男子誕生」を聞かされたのは、大永七年六月十日以前であり、それを踏まえて贈答用として準備した太刀を越後へ下向する神余実綱に託したと考えられる。為景は五月三日付で幕府奉公衆上野元治に書状を送っており（『新潟県史』九二）、六月十日付で三条西実隆が「久不通案内背本意候」と返書している（『新潟県史』九〇）。大永七年五～六月は越後・京都間で交信が活発化していた。おそらく「男子誕生」の知らせは、同年五月三日付の為景書状が京都にもたらされた時期に、「久不通案内」というタイムラグをともなって伝えられたのではないだろうか。そうであれば、晴景の大永六年誕生説とも整合がとれる。

なお、晴景を大永六年の生まれと考えると、享禄元年（一五二八）の「晴」の一字授受が異常に早い時期ということになる（『上越市史・史料編3』七二六・七二七）。為景が京都外交を活発化させている時期にあたるが、政治基盤を確立する上で、嫡男への偏諱授受も急がれたのではないだろうか。

弥六郎憲正は為景の男子か　永正十八年（一五二一）二月、無碍光衆禁止令について越後国内の武将七名が署名し、裏に為景が花押をすえている（『新潟県史』二七五）。その七名のうち三名が長尾一族で、署名順に長尾弥六郎憲正、同弥四郎、同新七郎景慶となっている。このうち弥四郎は、栖吉城主長尾弥四郎房景である。花押をすえておらず、おそらく府中に詰めていなかったのであろう。その前後に署名している長尾弥六郎憲正、および長尾新七郎景慶は他に所見がない。この「弥六郎」というのは、為景の嫡男晴景の通称でもある（『新潟県史』一一六）。弥六郎憲正はすでに花押を据えている。

晴景の幼名道一の初出は、大永年間と考えられる六月二十日付足利義晴御内書および副状である（『新潟県史』一一九～一二二）。また、通称の弥六郎は十二月十二日付足利義晴御内書に「長尾道一事、号弥六郎字并太刀一腰、守助、遣之候」とある（『新潟県史』一一六）。同御内書については、大永七年、八年（享禄元年）と年次比定で意見が分かれているが、これに据えられている義晴の花押は武家様である。義晴は享禄二年に公家様の花押に変更するため、それ以前であることは確かである。

この点からも晴景が永正末年に誕生・成人していたとは思えないが、あるいは弥六郎憲正は、晴景より前に誕生した為景の庶子、もしくは養子ということも考えられる。それが、晴景誕生と前後して亡くなったか、改名するなど関係を解消したのかもしれない。そのようにとらえると、晴景の通称「弥六郎」は為景から幕府に申請したものと考えられる。いずれにせよ、享禄元年前後には、為景の周辺に「弥六郎」を称する人物は存在していなかったということになろう。

以下、今のところ実在が確認できていない為景の子女について述べる。

景康・景房　『北越太平記』によれば、天文十一年（一五四二）、晴景に対して謀反をおこした黒田秀忠によって平蔵景康、左平次景房の二人が春日山城内で殺害されたとする。景康は三十六歳、景房は十八歳であったという。長幼の順でいけば、晴景と謙信の間に両名が位置することになる。この場合、謙信は為景四男ということになる。しかし、景康、景房の兄弟は「越後過去名簿」などにもみえず、史料上から存在を確認することができない。そもそも「為景討死、五年目に逆心を企、為景の二男平蔵景康、三男左平次景房を打殺し、それより當年まで十年の間、國中大亂に及」とする『北越太平記』の叙述は事実ではない。黒田秀忠が景虎（謙信）と対立し処断されたのは、晴景から景虎への家督移行期にあたっている（前嶋二〇一七）。また、「越後過去名簿」に黒田秀忠はじめ一族による供養依頼が複数確認できる。供養依頼は、天文十六年正月から七月にかけて見られるため、乱の勃発は天文十六年秋以降のこととなる。したがって、『北越太平記』の叙述は信が置けず、現時点では景康・景房ともに実在したとはみなしがたい。

景直・景久　米沢藩で編纂された「外姻譜略」は、謙信の兄弟として景直、景久を記す。景直は「左京亮　一ニ景

明　母妾　続直峰長尾景貞後」とある。景直は椎名小四郎景直との混同と考えられる。景明という別名は上田長尾の肥前守顕吉の子に右京亮景明があり、天甫喜清とは同母兄弟とされている（「越後長尾殿之次第」）。右京亮景明の異母弟に伊勢守景貞がある。右京亮景明の息子右京亮景満が、御館の乱の頃に直峰城を守備していることが確認でき（『覚上公御書集』天正六年六月）、「外姻譜略」で「続直峰長尾景貞後」とあるのは、叔父景貞の跡を景満が継いだことを示しているのだろうか。いずれにせよ「外姻譜略」が記す景直という人物は、為景の子ではなく、上田長尾氏の右京亮景明・その子右京亮景満の父子の事績が混在しているものと見なされる。

景久は「岩倉右京亮　始為竹俣氏養子」とある。ただし、「御家中諸士略系譜」の竹俣氏の項には、「文禄二年中越後大浦城主長尾左京亮景久ト云三河守慶綱苗跡ニ命之竹俣左京亮利綱ト号」とあり、為景の子とは考えられない。

上杉定実室　「長尾系譜」「上杉系図并長尾系図」（米沢上杉博物館所蔵「上杉文書」）によれば、為景の娘のひとりが上杉定実室となっている。これについては、前嶋敏氏が検討を加えている（前嶋二〇〇八）。当初、前嶋氏は、「越後過去名簿」にみえる「為景御新蔵御腹様（為景室生母）」春円慶芳を永正十年五月三日に供養依頼している「上杉トノ上条殿上」が、定実室であるとして、守護代の義母を守護の夫人が供養していることから、何らかの縁戚関係等が想定されるとしている。しかし、その後、前嶋氏は「上杉トノ上条殿上」について供養依頼者ではなく、被供養者つまり春円慶芳を指すと史料解釈をあらためている（再録時補註）。定実・為景両者の関係性は再考しなければならないだろう。

なお、筆者も当初、「上杉トノ上条殿上」を供養依頼者としていたが（今福二〇一八）が、被供養者（春円慶芳）とするのが妥当であろうかと考えている。ただし、「越後長尾為景御新蔵様御腹様」と「上杉トノ上条殿上」はいずれも被供養者を指すことになる。通常は、供養依頼者、被供養者の素性、取次のいずれか（あるいはすべて）が記されるが、被供養者の情報を二重に載せる例となる。「越後過去名簿」には書写された段階での脱字も散見される。たとえば「竹谿妙巖大姉」という女性の法名に「上田　木六　尻高左京亮」と記す例があるが、明らかに供養依頼行為を示す「立之」が脱落していると思われる。春円慶芳についてもなお、検討が必要であろう。

一説に、越後守護上杉定実の継室が為景の娘であったとする。『北越軍談』所収「平姓長尾家系統略」には、「丹波上杉中務少輔定実室」となった女性が為景の姉として出る。ここに出てくる定実の家は、もと由緒の地である丹波国上杉荘を知行し、越後守護上杉房能の代になって越後府中へ居住したとある。このため「丹波上杉殿」と称され、「下の屋形」として崇敬をあつめた。しかし、これは八条上杉氏の事績が混入していると考えられる。

また、同系図には為景の兄として太郎房景を載せている。この房景は上田長尾の政景の父とされており、明らかな誤りである。

加地春綱室　『北越軍談』では為景の第二子で長女とされ、晴景の妹にあたり、加地安芸守春綱に嫁いだという。輿入れは、天文五年（一五三六）の三分一原合戦の結果、政敵の上条定憲方を破った後、内乱を収拾する戦後政策の一環だったとされる（『上越市史』通史編）。あるいは、それよりもやや遅れ、天文七年または八年に比定される為景書状に中条藤資との「一和」について言及があり、長谷川伸氏は「加地春綱と長尾為景の女（晴景妹）の婚姻関係の締結による揚北の国人衆との相対的な和平状態を指すもの」と指摘している（長谷川一九九五）。

加地春綱は、享禄四年（一五三一）正月、十八名連署壁書に名を連ねており（『新潟県史』二六九）、実在したことは史料で裏付けられる。しかし、為景との姻戚関係まではうかがえない。また、軍記物であるが『北越軍談』によれば、加地春綱との間には嗣子がなかったため、景虎（謙信）を春綱の猶子とする約定ができていたとある。ただし、実現しないまま年月がすぎ、そのうち春綱の実子が誕生して、景虎の加地家養子入りは立ち消えになったという。

「林泉寺文書」の顔ぶれ　ふたたび片桐氏の論考（片桐二〇一七①）において、本稿とも関係する為景の子女に関する部分について、私見を述べておきたい。

まず、「長尾政景仙洞院夫妻画像」の制作時期は、政景が没した永禄七年（一五六四）七月以降、上条大方と呼ばれた仙洞院の娘（景勝姉）が没する元和八年（一六二二）十月までと考えられる。当然、存命中の上条大方、および景勝の法名墨書はない。ただし、仙洞院の位牌および御館の乱で落命した娘・孫の法名は追記されたと考えられる。

片桐氏は、「長尾政景仙洞院夫妻画像」に墨書された法名について、華岳光栄（晴景）、道八（松巖明貞）、光室妙智、実岑一貞を仙洞院の同母兄弟であり、為景と上条弾正少弼の娘（天甫喜清）の間の子女であると推定した。謙信および道五（玉嶺妙金）の法名は記載がなく、謙信の生母は栖吉長尾房景の娘とするのがふさわしいとしている。

筆者は、同画像に墨書された法名が仙洞院の直系尊属および同腹の兄弟姉妹に限られているという前提、そして、法名の墨書がない謙信および道五が異腹であると断定するのには、躊躇をおぼえる。

謙信の法名が記されない理由のひとつには、主筋の越後上杉家の当主になったためであろう。嫡庶の別よりも、長尾一族の菩提を弔う対象として墨書の意味を考えたほうがよいのではないだろうか。

もうひとつの理由として、謙信の代に真言宗に帰依したことがあげられよう。天正六年に亡くなった際、大乗寺の長海法印を導師としてその遺骸は春日山城内に存在した不識院に安置された。現在の林泉寺（上越市）にある墓は上杉家が越後を去った後、江戸時代に建立されたものである。米沢藩でも歴代当主は真言宗の葬礼形式を執行しており、当主の妻妾や一族、および長尾家の関係者は曹洞宗や浄土宗などの寺院に葬られている。

それまでの上杉家、および長尾家の菩提寺雲洞庵、関興庵、林泉寺などはいずれも曹洞宗である。「林泉寺文書」中の「公族及将士」には、憲政までの山内上杉氏歴代、および定実までの越後守護家歴代の法名が記されるが、謙信以降、景勝をはじめとする米沢藩歴代藩主の法名は当然記されていない。「長尾政景夫妻画像」に謙信の法名がみえない理由は、異母兄弟だから、という理由ではなく、主筋にあたる上杉の人間となったためであり、同様に「林泉寺文書」中の「公族及将士」には、真言宗に帰依した謙信と、それに続く米沢上杉家当主の法名が記載されなかったと考える。

おわりに

長尾為景の兄弟・姉妹・妻妾・子女について概観してきた。

越後上杉家、長尾家の閨閥については、山本隆志氏によって「越後過去名簿」が紹介（『新潟県立博物館研究紀要』第九号、二〇〇八）され、大きな進展があった。特に、為景、天甫喜清、晴景らの没年月日が情報更新されたこと、これまで系図等で存在が知られていなかった娘たちが確認されたこと、などである。

しかし、その結果、いくつかの論点が浮き彫りにされるにいたった。最たるものが謙信の生母および出自の問題である。

従来、謙信生母については、栖吉城主長尾肥前守の娘とされてきた。肥前守の実名は房景（『上杉家御年譜』）あるいは顕吉（『謙信公御書集』）と諸説がある。ただし、重要なのは滝澤健三郎氏が指摘しているとおり「上杉年譜等長尾顕吉を古志郡栖吉城主となす、誤れり、古志郡の長尾氏は豊州家と備州家にして肥州家にあらず」という点である。謙信生母の父は肥前守で一貫しており、豊前守と記しているものは見られない。一方、肥前守をゆかりの官途とする上田長尾側の史料として「越後長尾殿之次第」や「越後以来穴澤先祖留書」によって、天甫喜清が上田長尾肥前守顕吉の娘であることが記されている。

続いて、謙信が晴景、仙洞院とは同母兄弟であるか否か、という問題である。片桐氏は晴景、仙洞院の生母について上条弾正少弼（朴峰永淳庵主）の娘（天甫喜清）とし、謙信は栖吉長尾房景の娘の所生と推測している。この場合、晴景は従来の説にしたがって永正六年の生まれを採っている。しかし、同腹とする仙洞院とは十九年もの年齢差が生じる。可能性としてはあり得ない話ではないが、晴景の事績の見直しが必要であろう。

本稿では、「越後長尾殿之次第」などの史料に拠って、天甫喜清を長尾肥前守顕吉とその妻である「上条殿」のあいだに生まれた、と位置づけた。この「上条殿」が「越後過去名簿」にみえる「長尾為景御新蔵御腹様」である春円慶芳に相当するのであろう。また、三条西実隆の日記にあらわれる「長尾男子」を晴景に比定し、晴景、仙洞院、謙信はそれぞれ大永六年（一五二六）、享禄元年（一五二八）、享禄三年（一五三〇）にいずれも長尾顕吉の娘天甫喜清を母として誕生したと考えている。

以上、いささか雑駁な内容になってしまったが、長尾為景の兄弟姉妹、妻妾、子女をめぐる問題はまだ検討が不十分であり、今後のさらなる研究の進展が待たれる。

［参考文献］

今福　匡「越後長尾氏と上杉謙信の閨閥―「越後長尾殿之次第」の検討を通して―」（渡邊大門編『戦国・織豊期の諸問題』歴史と文化の研究所、二〇一八年、黒田基樹編著『長尾為景〈シリーズ・中世関東武士の研究34〉』戎光祥出版、二〇二三年に再録）
大嶋要三「上田長尾氏の系譜を探る」（『魚沼』三号、一九八五年）
加澤昌人「長尾政景公夫妻画像に記された戒名について」（『温故』第一九号、一九九二年）
片桐昭彦「謙信の家族・一族と養子たち」（福原圭一・前嶋敏編『上杉謙信』高志書院、二〇一七年①）
同　「春日社越後御師と上杉氏・直江氏―「大宮家文書」所収文書の紹介―」（『新潟史学』七五号、二〇一七年②）
黒田基樹「総論　長尾為景の研究」（黒田基樹編著『長尾為景〈シリーズ・中世関東武士の研究34〉』戎光祥出版、二〇二三年）
志村平治『信濃高梨一族　上杉謙信を擁立、川中島で戦った名族の戦国史』（総合出版社歴研、二〇〇七年）
長谷川伸「長尾為景の朱印状と「越後天文の乱」」（『古文書研究』四一・四二号、一九九五年）
前嶋　敏「越後永正の内乱と信濃」（『信濃』七〇五号、二〇〇八年、黒田基樹編著『長尾為景〈シリーズ・中世関東武士の研究34〉』戎光祥出版、二〇二三年に再録）
同　「景虎の権力形成と晴景」（福原圭一・前嶋敏編『上杉謙信』高志書院、二〇一七年）
宮島新一『肖像画の視線』（吉川弘文館、一九九六年）
矢田俊文「戦国期越後の守護と守護代―上杉房定と長尾為景―」（田村裕・坂井秀弥編『中世の越後と佐渡』高志書院、一九九九年）
山田邦明『上杉謙信』（吉川弘文館、二〇二〇年）

Ⅲ　長尾晴景

前嶋　敏

はじめに

本稿では、上杉謙信の兄長尾晴景について、その政治動向を中心に検討する。

長尾晴景については、後につづく上杉謙信の動向を検討するうえにおいても、また戦国期越後における権力の特質をうかがううえでも注目される。ただし晴景ついては、病弱な人物とされ（『上越別』一―一三四）、さらに田中義成氏が晴景について領国を維持するには実力不足であった（田中一九二四）、としていることなどから、検討の俎上にあげられることは多くなかったように思う。しかし二〇〇〇年以後、たとえば長谷川伸氏が「晴景は守護・守護代一族・国人といった越後の地域社会を形成してきた諸権力の尊重の上に、ルーズな地縁・血縁のネットワークを張り、「和」の論理によって国内統一に導いた「国主」として積極的に位置づけることが可能であろう」として、調整的な役割を担った人物として評価し（長谷川二〇〇〇）、また前嶋がとくに父為景からの家督継承に関する検討によってその権力への姿勢を明らかにするなど（前嶋二〇一五）、晴景ならびに同時期の越後国の政治状況に関する研究は近年深化してきているといえる。

そこで本稿では、これらの研究状況を踏まえて、晴景の動向について確認していくこととしたい。なおそこでは、

①誕生と元服、②家督の継承、③晴景権力の様相、④景虎への家督譲渡を中心とする。

一、長尾晴景の誕生と元服

長尾晴景の誕生に関しては、その時期についても確定しているとは言い難い。現状においては、①永正六年（一五〇九）、②大永七年（一五二七）、③永正十一年（一五一四）頃、などの見解があることが知られる。

①は、上杉氏関係の系図等において、天文二十二年（一五五三）に四十五歳で没したとあることから逆算して生年を比定するものである（今福二〇一八など）。ただし、系図等によっては享年を四十二とする指摘もあり（滝沢一九八七）、また生年を大永六年（一五二六）とする系図もある（『越佐』四―三）。したがってこれらのみを根拠に生年を比定することには問題があると思われる。

②は、『実隆公記』大永七年（一五二七）六月十日条に「長尾男子誕生」とあることから、この男子を晴景に比定するものである。今福匡氏は、晴景・仙洞院・謙信を同母とみる場合、晴景が大永七年生まれであれば不自然ではないとする（今福二〇一八）。

③は、晴景が享禄元年（一五二八）に元服したとされることを基準に生年を推定するものである。黒田基樹氏は、元服時に晴景が一般的な元服年齢である十五歳であったと想定し、そこから生年を永正十一年（一五一四）頃とする（黒田二〇二一・二〇二三）。晴景の生年をうかがううえでは、こうした想定も注目されよう。ただし、元服時の年齢が確定できないため、あくまでも推測の域を越えないものといえる。

さて、以上の見解をふまえて、若干の私見を述べておきたい。上記の②および③については、晴景の元服時期およびその時の年齢がどのようにとらえられるのか、が問題となろう。そこで、この問題に関わって、晴景の元服に関する古文書を確認しておきたい。

【史料1】（『新潟』一一六）

長尾道一事、号弥六郎字并太刀一腰守助、遣之候、得其意可申下候也、

十二月十二日　（花押）

大館伊与入道とのへ

【史料1】は、享禄元年（大永八年、一五二八）十二月十二日、室町幕府十一代将軍足利義晴が大館常興に送った御内書である。本文書では、長尾道一を弥六郎と改め、また太刀一腰を遣わすとある。このときに道一（＝弥六郎晴景）が元服したとわかる。なお本文書に関連して、足利義晴一字書出・同日付の大館常興副状（『新潟』一一七・一一八）も発給されている。

なお、同年十月十日、長尾道一（＝晴景）は、室町幕府奉行人伊勢貞忠から関東若君様（＝足利晴氏）の偏諱拝領が行われたことを伝えられている（『新潟』一二一、佐藤一九八九①）。すなわち、晴景は元服以前にあって伊勢貞忠と文書によるやりとりを行うことのできる状況にあったといえる。このことからすれば、この時期の晴景はある程度の年齢に達していたとみられる。一方、先にみた大永七年（一五二七）六月に誕生した「為景男子」はこのとき二歳である。したがって道一と同一人物とは考え難い。

次に上記を踏まえて晴景の誕生時期についてあらためて検討したい。

【史料2】（山本二〇〇八より一部引用）

春円慶芳　越後長尾為景御新蔵御腹様

永正十一　五月三日　上杉トノ上条殿上

【史料2】は高野山清浄心院に所蔵される『越後過去名簿』のうち、春円慶芳という女性が供養されたときの記録である。本史料において、春円慶芳は「長尾為景御新蔵」の「御腹様」とされていることから、為景の義母であるとわかる。また、ここにみられる「御新蔵（新造）」が為景夫人であり、さらに晴景の母にあたる天甫喜清であることはこれまでにも指摘されている（片桐二〇一七など）。

【史料2】から、為景と天甫喜清の婚姻は永正十一年（一五一四）以前とわかる。また、為景は永正四年（一五〇七）八月に上杉房能を自刃させ、翌五年に上杉定実を擁立してあらたな権力をつくりあげている。上条上杉家の出自をもつ天甫喜清との婚姻はこのことにも関わるとみるべきであろう。したがって、両者の婚姻は永正五年（一五〇八）以後とみられる。ただし、為景は永正六年（一五〇九）には関東管領上杉顕定によって春日山を追い落とされ、上杉定実とともに越中国へ逃れている。そして、翌七年に越後へ再入国して顕定を倒し（前嶋二〇〇八など）、さらに八年に堀内氏らを生害して越後国を静謐に導いている。越後国の静謐以前に為景と天甫喜清が婚姻を結ぶ可能性は高くないように思う。これらからすると、為景と天甫喜清の婚姻は永正八〜十一年（一五一一〜一四）頃とみるべきではなかろうか。

また、長尾政景夫妻像（常慶院）にみられる戒名の記述から、晴景は第一子ではなかった可能性が指摘されている（黒田二〇一三）。さきにみた為景と天甫喜清の婚姻時期の想定もあわせると、あくまで推測の域を出ないが、晴景の誕生はおおむね永正十年代前半頃と考えられよう。この点は元服時期からの逆算によってその誕生を永正十一年（一五一四）前後とした前記③の見解と大きく離れないように思う。なお井上鋭夫氏は、根拠は示されないものの、「嫡男の晴景は彼（謙信）より十八歳も年長」として、永正十二年（一五一五）生まれと解している（井上一九六六)。

二、家督の継承

次に、長尾為景から晴景への家督継承について確認したい。

家督継承の時期に関しては、従来、天文五年（一五三六）とする向きが多かった。為景は、享禄～天文年間に越後国内で展開していた越後享禄・天文の乱において、政治的・軍事的に劣勢に追い込まれ、晴景に家督を譲渡して自らは引退するという形式をとったとする指摘などが知られている（長谷川一九九五、山田一九九七など）。ただし一方で、越後享禄・天文の乱は為景優位に収束していたとみられること、天文九年（一五四〇）が家督継承時期とみられることなどが指摘されるようになっている（前嶋二〇一四・二〇一五）。そのことをふまえ、本節では、あらためて家督継承前後の経過を振り返っておきたい。

(1) 越後享禄・天文の乱の収束と伊達時宗丸入嗣に向けての交渉

天文二年（一五三三）頃から、上杉定実・長尾為景は、上条定憲と揚北衆、また上田長尾氏の長尾房長らと対立していたが（越後享禄・天文の乱）、この争いにあっては、天文四年（一五三五）十月には揚北衆が後退している（『新潟』三三一〇）。また翌五年には三分一原合戦後に上条定憲が没している。その翌年の天文六年を中心に繰り広げられた上田地域を中心とした争いも、定実・為景優位のもとに収束していったとみられている（前嶋二〇一四）。このことからすると、この時点で晴景が家督を継承する理由はうかがわれないことになる。

また、このことを経て、定実・為景は、実子のいなかった定実の養子として、奥羽の伊達稙宗の三男時宗丸を養子として迎え入れるべく交渉を開始した。為景らはまず天文六年（一五三七）に平子豊後守を派遣している。しかしこの時点では、まだ越後での乱劇（越後享禄・天文の乱）がおさまっていなかったため、交渉は遅延することとなった。そこで為景は、それがおさまった後となる天文七年（一五三八）に両使節（平子氏と直江氏と考えられる）を派遣する（『上越』三―七七九）。同年十月二十四日には、越後国内で時宗丸の越後上国のための段銭が徴収されており、入嗣にむけた準備が整えられつつあったことがうかがわれる（『上越』三―七六八）。

（2）揚北衆の反発と長尾為景・晴景

伊達時宗丸入嗣の動きに対して、天文八年（一五三九）には揚北衆らによる反発がみられ、それに対して伊達氏側が乗り出し、揚北衆の本庄氏・鮎川氏が大宝寺に退去させられている（『新潟』一四八二など）。なお、これらの争いにかかわって、為景は揚北衆の築地氏に対して自らに与するように要請している。またこの頃、中条氏や黒川氏らは為景方として加わっていたとみられる（『新潟』一四三九、一四四〇など）。したがって、この時点の揚北衆が全体として為景に敵対的であったとは言い難い。むしろ本庄氏・鮎川氏らの退去以後となる天文九年（一五四〇）六月の時点では、伊達時宗丸の入嗣に反対していたのは色部氏のみであり、入嗣交渉は順調に進んでいたといえよう。

しかし、同年七月に春日山で何らかの問題が生じ（『上越』七七三）、八月に為景から晴景へと家督が譲渡された。このことで情勢は大きくかわったとみられる。九月には揚北衆のなかで伊達時宗丸の養子縁組を推進していた中条氏が色部氏との争いに敗れ、孤立している。そして、これ以後、伊達時宗丸の入嗣交渉は進展しなくなり、そのまま終焉することとなる。なお、晴景は天文九年以前から色部氏と関わっていたとみられる（『新潟』二〇七六）。これらの状況などから、晴景は天文九年、伊達時宗丸の入嗣をめぐる抗争を契機に為景から家督を奪取し、入嗣交渉を終焉させたと考えられている（前嶋二〇一五）。

（3）長尾為景の死・上杉定実の引退宣言

天文十年（一五四一）の年末には長尾為景が没し（山本二〇〇八）、その四か月後には越後守護上杉定実が引退を表明している（『新潟』二四一）。これは晴景が為景の死を契機として、定実に引退を要求した結果とみなされる。なお為景の没年については、①『越佐史料』などの理解によって天文五年（一五三六）とする見方（羽下一九六一など）、あるいは②『上杉家御年譜』などに従って天文十一年（一五四二）とする見方（阿部一九八六など）などが知られている。また③山田邦明氏は当時の為景の動向と越後を取り巻く状況の変化などから天文十年と推測している（山田一九九七）。しかし、二〇〇八年に「越後過去名簿」が確認され、そこに「道七沙弥　府中長尾トノ御菩提タメ立之　天文十丑辛十二月廿四日」と記されていたことにより、為景の没年は天文十年（一五四一）であったことが明確になるものと思われる（山本二〇〇八）。

＊

以上、伊達時宗丸の入嗣をめぐる長尾為景・晴景や揚北衆らの動向を中心に、晴景の家督継承前後の経過を振り返ってきた。上記からすれば、晴景は、天文九年に伊達時宗丸の入嗣問題を契機として、上杉定実―長尾為景を中心としたそれまでの政治体制を否定すべく行動し、それを実現したと考えることができよう。

三、晴景権力の様相

冒頭に述べた通り、長尾晴景は病弱で、配下諸将、とくに揚北衆などが従っておらず、その求心力には問題があったとされてきた（田中一九二四）。ただし一方で、少なくとも京都との関わりにおいて、権力を保持していたとみられることがこれまでにも指摘されている（前嶋二〇一七）。

そこで、それらの指摘を踏まえて、あらためて室町幕府などとの関わりを意識しつつ、天文十七年（一五四八）前後における長尾晴景の権力の実態を確認したい。

【史料3】（飯倉晴武氏所蔵御内書要文所収文書（今谷一九八五）による）

為白笠袋毛氈鞍覆礼、太刀一腰馬一疋・青蚨三千疋到来、被聞食訖、猶晴光・元造朝臣可申候也、

七月三日

鳥子半切少長長尾六郎とのへ

【史料3】は、天文十七年（一五四八）に比定できよう。本史料によって、長尾六郎（晴景）が、室町幕府将軍足利義晴から白傘袋と毛氈鞍覆の使用許可を得たことがわかる（木下二〇一一）。なお、享禄元年（一五二八）には父為景が「毛氈鞍覆・白キ笠袋」使用を許可されており（『新潟』六三）、晴景はこれと同様の立場となったといえる。また、天文十七年九月、晴景には上杉憲政から古河公方足方晴氏の子幸千代王丸（藤氏）の元服次第について依頼がなされている（『新潟』二七一六）。ちなみに、享禄元年に為景は足利晴氏の元服次第―偏諱拝領にあたって室町幕府等と折衝しており、この二つの手続きの構図は同様であることが知られる（『新潟』七四など、佐藤一九八九②）。

すなわち、為景・晴景は古河公方の偏諱拝領に関わって、自らの立場の上昇も含めて同様の行動をしていたことがわかる。天文十七年（一五四八）時点の晴景は、関東・京都等と通交関係を保ち続けており、享禄期の為景と同様に京都と東国を媒介する役割を期待される状態であったことが想定される（峰岸一九七八、佐藤一九八九②）。

長尾晴景の権力については、たとえば『上杉家御年譜』などにおいて、晴景に従う者は少なかったなどとされており、充実したものではなかったとみられているが、以上のことからすれば、天文十七年（一五四八）段階にあっても、その権力は決して脆弱なものというばかりではない側面があったとみられよう。

四、景虎への家督譲渡

長尾晴景は、天文十七年（一五四八）十二月晦日、越後守護上杉定実の仲介のもとで、弟景虎に家督を譲渡している。このことについては、両者の対立を前提としていたとする指摘が多く見られる（矢田二〇〇五、阿部一九八八など）。しかし一方で、その経過については、これまで曖昧にされてきた点も多かったように思う（池一九八七、二〇〇〇など）。

そうしたなかで、景虎が晴景配下にあった黒田秀忠を制した争い、いわゆる黒田秀忠の乱の勃発時期を天文十七～十八年として、晴景から景虎への家督継承とのかかわりについても見直す見解がみられるようになっている（前嶋二〇一七など）。本節では、このことを踏まえて、黒田秀忠の乱を中心に、晴景から景虎への家督譲渡について確認したい。

（1）黒田秀忠の乱の経過と構図

黒田秀忠の乱は、多くの場合、長尾晴景配下にあった黒田氏がわがままを繰り返したことに対して、長尾景虎がこれを成敗し、その名声を高めることになった争いとして位置づけられるが、近年その勃発時期などを中心に多くの議論が展開されるようになっている（太田・西澤編二〇一二、今福二〇一四など）。そこでまず、乱の経過から確認したい。この乱に関しては、以下の二つの史料が知られる。

【史料4】（『上越別』一―三）

兄候弥六郎兄弟之者ニ、黒田慮外之間、遂上郡候、覃其断候処、桃井方へ以御談合、景虎同意ニ可加和泉守成敗御刷、無是非次第候、何様爰元於本意之上者、晴景成奏者感之可申候、恐々謹言、

平三

景虎（花押）

十月十二日

村山与七郎殿

【史料5】（『上越別』一―五）

対晴景、黒田和泉守年来慮外之刷連続之間、去秋此口へ打越、可加成敗分候之処、其身以異像之体、可遁他国之由、累歎之候間、任其旨、旧冬当地へ相移候処、無幾程逆心之企現形之条、即以御屋形様御意、黒田一類悉愈為生害候、依之、本庄方へ被成御書候、爰元之儀、定可為御満足候、恐々謹言、

二月廿八日　　長尾平三景虎（花押影）

小河右衛門佐殿

【史料4】は、長尾景虎が村山与七郎に対して、黒田秀忠の成敗に関して賞するものであり、【史料5】は【史料

4】の後に再び蜂起した秀忠一類を滅亡させたことについて、景虎が小河右衛門佐へ伝えるものである。黒田秀忠の乱に関しては、この二つの史料によって、景虎が二度にわたって反乱を起こした黒田秀忠を成敗し、一族を滅亡に追い込んだとされる。

さて、この乱が繰り広げられた時期に関しては、おおむね天文十三～十六年（一五四四～四七）の間で諸説が見られ、黒田秀忠の乱はその時期に起こったものと理解されてきた。しかし前述のとおり、近年では、たとえば【史料5】において「旧冬当地へ相移候」とあることを天文十七年末の景虎の春日山入城を指すと解して、その前後、天文十七～十八年に行われたものと解釈する見解がみられるようになっている（矢田ほか二〇一二、前嶋二〇一七など）。黒田氏は天文十七年十月に反乱を起こして成敗され、このときは赦免されたものの、天文十八年二月に再び反乱を起こし、結果として一族が滅亡に追い込まれたという。すなわちこの乱は、晴景から景虎への家督譲渡が行われた前後でおきたものであることになる。

また、この景虎と黒田氏の対立については以下の二点が注視されている（前嶋二〇一七）。まず一つ目として、黒田氏が「慮外」を繰り返した相手について、史料5では黒田氏が「晴景」とあることに対して、史料4では「兄候弥六郎兄弟之者」とあることから、その相手は長尾氏全体であり、この争いの発端には、晴景権力の中枢としての黒田氏と、景虎との対立があったとする点。それから二つ目としては、景虎は「御屋形様」、すなわち守護上杉定実の意向に沿って黒田氏に成敗を加えている点。なお定実は、晴景から景虎への家督譲渡を調停していることが知られている（『上越別』一―一二）。景虎の行動の背景には定実の意向があったことが想定される。すなわち黒田秀忠の乱は、景虎が黒田氏を成敗することでその名声を高めることにつながった争いではなく、天文十七・八年、景虎が、晴景権力の中枢として対立する勢力となっていた黒田氏を、越後守護上杉定実の意向を背景として討伐し、滅亡させた事件であったと評価されよう。そしてこのことを経て、晴景は景虎へ家督を譲渡することになったと考えられるのではなかろうか。

（2）天文十七年における晴景と景虎

次に、そこに至る背景としての晴景と景虎の対立について検討したい（前嶋二〇一七など）。

天文二十三年（一五五四）、魚沼地域を拠点に活動していた上野氏は、下平氏と所領争いを行っている（『上越別一一一五』）。そのときに上野家成の作成した書状によれば、家成は「黒田方走廻之時分」に下平氏の所領を一両年押領し、また「殿様当地へ御移之刻」に大熊朝秀からの内々の指示によってこれを返し置いている。「黒田方走廻之時分」は黒田氏がその中枢で活動していた晴景権力の時期、また「殿様当地へ御移之刻」は景虎の春日山入城の時期（天文十七年末）を指すとみられることから（福原二〇一六）、この所領争いは、晴景から景虎に家督が移る時期に起こったものといえる。

なおこの訴訟では、上野氏は景虎側近の本庄実乃を頼り、また下平氏は大熊朝秀を頼っていたことが知られる。また、大熊朝秀は晴景の重臣であったことが山田邦明氏によって指摘されている（山田一九九七）。この所領争いからも、晴景と景虎の間には対立の構図があったことがうかがわれる（金子二〇〇五など）。そして、その前提として景虎勢力の伸長を想定できよう。またそのことが、黒田氏との争い、また晴景から景虎への家督継承に結びついたと考えられる。

おわりに――晴景の死

以上、長尾晴景について、とくに政治動向を中心に、これまでの研究を踏まえつつ振り返ってきた。まずはその結果を簡単にまとめておきたい。

一、長尾晴景は越後守護代長尾為景と上条上杉氏の娘である天甫喜清との間に嫡男として生まれた。その誕生年は永正十年代前半頃の可能性が考えられる。

二、長尾晴景は、天文九年（一五四〇）、伊達時宗丸入嗣問題を契機として、父為景と越後守護上杉定実を否定し、権力を握ることとなった。

三、天文十七年（一五四八）、長尾晴景は足利義晴から毛氈鞍覆と白傘袋の使用免許を得て、また同年に古河公方足利晴氏の子幸千代王丸（藤氏）の元服の取次を行っている。これらは父為景が享禄元年に足利晴氏の元服を執り行った時期と同様の行動であり、この時点の晴景が同様の活動を京都から期待される立場にあったことが確認される。

四、長尾晴景は、天文十七～十八年（一五四八～四九）にかけて勃発した黒田秀忠の乱において、権力の中枢部にあった秀忠が倒れる延長線上で、上杉定実の仲裁のもと、弟景虎に家督を譲渡した。

はじめに述べたとおり、長尾晴景については、研究史のうえでもそれほど顧みられてこなかったように思われるが、以上の検討からすれば、当該期越後国における長尾氏の権力のありようの観点からも、あらためて注目すべきであろう。

なお、『上杉家御年譜』等によれば、晴景は天文二十二年（一五五三）没とされるが、『越後過去名簿』の記述から、天文二十年（一五五一）二月十日に没したとみられる。天文十九年（一五五〇）に上杉定実が没し、その翌年に晴景が没したことになり、この時点での景虎の権力にも少なからぬ影響があったと考えられよう。また、『越後過去名簿』では、晴景の供養依頼に関する記載として「蔵王院トリ」とある。晴景の高野山での供養について蔵王院という寺院が取次を行っていたことがわかるが、この寺院については現時点では判然としない。これらの点についても、他の史資料などと比較検討しつつ、さらに検討を深めていく必要があるものと思う。

〔参考文献〕

阿部洋輔「長尾為景文書の花押と編年」（山田英雄先生退官記念会編『政治社会史論叢』近藤出版社、一九八六年）

同「越後の統一」（『別冊歴史読本』八八春号特別増刊、新人物往来社、一九八八年）

池　享「上杉謙信」（『新潟県史』通史編2中世、第四章第一節、一九八七年）

同「謙信の越後支配」（池享・矢田俊文編『定本上杉謙信』高志書院、二〇〇〇年）

井上鋭夫『上杉謙信』（人物往来社、一九六六年）

今谷　明「室町幕府御内書の考察―軍勢催促状・感状を中心に」（『国立歴史民俗博物館研究報告』第五集、一九八五年）

今福　匡「再考・黒田秀忠の乱―長尾景虎書状と『越後過去名簿』をめぐって―」（『十六世紀史論叢』三、二〇一四年）

同『上杉謙信「義の武将」の激情と苦悩』（星海社新書、二〇一八年）

太田一成・西澤睦郎編『新潟県の合戦―上越編―』（いき出版、二〇一二年）

片桐昭彦「謙信の家族・一族と養子たち」（福原圭一・前嶋敏編『上杉謙信』高志書院、二〇一七年）

金子　達「上杉謙信の関東出陣」（『湯沢町史』通史編第二編第二章第三節、湯沢町、二〇〇五年）

木下　聡「室町幕府の官位叙任」（同『中世武家官位の研究』吉川弘文館、二〇一一年）
黒田基樹『下剋上』（講談社、二〇二一年）
同「総論　長尾為景の研究」（同編著『長尾為景〈シリーズ・中世関東武士の研究34〉』戎光祥出版、二〇二三年）
佐藤博信「古河公方足利氏の幼名について―晴氏と藤氏の場合を中心に―」（『中世東国の支配構造』思文閣出版、一九八九年①）
同「足利藤氏元服次第のこと」（『中世東国の支配構造』思文閣出版、一九八九年②）
滝沢定春「上杉謙信の出自とその家族」（渡辺慶一編『上杉謙信のすべて』新人物往来社、一九八七年）
田中義成『織田時代史』（明治書院、一九二四年。本稿は講談社学術文庫、一九八〇年による）
羽下徳彦「越後に於る永正―天文年間の戦乱―後上杉政権成立前史―」（『越佐研究』一七、一九六一年）
長谷川伸「長尾為景の朱印状と「越後天文の乱」」（『古文書研究』四一・四二合併号、一九九五年）
同「長尾為景と晴景」（池享・矢田俊文編『定本上杉謙信』高志書院、二〇〇〇年）
福原圭一「上杉謙信」（五味文彦編『歴史文化遺産　戦国大名』山川出版社、二〇一六年）
前嶋　敏「越後永正の内乱と信濃」（『信濃』六〇―一〇、二〇〇八年）
同「越後享禄・天文の乱と長尾氏・中条氏」（『中央史学』三七、二〇一四年）
同「戦国期越後における長尾晴景の権力形成」（『日本歴史』八〇八、二〇一五年）
同「景虎の権力形成と晴景」（福原圭一・前嶋敏編『上杉謙信』高志書院、二〇一七年）
峰岸純夫「十五世紀東国における公家領荘園の崩壊―上野国利根庄の場合―」（『新潟史学』一一、一九七八年）
矢田俊文『上杉謙信』（ミネルヴァ書房、二〇〇五年）
矢田俊文監修・福原圭一・松山充宏取材協力「北陸を手にした上杉謙信」（『トランヴェール』二〇二二年一二月号、二〇二二年）
山田邦明「戦国時代の妻有地方」（『十日町市史』通史編一、十日町市、一九九七年）
山本隆志「高野山清浄心院『越後過去名簿』（写本）」（『新潟県立歴史博物館研究紀要』九、二〇〇八年）

Ⅳ 仙洞院

福原圭一

はじめに

仙洞院は、上杉謙信（謙信は、長尾景虎、宗心、上杉政虎、輝虎、謙信とたびたび名乗りを変えるが、以下は「謙信」で統一する）の姉として知られている女性である。

越後守護代長尾為景の娘で、上田長尾氏当主政景の妻となり、のちに謙信の名跡を継承する上杉景勝を産んだ。慶長十四年（一六〇九）二月十五日に米沢で亡くなり、戒名は「仙洞院殿智三道早大姉」（「景勝公御年譜廿六」）という。本稿ではこれに従い、彼女を「仙洞院」と呼ぶことにしたい。

戦国時代の大多数の女性がそうであるように、仙洞院に関する史料は少ない。発給文書がなく、受給文書は一点だけである。そのため、実名をはじめとして、生涯のほとんどの事績があきらかではない。

本章では、仙洞院に関わる数少ない史料のなかから、三点を取り上げる。それを読み解くことによって、仙洞院の家族や地位、彼女が果たした役割について考えてみたい。

一、「長尾政景夫妻画像」を読む

画像に墨書された戒名

仙洞院関連の史料のなかで、特筆すべきは山形県米沢市の常慶院に伝えられた「長尾政景夫妻画像」（図1）であろう。

画面の中央には来迎する阿弥陀仏を置き、下部には上畳の上に向かい合わせに座る長尾政景と仙洞院夫妻を描く。向かって右が仙洞院で、朱色の縞の小袖を着し、右ひざを立てて座っている。来迎阿弥陀仏の両側には、政景の戒名「帰一匠山道宗禅定門」と仙洞院の戒名「仙洞院殿知三道早」が書かれた位牌が配置される。

両者の戒名は筆跡が違うことから、永禄七年（一五六四）に死去した長尾政景の菩提を弔うために仙洞院がこの画像を作成し、仙洞院の死後に彼女の戒名が書き加えられたものと考えられる。この画像が、永禄末年から天正前半期に描かれたとの見解もあるが、それとは矛盾しない。

注目されるのは、画像の隙間に墨書された十二名の戒名である。この墨書は画像が描かれた時期よりも後に追記されたとみられる。

最初にこの十二名の戒名について、仙洞院との関係を確認しておきたい。

十二名の戒名は、二段にわけて記され、仙洞院と政景の位牌それぞれの両側に二名ずつ計八名が、仙洞院の画像の両側に四名が書かれている。後述するように、この配列に意味があり、それぞれの関係性を表している。すでに、加澤昌人、片桐昭彦、今福匡、黒田基樹の各氏が検討を加えていて、ほぼ人物比定ができている。戒名の記載の順にしたがって整理してみたい。

A　仙洞院位牌の両側に墨書される人物たち

①　實渓存真禅定門

越後守護代の長尾重景で、仙洞院の曾祖父である。「天文上杉長尾系図」（米沢市上杉博物館所蔵）には、「法名渓実正真」「法名正真字実渓」と記され、「存真」と「正真」との違いはあるが、同一人物と考えられる。

図1　長尾越前守政景公夫妻御像　山形県米沢市・常慶院蔵

②　高嶽正統大居士

越後守護代の長尾能景で、仙洞院の祖父である。「天文上杉長尾系図」「越後長尾氏次第」（上越二四五）には、能景に「法名高岳正統」「法名正統字高岳」と記される。

③　紋竹庵主道七沙弥

越後守護代の長尾為景で、仙洞院の父である。「天文上杉長尾系図」「越後長尾氏次第」には「法名道七」と、「越後過去名簿」（高野山清浄心院所蔵）には、「道七沙弥／府中長尾トノ」

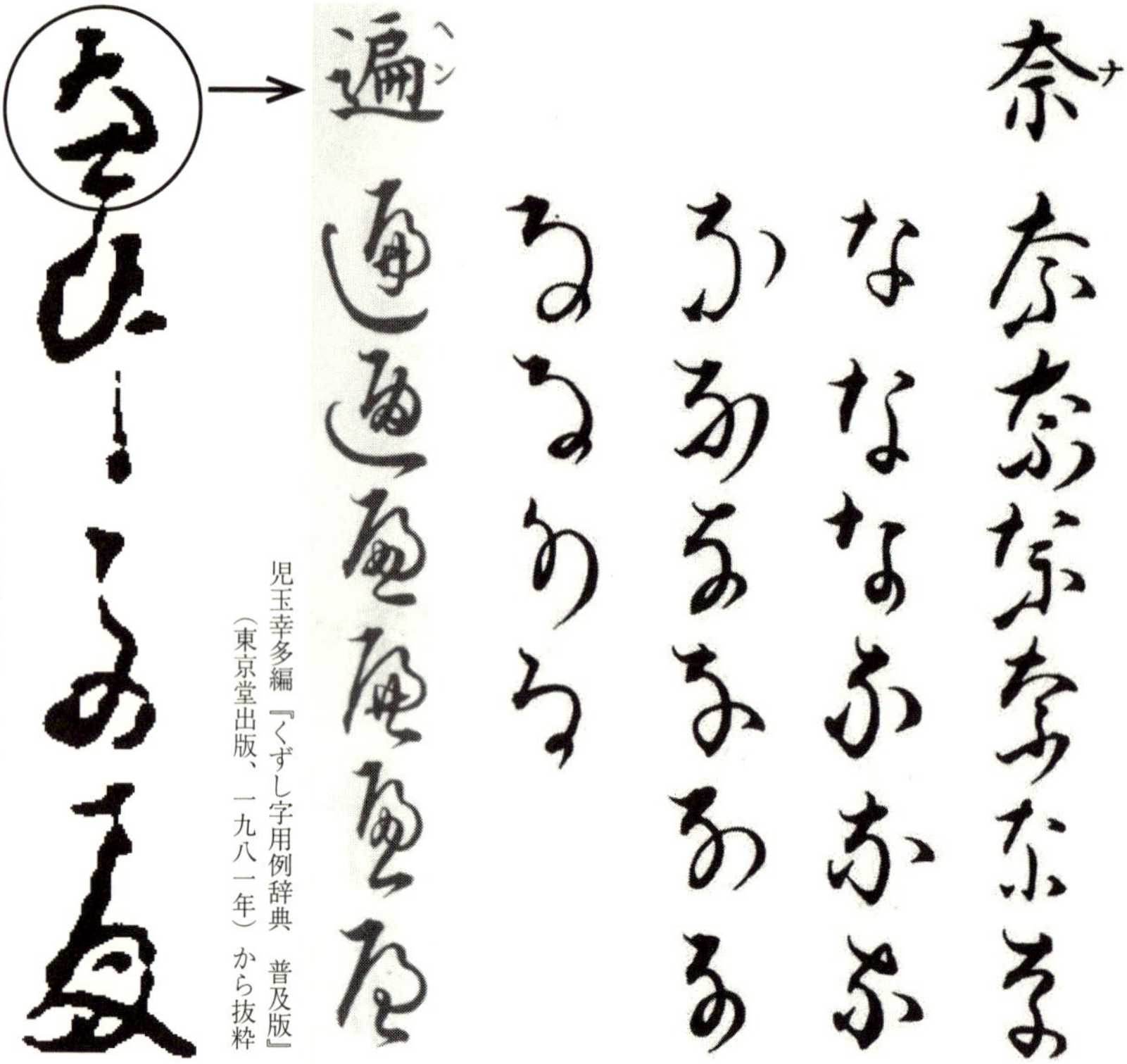

児玉幸多編『くずし字用例辞典　普及版』（東京堂出版、一九八一年）から抜粋

伊佐早謙採集文書十所収「林泉寺文書」から抜粋

図２　文字の比較【「へ」と「な」】

と記される。また、為景が一時期「紋竹庵」の入道名を使用していたことが知られる。

④天甫喜清大姉
長尾為景の正妻で、仙洞院の母である。「越後過去名簿」には、天文十二年（一五四三）五月七日の記事として「天甫喜清／府中御新造サマ」と記される。

B　長尾政景位牌の両側に墨書される人物たち

⑤松巌妙真大姉
長尾為景の娘で、仙洞院の姉妹である。「越後過去名簿」には、天文九年（一五四〇）八月四日の供養記事として「松巌明貞／府中長尾為景息女道八」と記される。「妙真」「明貞」の違いはあるが、同一人物と考えられる。

⑥華嶽光栄禅定門

越後守護代の長尾晴景で、仙洞院の兄。「越後過去名簿」には、「華嶽光栄／府中長尾為弥六郎」と記される。晴景の仮名は「弥六郎」である。

⑦実岑一貞禅定門

為景の子息であると考えられる。仙洞院の兄もしくは弟となる。「林泉寺文書」（伊佐早謙採集文書十所収）には、「へひしとのさま」と注書きされる。片桐昭彦氏はこれを「ないし」と読み、「内記」の唐名である「内史」とする。しかし、一文字目の崩しは「へ」であり、読みは「へひし」であろう（図2）。晴景の「道一」、景虎の「平三」のように、長尾為景は子に「道」・「平」に数字を加えた名を付けていることが知られている。このことからも、「平二（へいじ）」もしくは「平四（へいし）」と考えた方がよいのではないだろうか。これについては、片桐氏も注で触れている。

⑧光室妙智大姉

詳細は不明であるが、同じ並びに記された⑤から⑦が為景の子どもであることから、為景の息女と考えられよう。仙洞院の姉妹となる。今福匡氏は、「越後長尾殿之次第」を根拠にして、⑦「實岑一貞禅定門」を古志長尾房景、「光室妙智大姉」を房景の妻であるとする。しかし、「林泉寺文書」には、「光室妙智大姉」に「じやうてうのかミさま（上条の上様）」と注書きされていて、古志長尾房景の室とすると齟齬が生じる。

C　仙洞院の両側に墨書される人物たち

⑪華渓昌春大禅定尼

景勝と御館の乱を争った上杉三郎景虎の正室。仙洞院の娘である。「外姻譜略」（『上杉家御年譜二十三』所収）には、

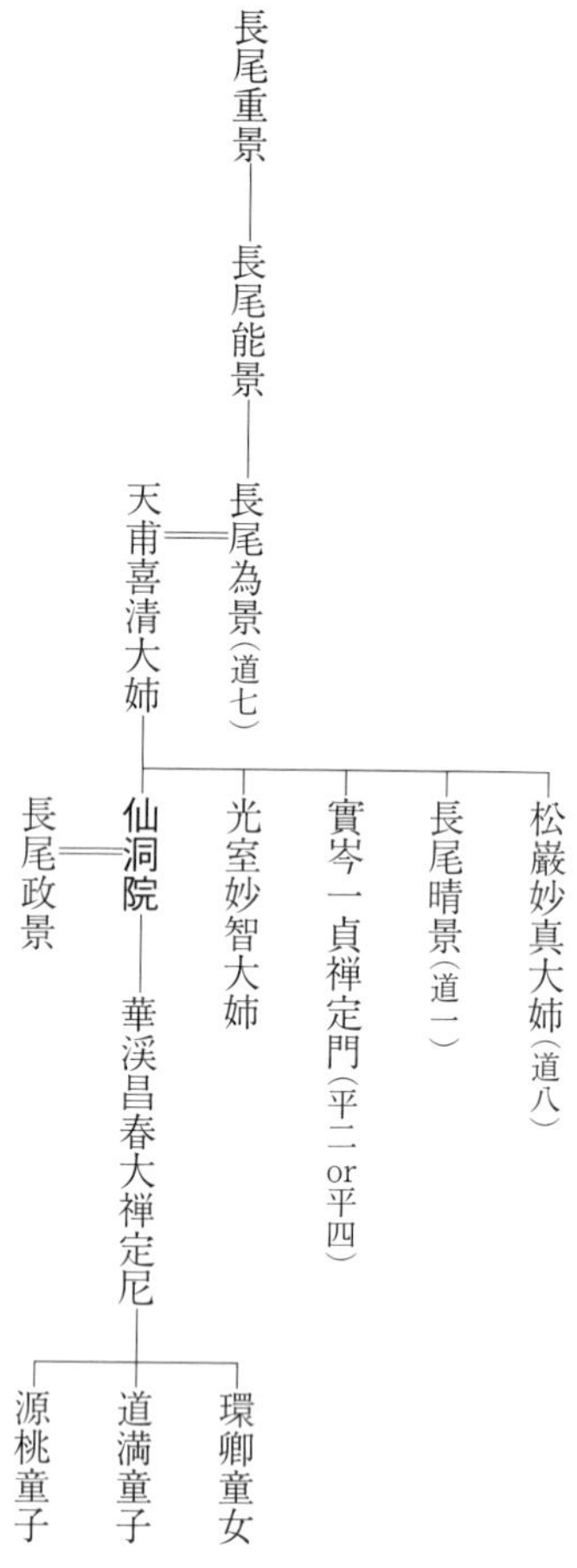

図３　仙洞院関係系図

「三郎景虎室」「華渓正春大禅定尼」と記される。

⑩道満童子

　三郎景虎の子息道満丸。仙洞院の孫である。

　残る⑨環卿童女と⑫源桃童子であるが、他の史料にはみられず、詳細は不明である。戒名が童女・童子であることと、その配置から「華渓昌春大禅定尼」の子どもたちであると考えられる。仙洞院にとっては孫にあたる。

　このように、Aグループは、仙洞院の位牌の右側に祖父・曾祖父が、左側に父母が配置され、Bグループは左右とも仙洞院の兄弟姉妹、Cグループは娘と孫たちである。これらを系図にまとめたのが図3となる。一見して、仙洞院を中心に置き、血縁者を配置しているのが明らかであろう。

　このように「長尾政景夫妻画像」は、仙洞院の一族が復元できる貴重な史料といえる。

　一方で、仙洞院の兄弟姉妹が記されたBグループに、謙信は含まれていない。片桐昭彦・黒田基樹両氏が指摘するように、これは仙洞院と謙信は生母が異なることが理由であると考えられる。

二、仙洞院と上田長尾氏

仙洞院を訪れる景勝

仙洞院が、長尾政景のもとに嫁いだ時期については諸説あるが、それまで対立していた長尾景虎と政景が和睦した天文二十年（一五五一）ころであるとする説が有力である。弘治元年（一五五五）十一月二十七日には、卯松（のちの上杉景勝）が生まれている。「景勝公御年譜」などによれば、景勝は次男であるという。

卯松は、謙信の養子となって春日山に移り住み、元服すると喜平次顕景を名乗った。謙信の旗本として側に仕え、永禄九年には関東越山にも参加し、臼井城（千葉県佐倉市）攻めに際しては、自ら感状を発給している（「長岡市中央図書館所蔵文書」『上越』五〇九ほか）。

その喜平次が、仙洞院のもとを訪れたことがわかる文書が残っている。

【史料1】上杉謙信書状（「上杉家文書」『上越』一四五七号）

入心細々音信喜入候、随而爰元さへ雪断而降候間、信州境定而可為深雪候条、身之馬廻召連、早々可被越候、

爰元弥可然候、此義老母江可申候、以上、

十月十日　　　　謙信（花押）

喜平次殿

春日山城（新潟県上越市）にいる謙信が、母のもとに帰った喜平次に対して送った手紙である。

謙信のいる春日山城にも雪が降り、信越国境は雪も深いだろうから、馬廻りの者だけでも連れて、早々に春日山へ戻ってきなさいと、景勝に帰城を促している。そして、このことを「老母」にも伝えなさいと指示する。この「老母」が仙洞院である。巷間では、仙洞院と謙信は、仲の好い姉と弟であったとされるが、史料的に両者の接点が確認できるのは、管見の限り、この手紙が唯一である。

署名が「謙信」なので、「謙信」を名乗る元亀元年（一五七〇）以降のもので、謙信の動向からすると、元亀二年（一五七二）か天正元年（一五七三）であると推定されるが、確定はできない。

景勝はこの手紙を受け取ると、すぐに返事を認めて謙信へ届け、謙信も翌々日十二日に再度手紙を送っている（「上杉家文書」『上越』一四五九）。つまり、手紙を運ぶ飛脚が二日で往復できる距離に両者がいることがわかる。仙洞院の居場所は、上田庄の坂戸城（新潟県南魚沼市）と考えられるので、春日山城からは約七〇キロメートル。無理な距離ではないであろう。

この手紙からわかるのは、早くとも元亀二年には、仙洞院がまだ坂戸城にいたという事実である。

夫政景の死と長尾時宗

仙洞院の夫である長尾政景は、永禄七年（一五六四）七月五日に急死したとされる。

政景の死については、上田の野尻池（新潟県南魚沼市）で溺死したといわれるが、確かな裏付けはない。この年以降、政景は史料から姿を消すので、このころに死去したことは間違いないであろう。

仙洞院は、政景が永禄七年に亡くなってからも、実家である春日山には帰らず、坂戸城に居続けたことになる。ところで、政景と入れ替わるように姿を現す「長尾時宗」という人物がいる。

永禄七年二月十七日、謙信は下野佐野城（栃木県佐野市）を攻めた際の活躍を褒め、従軍した上田衆を書き上げた感状を、長尾時宗に宛てて発給した（「登坂謙吉氏所蔵文書」『上越』三八九）。

これを受けて時宗は、同年四月三日に内田文三（「井上慶隆氏所蔵文書」『上越』四〇二）と下平弥七郎（「歴代古案巻七」『上越』四〇一）に感状を与えている。謙信の軍勢は、三月下旬に関東を発ったとみられるので、時宗の感状は、戦場から戻った上田衆に対して、上田で待期していた時宗から発給されたのだと考えられる。つまり時宗は佐野攻めには参加していないことになる。

時宗は実名ではなく、幼名「時宗丸」とみられ、元服前であることが明らかである。また、時宗の文書は、写も含めてすべて花押がないことから、花押成りも済ませていないとみられる。まだ幼く、出陣できるような年齢に達していなかったのだろう。

にもかかわらず、上田衆を書き上げた感状の宛所が「長尾時宗」であったのは、時宗が上田長尾氏の当主として扱われたことを示している。

謙信が関東へ越山するときに、府内や春日山城の留守を預かっていたのが政景であった。通説では、政景はこの年の七月に死去するとされているので、この時も政景が春日山城にいた可能性はあろう。とすれば、時宗は政景の名代としての立場にあったとも考えられる。しかし、出陣もできないような幼子を名代に立てる必要があるのであろうか。通説とは違い、謙信が佐野を攻めた永禄七年二月には、長尾政景はすでに死去していたか、病床に伏し戦場に出ることが叶わないような状況であった。そのため、急遽新たな当主としてまだ幼少の時宗が担ぎ出されたのだとは考えることはできないだろうか。

いずれにせよ、幼少の時宗を後見し、上田長尾氏の家を守ることが、仙洞院が政景の死後も上田に残り続けた大きな理由なのであろう。

時宗は、この後、永禄十三年二月の佐野攻めに参加していることがわかる。しかし、この戦いを最後に時宗の名は史料から姿を消す。元服して名乗りを変えた可能性もあるが、上田長尾氏の当主と考えられる人物はみられないので、夭折したのかもしれない。

そうであれば、当主時宗亡き後も上田に残った仙洞院を、当主不在の上田長尾氏の家を支える女性当主と考えることも可能ではないか。

勝俣鎮夫氏は、亡くなった当主の妻が、「家母長」として亡夫に替わる立場を、家臣や大名からも認められている事例を紹介している（勝俣二〇一一）。史料がないため、仙洞院がこのような「家母長」として振舞っていたことは確認できないが、こうした視点から仙洞院を考えてみる必要はあろう。

三、仙洞院と御館の乱

上条政繁の起請文

天正六年（一五七八）三月十三日、謙信は五十歳の生涯を閉じた。その後、謙信の養子の上杉景虎と景勝が、その跡目をめぐり争った。御館の乱である。

謙信の死後まもなく、景勝方の上条政繁が提出した起請文が「伊佐早謙採集文書十六」に影写されている。この文書は文書名に「案」とあるとおり、下書きとして推敲をおこなった部分が複数みられる（図４）。左に掲げたのは、この推敲に従い修正して翻刻したものである。

【史料2】上条政繁起請文案（「伊佐早謙採集文書十六」・『上越』一四八四）

「（注書）按ニ、本案書、天正六年三月ノモノナリ、本文たいはうハ大方ニテ、長尾政景氏ノ妻ニシテ、景勝公ノ生母ナリ、又上條弥五郎氏ノ妻ハ景虎君ノ妻ト、皆公ノ姉妹タリ、傳フ、大方頗ル景虎君ヲ愛シ、嫡ヲ奪ヲ謀ラル、故ニ景虎君滅亡後、公ト相好カラスト云フ、蓋シ或ハ然ルナリ、　丁亥七月書　　謙考」

天罸　起請文

右意趣者、

一、惣躰備方於何事もおんミつの事、他言いたさす、尤存智寄通、しんそなく意見可申候、扨亦、ミつ事いかやうニ御尋候共、おたいはうなとにてミつ事さた申ましく候、尤きかせ、たゝ一すしニ景勝御前ヲ存、御意見可申事、

若此旨於偽者、

上者、ほんてん・たいしやく、四大天王、惣而日本大小之神祇、殊ニハ日光・月光・摩利支尊天・愛岩大こんけん・飯縄・座王・弥彦・二田八幡大菩薩・関山大こんけん・府中六所・春日大明神・ゆするき山・ふぢこんけん・天満大自在天神、可蒙御罸者也、仍如件、

三月　日　　上条

・――

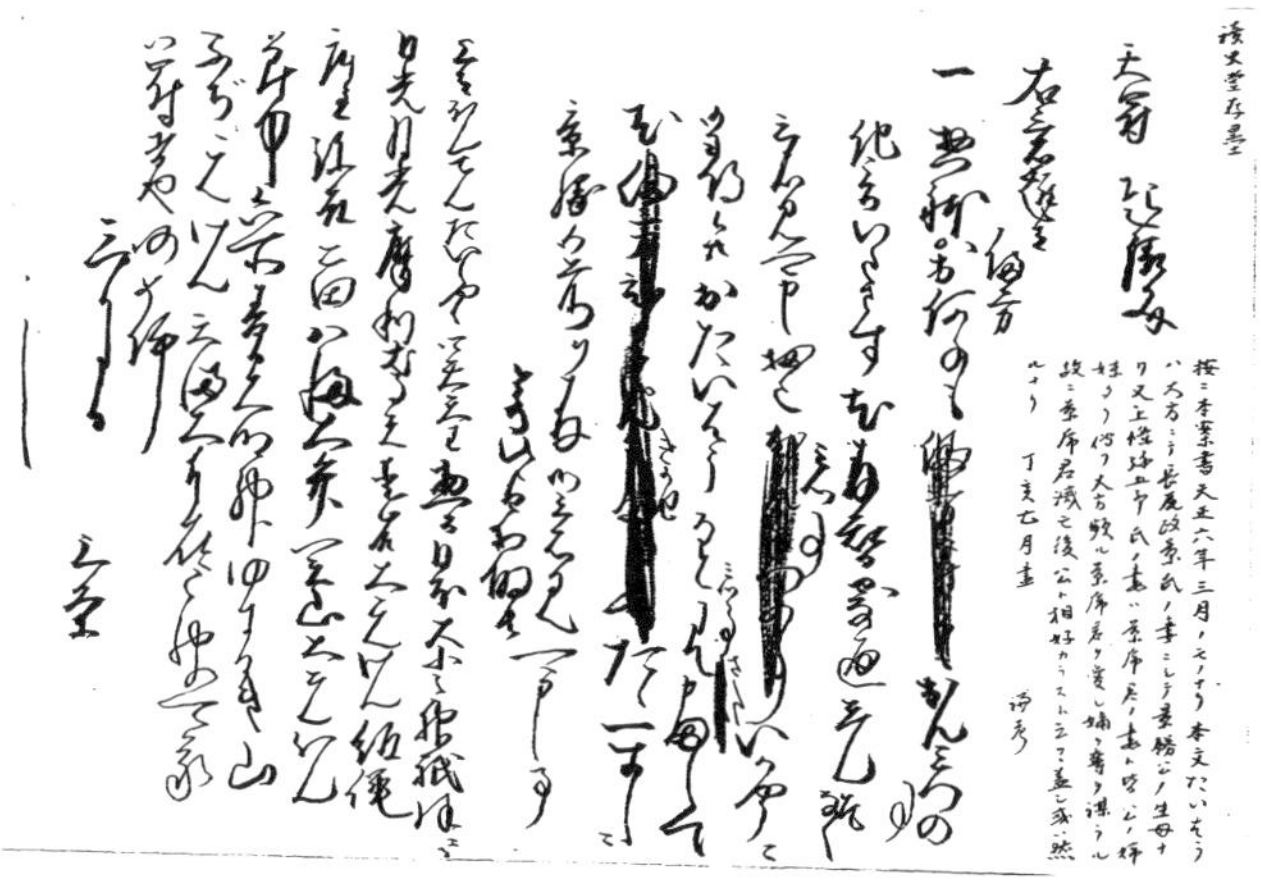

図4　上条政繁起請文案　伊佐早謙採集文書一六

天正六年三月といえば、まだ分国中で謙信死後の動揺が収まっていな

い時期である。この後、景勝は自分が謙信の後継者であることを各所に伝え、自らの正当性を主張し、五月には景勝に対抗した景虎が兵を挙げて、御館の乱が勃発する。

この起請文は、これからはじまるであろう戦いに備えて書かれたと考えられ、「隠密」のことは何事も他言しないこと、親疎なく景勝のことを一途に思って意見を述べることを誓っている。

注目されるのは、後半の傍線を引いた「密事いかやうに御尋ね候とも、おたいはうなとにて密事沙汰申まじく候」という部分である。「密事」をどのように尋ねられても、「おたいはう」にては「密事沙汰」はしないと誓っている。

この文書には注書きが付けられているが、これは、伊佐早謙が明治二十年（一八八七）に文書を影写した際に記したもので、原文書には書かれていない。伊佐早謙は、米沢上杉家の上杉家記録編纂所総裁を務めた人物で、米沢藩士の家に残された文書の収集を行い、上杉家の歴史研究を進めた。「伊佐早謙採集文書」も、こうした史料収集の成果のひとつである。

伊佐早謙によれば、本文の「たいはう」は「大方」で、長尾政景の妻で景勝の生母、つまり仙洞院を指しているという。たしかに『邦訳日葡辞書』には、「大方、または大方殿（タイハゥ、またはヲゥカタドノ）」が立項され、意味は「高貴な未亡人」とされている。「おたいはう」は、仙洞院とみて間違いないであろう。傍線部は、「密事をどのようにお尋ねになられても、仙洞院のところでは密事沙汰を申し上げるようなことはしない」という訳になるだろうか。

発給者の上条弥五郎政繁の妻は、上杉景虎の妻とは姉妹であるという。第一節で確認したように、景虎の妻は仙洞院の娘であり、仙洞院からみれば政繁も景虎も娘婿となる。こうした関係を利用して、仙洞院は政繁から密事を聞き出そうとしていたのだろうか。

「御大方」としての仙洞院

この起請文から読み取れることは三点ある。

一つ目は、このころ仙洞院が「御大方」と呼ばれる地位にあったことである。仙洞院がなぜ景勝の生母として扱われるのではなく、長尾政景の未亡人を意味する「御大方」と呼ばれていたのか。あくまでも推測でしかないが、第二節で指摘したように、仙洞院が上田長尾氏の「家母長」として家を代表する人物と目されていたことがその理由である可能性が考えられる。

二つ目は、彼女が上田ではなく春日山城の周辺に居住し、しかも景虎に近い立場にいることである。上田に居続けた仙洞院が、いつごろ頸城郡へ移り住んだのかはわからない。政繁が起請文を書いて誓約した内容から、景虎に近い立場にいることは明らかなので、景虎の屋敷に居住している可能性もあろう。娘である景虎の妻を頼り、上田から移住したのであろうか。「長尾政景夫妻画像」には、仙洞院の子どもでは景虎の妻となるこの娘だけが戒名を記されている。

三つ目が、仙洞院の居所へは、景勝方の上条政繁でも出入りが可能であったことである。御館の乱において、実際に戦端が開かれるのは五月初旬であるので、このころはまだ両陣営の行き来が可能であったことがまず考えられる。

遠藤ゆり子氏は、最上義光の妹で伊達輝宗に嫁ぎ政宗を産んだ保春院という女性が、義光と政宗が敵対した際に両者の仲介役として和睦交渉をおこなった事例を紹介している（遠藤二〇一六）。保春院は、義光には妹として、政宗には母として、対立する両者の交渉ルートを維持していた。景勝・景虎両者の「母」である仙洞院にも、こうした役割が期待されていたとは考えられないだろうか。

おわりに

天正七年（一五七九）三月二十四日、御館を逃れ、鮫が尾城（新潟県妙高市）に籠もっていた景虎が自刃した。仙洞院の娘や孫たちは、逃避行の途中で殺害されたといわれる。

伊佐早謙は、起請文の注書きのなかで、伝として仙洞院が景虎に跡を継がせようと画策したために、御館の乱の後、景勝との仲が悪くなったことを紹介し、「蓋シ或ハ然ルナリ」と記しそれを肯定している。仮にそうであったとしても、天正十年（一五八二）十月に、景勝は仙洞院へ「さ川のおか地」を贈与していることから（「個人所蔵文書」『上越』二五九一）、この時期までには関係修復が叶ったのだと考えられよう。

慶長十四年（一六〇九）二月二十五日、仙洞院は米沢でその生涯を閉じた。江戸の藩邸で母の訃報に接した景勝は、その死を悼み、「遠境ヲ隔テ、終焉ノ御対面ナキヲ別テ悲嘆シ」たという（「景勝公御年譜廿六」慶長十四年二月二十五日条）。最後に仙洞院の死を記す「景勝公御年譜」の記事を紹介して、筆を擱くことにしたい。

【史料3】「景勝公御年譜廿六」慶長十四年二月二十五日条（米沢市上杉博物館所蔵）

米府ニ於テ御母堂逝去シ玉フ、去ル冬ヨリ貴體霜露ノ疾ニ侵レ、湯薬更ニ其功ナク、日ヲ遂テ危篤ニテ終ニ泉下ニ赴玉フ、元老相議シ葬式ヲイトナミ、導師ハ春日山林泉寺十二世梵堯和尚是ヲ勤ム、御法名ハ仙洞院殿智三道早大姉ト号シ奉ル、

［参考文献］

今福　匡「越後長尾氏と上杉謙信の閨閥―「越後長尾殿之次第」の検討を通して―」（渡邊大門編『戦国・織豊期の諸問題』歴史と文化の研究所、二〇一八年）
遠藤ゆり子「奥羽の戦争と伊達政宗の母」（遠藤ゆり子著『戦国時代の南奥羽社会―大崎・伊達・最上氏―』吉川弘文館、二〇一六年、初出は、原題「戦国期奥羽における保春院のはたらき―戦国時代の平和維持と女性―」として『日本史研究』第四八六号、二〇〇三年）
加澤昌人「長尾政景公夫妻画像に記された戒名について」（『温故』第一九号、米沢温故会、一九九二年）
片桐昭彦「上杉景勝の権力確立」（『上越市史』通史編2中世、二〇〇四年）
同「上杉景勝の感状とその展開」（片桐昭彦『戦国期発給文書の研究　印判・感状・制札と権力』高志書院、二〇〇五年）
同「謙信の家族・一族と養子たち」（福原圭一・前嶋敏編『上杉謙信』高志書院、二〇一七年）
同「長尾喜平次の時代」（『六日町史』通史編第一巻 自然・先史・古代・中世、二〇一九年）
勝俣鎮夫「戦国時代の女性と家二題」（同『中世社会の基層をさぐる』山川出版社、二〇一一年、初出は、「葦の髄から天井のぞく」『山梨県史研究』第六号、一九九八年）
黒田基樹「総論　長尾為景の研究」（同編著『長尾為景』〈シリーズ・中世関東武士の研究34〉戎光祥出版、二〇二三年）
山田邦明「せんとういん 仙洞院」（戦国人名辞典編集委員会編『戦国人名辞典』吉川弘文館、二〇〇六年）
同「長尾政景の時代」（『六日町史』通史編第一巻 自然・先史・古代・中世、二〇一九年）
山本隆志「高野山清浄心院「越後過去名簿」（写本）」（『新潟県立歴史博物館研究紀要』第九号、新潟県立歴史博物館、二〇〇八年）

Column

謙信の妻

黒田基樹

上杉謙信に妻がいたのかどうかは、明確には確認されていない。すでに江戸時代中期には、謙信には妻がいなかったとみられるようになっていて、いわゆる「不犯説」が登場するようになっている。現在の我々の認識も、おおむねはその延長にあるといってよかろう。もっとも戦国大名家という政治権力体の性格を考えると、妻が不在というのは、極めて異常な事態である。そのため謙信に妻がいなかったというのは、そのままには信じがたいことも確かである。

そうしたなか近年、謙信の妻ではないかと思われる女性の存在が浮上してきている。それは「越後過去名簿」（『新潟県立歴史博物館研究紀要』九号、二〇〇八年）に記されている、永禄二年（一五五九）に「府中御新造」という人物、同四年に推定される上杉政虎（謙信）書状（『上越市史別編Ⅰ』二七五号）に記されている「新そう」という人物の存在である。これらの事実について初めて検討した今福匡氏は、謙信の妻の可能性を想定しつつも、明言していない。また「安田本長尾系図」に、長尾晴景の娘に「景虎之妻娶」、謙信に「六郎晴景ノ息女ト嫁トアリ」という注記があり、謙信の妻に関する所伝が江戸時代に存在していたことを紹介しているが、これについても同系図には、江戸時代中期成立の群書の影響が認められる部分があることをもとに、史実と断定することを避けている（今福二〇一八）。これに対して丸島和洋氏は、永禄年間に所見される「御新造」について、所見状況からの判断であろう、謙信の妻とみるのが適切という見解を示している（丸島二〇二一）。そこで本コラムにおいて、そのことについてあらためて検証することにしたい。

まず「越後過去名簿」にみえる「府中御新造」に関する記載は、次の通りである。

昌栄善女逆　越後府中御新造ノ御内宮崎御松子
　　永禄二年四月一日トリ次東易談義
　所ニテ

この記載は、「府中御新造」の女性家臣の宮崎御松子という人物が高野山清浄心院に逆修供養を依頼したことを示している。ここで注目すべきは、永禄二年の時点で、「府中御新造」と称された女性が存在していたことである。府中は、府中長尾家の本拠にあたるので、彼女は長尾家の「御新造」であるとみなされる。ちなみに、長尾家の本拠については、同史料では「府中」「府内」「春日山」などと表記されていて、また「春日山」については「府中春日山」「府内春日山」とも表記されているので、「府中」「府内」の一部と認識されていたとみなされる。

次に上杉政虎書状は次の通りである。

新そういそき越候様ニかせくへく候、しんさうこへ候者、政虎を国衆返し、きうくつをものへさせへき由、ゆわれ候間、其元いそくへく候、自然政虎はかりかへり候ハヽ、そなたニ其まゝい候て、又こへましき由おもわれ候て、新さうをよひ、てうたくのつもり見をよひ、其上ニて政虎かへすへき由、国衆なけかれ候間、兎角ニ見はなしかたく候て、国衆ゆわれ候様ニと思候て、依而しんさうよひこし候、其方へ政虎はやくよひこしたく候ハヽ、新さうをいそきこすへく候、しんさうと番てに成候へは、くわいけん口惜候、随而かの分野お峠わひ事候ほとニかへちとしてあつけ候、さういなくいたし候へく候、又峠所たいへハ人をこし申候へく候、謹言、峠所たいの事ハ、くら田ニ申候、このほかゆわす候、

（永禄四年）六月二日　　虎（朱印）

蔵田五郎左衛門尉とのへ

「萩原掃部助殿」

これは関東に在陣中の謙信が、春日山城の留守居の蔵田五郎左衛門尉に宛てた朱印書状である。文言のなかには意味をよく理解できないものがあり、そのため内容を十分に把握できない部分があるが、「新造」に関わる内容は、おおよそ以下の通りになる。

「新造」を急いで関東に派遣してくることを命じ、「新造」が来れば、政虎が越後に帰国することを関東の国衆が承知するからとして、急いで派遣してくることを命じている。そうでなく政虎が帰国してしまうと、そのまま春日山に在所し続けて、関東に来ないのではないかと思われてしまうため、「新造」を関東に呼び寄せることで、「てうたく」(邸宅か)のようにみえるようにして、政虎を帰国させたいと国衆が要請しているので、国衆の要請を見放せないので、国衆が言うとおりにすると考えて、「新造」を呼び寄せると述べている。春日山に早く政虎を帰還させたければ、「新造」を急いで派遣するよう命じて、「新造」と在番衆だけになってしまうと、見た目が残念な状況になる、と述べている。なお「随って」以下の部分は、十分な解釈ができない。

ここから謙信は、関東から春日山城に帰還するにあたって、関東国衆から、関東を本拠地として欲しいと要望が出されていて、そのため「新造」を関東に呼び寄せることで、その体裁を整えようとしていることがわかる。謙信はこれより三ヶ月前に、山内上杉家の家督を継承しており、それにともなって関東国衆は、謙信の本拠は関東と認識するようになっていたことがうかがわれる。謙信も、そうした関東国衆の認識を排除することができず、関東が本拠地であるかのような体裁をとることが必要と考えて、「新造」を関東に呼び寄せることにしたことがわかる。「新造」と在番衆だけの状況は、世間体がよくない、と言っているのは、春日山城についてのことと思われる。謙信の本拠は関東であるのに、春日山城に「新造」と在番衆を置いたままにしておくことは、関東の政治勢力に対して外聞が悪くなる、という意味と思われる。

ここにみえる「新造」は、その所在地が謙信の本拠として認識されることになるとされていることから、順当にみれば謙信の妻と考えられるであろう。そもそも「新造」は妻の意味である。何らの説明語も付けていないので、発言者である謙信の妻と理解される。

ちなみに参考までに、他の戦国大名家などの場合での「新造」の使用例を紹介しておくことにしよう。伊勢宗瑞は、四男菊寿丸（宗哲）に宛てた所領譲状で、自身の別妻で菊寿丸の母について「御しんさうさま」と記している（『戦国遺文後北条氏編』三七号）。北条氏政は、家老清水康英宛の書状で、武田義信後室（今川氏真妹）について単に「御新造」と記し（同前一〇一〇号）、北条宗哲宛の書状で、宗哲の娘で今川家家老三浦氏員妻について「三浦しんさう」と記している（同前一二一二号）。今川家家老三浦氏満・朝比奈泰朝は、上杉家家老宛の書状で、今川氏真の妹で武田義信後室について「甲州新蔵」と記している（『戦国遺文今川氏編』二一七四号』）。また三河岡崎松平家の「家」妻であった松平久（当主元信の大伯母、松平信忠の娘）は、自ら「しんさう」と記している（同前一二九二～四号）。このなかで北条氏政が武田義信後室について、単に「御新造」と記しているのが特異になっているが、これは宛名人との遣り取りのなかで自明のことであったためと思われる。そうでない場合は、自身の妻以外については、何らかの説明語を付していたことがわかる。また松平久の場合から、「家」妻についても「新造」と称されたことが認識される（「家」妻については、黒田二〇二一）。

そうすると謙信の当主期であった永禄二年～同四年にみえた「御新造」「新造」は、謙信の妻、もしくは長尾上杉家の「家」妻にあたるとみなされる。この時期において、長尾上杉家の「家」妻として存在しえた人物は、謙信の妻か、前代晴景の妻しか想定できない。晴景・謙信の父為景の正妻（天甫喜清大姉）は、すでに天文十二年（一五四三）に死去しており、またその嫡出長女（松巌明貞大姉）も同九年に死去しているからである。

晴景の妻については、片桐昭彦氏によって、「公族及将士」の戒名書上に、晴景のきょうだいとともに記載されている「桂窓妙長大姉（おしんざうさま）」が、それにあたる可能性が高いとみなされている（片桐二〇一七）。ただしその左隣に記載されている「昌屋明玖大姉（あかだのかミさま）」について、片桐氏は、永禄年間初め頃に謙信重臣の斎藤朝信と結婚した「おまつ」にあたるとみたうえで、為景の子、謙信の姉妹の可能性を提示しているが、結婚時期から推定すると、「おまつ」はむしろ晴景の娘の可能性が高いとみなされる（黒田二〇二三）。そうすると桂窓妙長大姉も、晴景の娘という可能性も想定できることにもなる。その場合には、単に「御新造様」と記されていることからすると、晴景の娘で謙信の妻にあたった可能性も想定される。

いずれにしても当時の長尾上杉家の「家」妻たりえたのは、前代晴景の妻か、謙信の妻しか考えられない。前者の場合、謙信の家督相続は、晴景の養子に入り、そのためその後室が、「家」妻の立場を継続した、と考えられることになる。しかしそのような想定が可能かどうか、謙信の家督継承事情からすると、可能性は低いように思われる。そうすると「御新造」については、文言通りに、素直に謙信の妻ととらえるのが妥当と考えられる。この場合、少なくとも永禄二年から同四年において、謙信の妻が存在したことは確実とみることができる。

そしてその出自については、「安田本長尾系図」の所伝は貴重といえるであろう。謙信は、兄の晴景とは十六歳ほど年齢差があったと考えられるので、家督継承にあたって、その娘と結婚して、婿養子の体裁がとられる事態は、極めて自然であるからである。もう一つの可能性として考えられるのは、謙信は家督相続にあたって、晴景後室と結婚したという事態である。後継当主が前代当主の妻と結婚する事例は、ありえないことではない（陸奥会津芦名盛隆と盛興の事例など）。その場合には、「御新造」は、謙信の妻にして晴景の後室、ということになる。

いずれの場合でも、「公族及将士」戒名で、「御新造様」と注記されている桂窓妙長大姉が、それにあたる可能性が高くなる。ただし同史料では、夫婦の戒名は並んで記載されていることをみると、晴景と桂窓妙長大姉は離れた場所に記載されていることから、両者は夫婦ではない可能性も想定され、さらに桂窓妙長大姉は晴景娘と推定される人物に並んで記載されているから、同じく晴景の娘の可能性が高くなってくる。このことからすると、彼女は晴景の娘の可能性のほうが高いと思われる。

以上のことから、永禄二年から同四年にかけて、「御新造」と称された謙信の妻の存在は、ほぼ確かとみることができるであろう。そしてその出自については、「公族及将士」戒名に、単に「御新造様」とある桂窓妙長大姉にあたり、晴景の娘の可能性が高いと考えられる。ただし出自については、あくまでも可能性に過ぎない。事実の確定のためには、なお新たな関連史料の出現をまたなくてはならないだろう。とはいえ現段階においては、謙信の妻に最も相応しいのは、前代晴景の娘であることも確かとみなされる。

〔参考文献〕

今福匡『上杉謙信〈星海社新書141〉』（星海社、二〇一八年）
片桐昭彦「謙信の家族・一族と養子たち」（福原圭一・前嶋敏編『上杉謙信』高志書院、二〇一七年）
黒田基樹『今川のおんな家長　寿桂尼〈中世から近世へ〉』（平凡社、二〇二一年）
同　「総論　長尾為景の研究」（同編著『長尾為景〈シリーズ・中世関東武士の研究34〉』戎光祥出版、二〇二三年）
丸島和洋『東日本の動乱と戦国大名の発展〈列島の戦国史5〉』（吉川弘文館、二〇二一年）

第二部　謙信の養父と養子

I 上杉憲政

森田真一

はじめに

山内上杉憲政の生涯を通覧した場合、越後に逃れる前とそれ以降に二分することができよう。すなわち、天文二十一年（一五五二）に小田原北条氏によって平井城（群馬県藤岡市）を逐われるまで、憲政は上野国や北武蔵を統治する関東管領であった。しかしながら、越後に逃れた後の永禄四年（一五六一）に長尾景虎に関東管領職と山内上杉家の名跡を譲り、憲政は政治の表舞台から身を引いていった。

憲政の生涯がこのようなものであったため、従来の研究では、憲政をはじめとした山内上杉氏が十六世紀前半を通じてどのように勢力を落としていったのかを叙述し、十六世紀後半の憲政については、ほとんど注目されなかったといえよう。しかしながら、近年になって上杉氏一族の名跡といった家格について明らかになるにつれ（森田二〇〇四・二〇一四、片桐二〇〇四）、従来の研究を見直す余地も生まれつつあるといえよう。

そこで本稿では、以下の三点に着目しながら憲政の生涯について叙述していきたい。

一点目は、上杉憲政が小田原北条氏によって越後に逐われたという歴史的な結果を前提に、北条氏を中心に政治史を予定調和的に捉えない、ということである。たしかに十六世紀前半を通じて、北条氏は武蔵国や上野国に結果として勢力を拡大する。けれども、山内・扇谷両上杉氏から北条氏へと情勢が優位に転換する画期が天文年間の初頭に見出され、それよりも前の段階では、むしろ両上杉氏の方が優勢であった（森田二〇二二）。そうした成果を踏まえたうえで本稿では、両上杉氏と小田原北条氏との対立の画期が、越後国における上杉一族の動向の画期ともおおむね一致する点について着目していきたい。

二点目は、越後に逃れた後の憲政は政治の表舞台からは身を引いたが、上野国の武士などから権利を保証する判物を求められ、文書を発給していたことが判明したことである（清瀬市二〇二二）。憲政は関東管領職と山内上杉家の名跡を長尾景虎に譲った後にも権力者として振る舞う場面があったのであり、憲政が文書を求められたことを考える必要がある。

三点目は、上杉謙信没後の天正六～七年（一五七八～七九）の御館の乱の経緯について、上杉氏一族を軸に捉え直すということである。こうした視点を導入することによって、上杉氏一族の名跡を最高位とする家格秩序の中で憲政を構造的に捉えることができよう。

以下、越後に逃れるよりも前の一では原則として憲政と表記し、逃れた後の二では光徹と表記していきたい。

一、関東管領・上杉憲政

(1) 本拠地・平井

上杉憲政の父は憲房である。憲房が山内上杉家の家督を継承した十六世紀初頭以降、山内上杉氏は上野国板鼻（群馬県安中市）や武蔵国鉢形（埼玉県寄居町）から上野国平井（群馬県藤岡市）に拠点を移していった。

平城の平井城の西南一キロメートルに位置する山城の平井金山城は、平井城の詰城であったと考えられており、同時期に戦国期権力が山城を構築した動向とも一致している。それよりも前の十五世紀後半まで、山内上杉氏は上野・武蔵・伊豆の守護であり、越後を中心にその他にも遠隔地の所領があるなど、広域を統治していた。そうしたことが背景にあるため、東山道（あづま道）と鎌倉街道というといずれも幹線道路の結節点・板鼻に守護所があったと考えられる。

その後、十六世紀になると、おおよそ一郡規模で権利を保証する判物を発給し、山城などの本拠地があって、軍隊を持つ、戦国領主と呼ばれる権力が力を伸ばしてくる（矢田二〇〇五）。戦国領主の強大化が山城の構築に現れているという理解もある。戦国領主の判物が多く残る十六世紀後半の状況をみると、西上野では甘楽郡の小幡氏、碓氷郡の安中氏などが一郡から数郡規模の戦国領主と捉えられる。山内上杉氏はこうした戦国領主と渡り合っていく必要があった。

もともと山内上杉氏は、伝統的な守護領や国衙領の分布する西上野を権力基盤としていた。そのため、荘園制的な遠隔地の所領が機能しなくなる中で、山城を築いて本拠地を中心に権力を強大化するために山内上杉氏が選んだのが、西上野の平井であったと言えよう。

(2)　憲政の父・憲房

憲政の父・憲房が山内上杉氏の家督であった頃には、山内・扇谷両上杉氏は武蔵国において小田原北条氏と合戦をすることが多くなっていった。なぜならば、大永四年（一五二四）正月以降、北条氏綱が武蔵国に進出していったからである。

正月十三日、北条氏綱は扇谷上杉氏方の江戸城を攻め落とした。そのため、扇谷上杉朝興は翌十四日に本拠を河越から松山（埼玉県東松山市）に後退させ、続いて十五日には藤田陣（寄居町）に移動して、憲房と居所をともにした。藤田は憲房の拠点である鉢形城にも近く、両上杉氏が結集したようだ（石川忠総留書）。以降は両上杉方の反撃が始まり、二月二日には岩付城（さいたま市岩槻区）を没落させ、六月十八日には朝興は河越城を再興した。七月には武蔵国荏原郡内の寺院に宛てて朝興が禁制を発給しており、武蔵国南部において扇谷上杉氏と北条氏との争いが広がっていた。さらに、十月には憲房・朝興が大将となって毛呂城（埼玉県毛呂山町）を攻め寄せ、和睦というかたちで憲房の軍勢が毛呂城に入城した（石川忠総留書など）。

争いは翌大永五年にも続き、二月六日には岩付城が再び北条方に攻め落とされ、さらに北条方は大石見守が拠っていた葛西城（東京都葛飾区）に攻め込んでいる。これには朝興が憲房に援軍を要請したため、氏綱は岩付城を渋江氏に預け、自らは江戸城に戻った。山内方は当主の憲房の体調がすぐれなかったようであり、養嗣子となる憲寛が三月上旬に菖蒲城（埼玉県久喜市）を攻めている（上杉家文書）。八月二十二日には、氏綱方の伊勢九郎が武蔵白子原（同和光市）で朝興と争ったが討ち死にし、士卒も八百人が戦死する大敗であった（石川忠総留書）。

同年に体調不良であった憲房は平井城で死去し、古河公方家からの養嗣子であった憲寛が山内家の家督となった。憲寛と憲政は義兄弟であったと考えられ、この頃の憲政は元服前の幼年であったらしく、義兄の憲寛が順当に山内上杉家の家督を継いだ。

（3）憲政の義兄・憲寛

大永六年五月には、扇谷上杉朝興は真里谷武田氏や安房里見氏とも連携して武蔵国蕨城（埼玉県蕨市）を攻撃している（本朝通鑑）。これに対して北条氏綱は救援のために高倉（同入間市）に到着したが、六月七日には蕨城は上杉方によって陥落している（本土寺過去帳）。九月になると山内上杉憲寛も上州を発って武蔵国の入間川に到着し、朝興と共に氏綱を討つために小沢城（川崎市）を落城させた。

両上杉方はさらに進軍を続け、十一月には相模国玉縄（神奈川県鎌倉市）に到っている（本朝通鑑）。これには氏綱も応戦して鵜沼（同藤沢市）まで退けたが、本国である相模国にまで両上杉方に攻め込まれる状況であった。こうした両上杉方の軍事行動には、小弓公方足利氏勢力や甲斐武田氏も連携しており、この頃の北条氏綱は政治的に孤立していたと評されている（黒田二〇二〇）。

以上のように、大永四年正月から始まった北条氏綱の武蔵への軍事行動は、両上杉氏との間で一進一退の攻防が続けられた。しかしながら、同六年以降には戦域が武蔵から相模へと移っているように、いまだに山内・扇谷両上杉方が優勢であった。

（4）憲政の登場

両上杉方が優勢なまま政治史は推移するかにみえたが、享禄年間（一五二八〜三二）になると新たな局面を迎えた。古河公方家や山内上杉家において、周囲を巻き込みながら内乱が展開したためである。近年では、こうした状況を享禄の内訌と呼んでいる（黒田二〇一三、駒見二〇二三）。

山内上杉氏の状況をみると、享禄二年（一五二九）正月に重臣の白井長尾景誠が一族によって殺害され、八月になると上杉憲寛が安中氏の安中城（群馬県安中市）を攻めている。翌九月には、西氏・小幡氏らが前当主であった憲房の子の龍若（のちの憲政）を擁し、反乱を起こした。憲政は元服前であり、山内上杉氏重臣の長野氏が対立した憲寛に従っていたことから、上野国内の領主を主体とした憲寛方と憲政方との権力闘争であったと想定されている（続本朝通鑑）。

その後、同四年には、山内上杉氏の当主をめぐる争いは憲政方の勝利で終結している。したがって、上野国内の領主を主体とした権力闘争の中で、元服前の憲政は山内上杉家の家督を継承したのである（黒田二〇一三）。

この間、扇谷上杉氏と北条氏の争いも進んでいた。同三年正月三日には武州吾名蜆城（埼玉県越生町）で合戦が行われ、北条方は敗れた。そのまま南下した扇谷方は六日には小沢城（神奈川県川崎市）・瀬田谷城（東京都世田谷区）を攻め落とし、八日には江戸城（同千代田区）根小屋を焼き、その日のうちに河越に帰城している（石川忠総留書）。したがって、北条氏と扇谷上杉氏との抗争では、いまだに扇谷上杉氏が有利に情勢を進めていた。

（5）天文初年の画期

天文年間になると北条氏に新たな動きがあった。鶴岡八幡宮の修造である。

北条氏綱は天文元年（一五三二）五月から修造に着手し、同九年十一月に上宮正殿の遷宮を行っている（事業の完成は同十三年）。この修造費用は関東一円に広く賦課され、両上杉氏の分国であった上野国や武蔵国も例外ではなかった。この後、氏綱が鶴岡八幡宮の修造を積み重ねた時期は、北条氏が両上杉氏に対して情勢を優位に転換していく時期でもあった。そのため、北条氏は鶴岡八幡宮の修造によって、大きな御加護がもたらされたと認識したに違いない。

さて、天文二年八月や十月には朝興の軍勢が鎌倉に攻めて来るという風聞もあり、扇谷方の軍勢が相模国まで攻めて来る状況は続いていたようだ。実際、十一月十二・十三日には大磯・平塚・一宮（神奈川県寒川町）周辺が扇谷方によって焼き払われており、かなりの騒動であった。

同四年八月になると、甲斐国の武田信虎と駿河国の今川氏輝とで合戦が始まり、北条氏綱は今川方に加勢するために出陣した。その留守をついて河越から上杉朝興が相模国に出陣し、九月下旬から中郡の大磯・平塚・一宮、その他に小和田・知賀崎（いずれも神奈川県茅ヶ崎市）・鵜沼（同藤沢市）などを再び焼き払った。そのため、十月十三日に氏綱は房州・総州・豆州・相州・武州の兵を率いて、河越方面に出陣して反撃している（快元僧都記）。

こうした北条氏と扇谷上杉氏の一進一退の攻防が大きく変化するのは、同六年四月二十七日に扇谷上杉朝興が死去してからである。この事実が「快元僧都記」に明記されているように、二年前と四年前に朝興に攻められた記憶のある相模国の人々にとって、大きな関心事であったに違いない。

扇谷家では若年の朝定が家督を継ぎ、その直後の六月二十八日に扇谷方は武蔵神太寺（東京都調布市）に進軍した（快元僧都記）。それに応戦するため氏綱は出陣し、七月十五日夜に河越で合戦が行われた。その結果、扇谷方は太田氏をはじめとする名立たる武将が討ち死にする大敗を喫した（赤城神社年代記）。さらに、二十日には北条方は武蔵国松山まで進軍し、扇谷方の難波田氏ら三十人を討ち捕らえ、敵三百人を滅亡させている。

これ以降、山内・扇谷両上杉氏と小田原北条氏の争いは、小田原北条氏が優位になって展開していった。そのため、両上杉氏と北条氏との抗争の転換点は天文六年（一五三七）にあり、その契機は扇谷上杉朝興の死去にあったと言えよう。

（6）越後上杉氏一族の動向

同時期の越後に目を向けると、上杉一族の動向においても大きな画期があった。十六世紀初頭まで遡って概略を確認すると、永正四年（一五〇七）八月に守護代の長尾為景が八条上杉氏を排除しようとし、結果として守護の上杉房能を殺害する永正四年の政変が起きた。同六〜七年にかけては関東管領上杉顕定が越後に介入し、新たに守護に擁立された上杉定実・長尾為景方と対立した。さらに、永正十〜十一年（一五一三〜一四）には、上杉定実や八条上杉氏と長尾為景が争うなど、抗争が続いた（森田二〇〇四）。

それからしばらく間があいた後の享禄三年（一五三〇）十月頃、越後上杉一族である上条上杉定憲を中心とする勢力と長尾為景を中心とする勢力が争う、享禄・天文の乱が勃発した（森田二〇〇二）。当初の段階では定憲方の勢力は広がらなかったが、天文二年（一五三三）九月以降に定憲方が優勢となり、定憲を中心に反為景方が大規模に結集して攻勢を強めた。ところが、同五年八月に定憲が死去し（越後過去名簿）、これ以降、越後国内において長尾為景や続く長尾晴景・景虎と表立って対立する上杉一族は確認できなくなる。

以上のように整理できるならば、守護代長尾氏との対立を含めた越後上杉一族の政治動向においては、上条上杉定憲が死去した天文五年（一五三六）が画期であったとみてよかろう。先にみたように、小田原北条氏と山内・扇谷両上杉氏との対立においては、天文六年の扇谷上杉朝興の死去が画期であったが、その時期とほぼ一致している。したがって、関東と越後を含めた上杉一族の動向を考えるうえでは、天文五〜六年という天文年間初年が画期であったと結論される。

（7）越後に逃れるまでの憲政

話を関東に戻そう。天文十年（一五四一）十月末、上杉方は河越城を奪還するために攻めたが、北条方によって撃退された（大藤文書など）。北条方の感状が複数残存するため、大規模な合戦であったようだ。

同十四年夏、駿河国から今川氏が長久保（静岡県長泉町）を攻めたため、その後詰として山内上杉憲政が北条方の河越城を取り巻いた。さらに、古河公方足利晴氏や扇谷上杉朝定も加わり、武蔵・上野・下野・常陸・下総五カ国の軍兵八千騎で河越城を包囲したが、決着がつかずに翌年に越年した（年代記配合抄）。

翌十五年四月二十二日、北条氏康は河越城の後詰として、三〇〇〇騎を率いて河越近くの砂窪（埼玉県川越市）に出陣した。氏康はそこで晴氏に赦免を求めたが認められず、ついに両上杉方と合戦となった。その結果、北条方は憲政の馬廻衆や倉賀野三河守三〇〇〇余人を討ち捕らえ、扇谷方の難波田入道や小野因幡守を討ち捕らえて大勝した（歴代古案）。これを河越合戦と呼んでいる。河越合戦では扇谷上杉朝定も討ち死にし、扇谷上杉氏は滅亡した。北条方はそのまま北上し、松山城（埼玉県吉見町）も手に入れた（年代記配合抄）。

翌天文十六年（一五四七）十二月から翌十七年正月にかけて、岩付城や松山城が北条方となり、武蔵国への北条氏の影響力が高まっていった（年代記配合抄）。同年十〜十二月には、西上野の小幡氏と山内上杉憲政方の小林氏が戦闘に及んでおり、上野国内の山内上杉氏の権力は不安定であったようだ。

同十九年十一月、北条方は憲政の本城である平井城に攻め寄せた。小林平四郎が即時に着陣して活躍したが、北条軍は上野国にまで迫っていた（小林家文書）。

同二十一年（一五五二）三月、北条氏康は北武蔵の御嶽城（埼玉県神川町）を落城させ、城主の安保氏ら数千人が討ち死にしたという。ちょうどその頃、上野国の那波氏が山内方から北条方に転じ、新田（岩松・横瀬）・足利長尾・佐野らと対立していた。西上野の領主は北条方となって那波氏に合力したため、憲政は馬廻衆にも裏切られ、東上野の領主を頼っていった。しかしながら、協力は得られず、憲政は越後の長尾景虎を頼って落ちていった（仁王経科註見聞私）。

二、前関東管領・上杉光徹

(1) 関東への復帰を望む光徹

天文二十一年(一五五二)と考えられる平井城の落城後の五月二十四日付で憲政が上田長尾政景に宛てた書状の中で、憲政は成悦と記していた。したがって、平井城の落城後、憲政は出家をして成悦と称し、以降も光哲・光徹と名を改めた(以下は光徹で統一)。

その後、永禄四年(一五六一)に関東管領職と上杉の苗字を長尾景虎に譲るまでの間に、光徹は上野国に戻りたいので協力して欲しいと記した書状を越後国の領主に出している。その書状は、上田長尾政景と平子氏に宛てたものである。この中で天文二十一年に比定されている五月二十四日付で成悦(光徹)が長尾越前守(政景)に宛てた書状では(伊佐早文書)、関東への出兵を急いでいるので、準備が重要であることを伝え、関東への山中の道を整備するように命じている。

同年七月三日付で成悦(光徹)が平子孫太郎に宛てた書状では(武州文書)、近日中に上州に出兵するので協力するように求めている。さらに永禄三年に比定されている四月二十一日付で光哲(光徹)が長尾越前守(政景)に宛てた書状もあり、そちらにおいても出兵への協力を求めている(庄司喜與太氏所蔵文書)。

光徹が政景に出兵を求めたのは、おおむね十六世紀初頭まで上田荘を含む魚沼郡には山内上杉氏の所領が多く存在し、上田長尾氏は山内上杉氏を御屋形と位置付ける上田荘の代官であったからである(本書の「上田長尾家の人びと」参照)。また、平子氏の本貫地は武蔵国久良岐郡平子郷(横浜市中区)であり、十五世紀には平子郷を本拠地としながら、越後守護上杉氏の近臣として越後府中で裁判を担当する領主でもあった（矢田二〇〇五）。したがって、平子氏はもともと関東や武蔵国との繋がりが強かったのであり、武蔵国の守護でもあった山内上杉氏との関わりも深かったのだろう。

このように光徹は、以前から山内上杉氏と関わりの深かった領主に対して、関東への出兵を要請していた。以上のような経緯を経た後の永禄三年八月、長尾景虎に奉じられて光徹は関東に出兵した。光徹と景虎は上野国をはじめ東国の多くの領主を従わせ、翌年二月には北条氏の小田原城（神奈川県小田原市）を囲んだ。その後、鎌倉の鶴岡八幡宮において、光徹は山内上杉家の名跡と関東管領職を景虎に譲った。この後、長尾景虎が上杉政虎（のちに輝虎、謙信）と名を改めて大いに活躍したのとは対照的に、光徹は政治の第一線からは身を引いた。その後、古河（茨城県古河市）に赴き、永禄五年三月には輝虎と共に越後に戻ったようだ。以後、光徹は越後府中の御館（新潟県上越市）を居所とした。

（2）越後での居所・御館

御館は堀を含めた外郭が東西約二五〇メートル×南北三〇〇メートルと確認されている（上越市二〇〇三）。そこからわずか三〇〇～四〇〇メートルほど東方には、光徹が越後に赴いた際にはすでに廃絶していたらしい越後守護上杉氏の居所・守護所（至徳寺遺跡・至徳寺跡）があった。守護所の遺跡は約二五〇メートル四方と考えられており、位置・規模ともに御館と守護所は類似している。広い府中の中では両者はほぼ同一場所であるが、同一ではない。このような場所に御館が建てられたのは、どうしてだろうか。

輝虎は光徹から関東管領職を譲られたため、輝虎にとって光徹は自らの権力の正当性に関わる重要な存在である。

そのため、輝虎は光徹をしかるべき立地場所の館に迎え入れる必要があったのだろう。実際、光徹の館（御館）は守護所を意識した場所にあるが、あえて守護所の跡地を光徹の館にしなかったのではないか。

後述のように、越後府中の光徹のもとには文書を求めて上野国から武士や商人が訪れており、輝虎に関東管領職を譲ったとはいえ、光徹は文書を求められる存在であった。ましてや、越後上杉氏と同族である光徹の館が元の越後守護所にあっては、越後国内の人々が光徹を復活した越後守護と認識して文書を求めてしまうかもしれない。そのような状況を防ぐためにも、守護所とはやや異なる場所が光徹の館として選ばれたのであろう。

（3）権力者としての「憲政」

永禄六年（一五六三）以降と推測される、四月十九日付で憲政が署判した二通の文書がある（彦部文書）。同日付であり、内容から判断しても、同時に出された二通の文書であると考えられる。しかしながら、写真からも明らかなように、この二通では料紙の形状や署名などが異なっている。

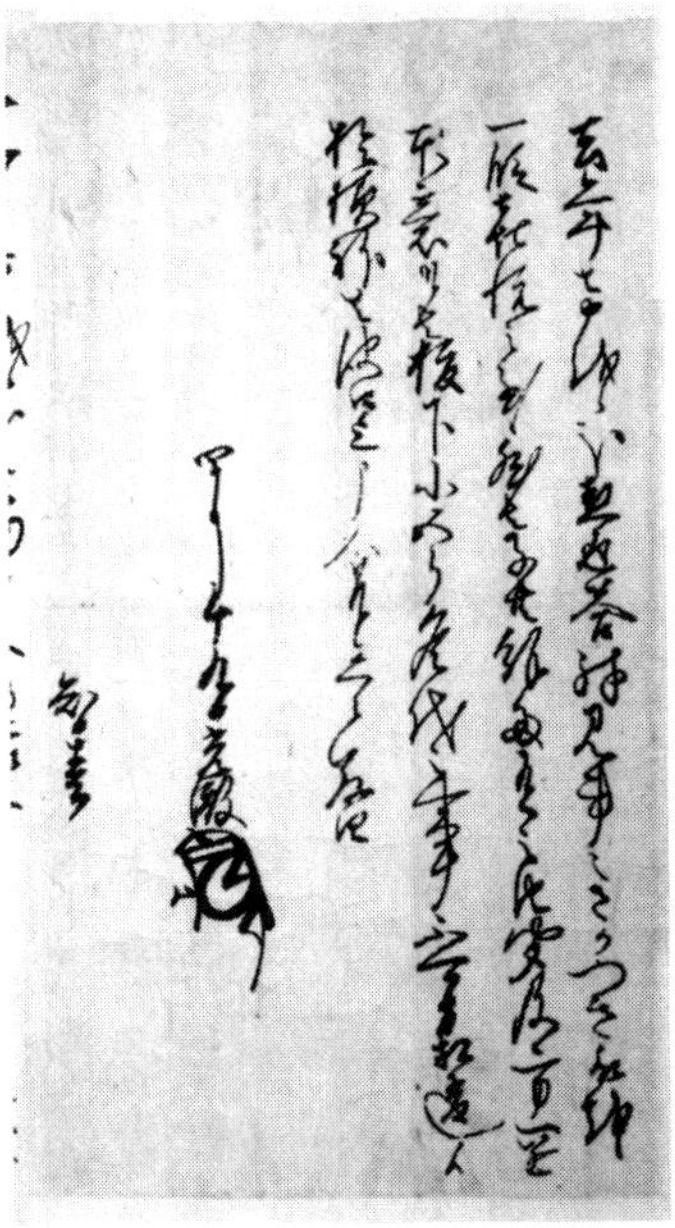
上杉光徹書状　彦部文書『清瀬市史３　資料編　古代・中世』掲載　写真提供：清瀬市

一通はこの時期に通例の光徹と署名し、智春に宛てた比較的長い文面の文書であり、料紙の形状は竪切紙である。内容は前半で贈答品について、後半で智春の子供の一人を榎下小五郎の名代にすることを認めたものである（上の写真）。もう一通はこの時期としては異例の憲当と署名し、榎下猿次郎に宛てた

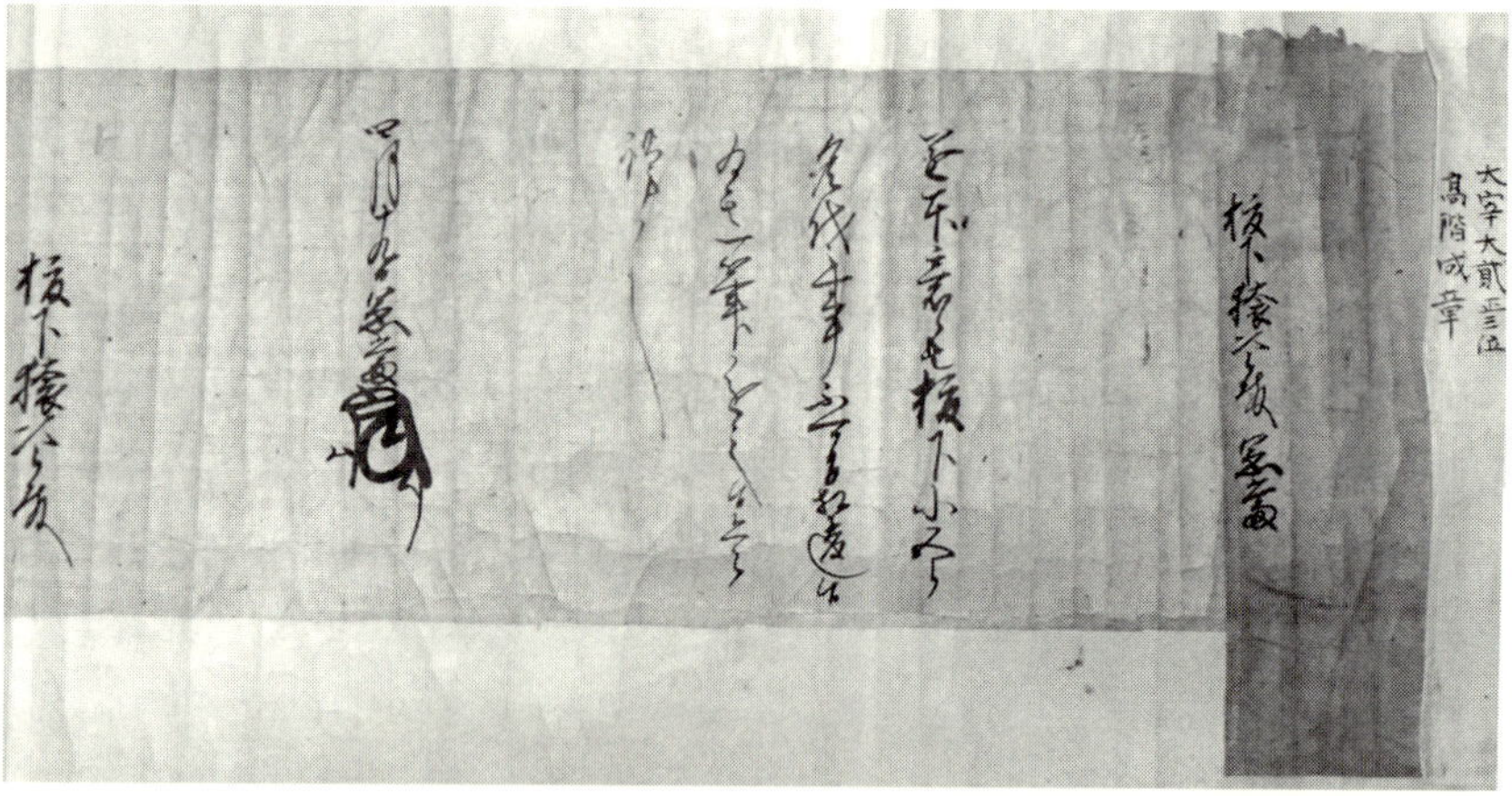

上杉憲政書状　彦部文書『清瀬市史３　資料編　古代・中世』掲載　写真提供：清瀬市

簡潔な文面の文書であり、料紙の形状は切紙である（上の写真）。内容は先の文書とも関わる榎下小五郎の名代のことを認めたものである。智春や榎下氏は上野国に関わる人物であったと考えられるが、わざわざ越後の光徹の文書を得ていた。

この二通の後者において署名が通例とは異なって憲当と記されたのは、内容が権利関係であることから、あえて在俗の時の実名で記したのではないかと指摘されている（清瀬市二〇二〇）。

この点に料紙の形状の違いも加味して付け加えると、前者には榎下小五郎の名代のこと以外も記されている。すなわち、権利を保証する内容以外も含まれた書状であり、通例通りに光徹と署名して、料紙は竪切紙が用いられたのであろう。それに対して後者の内容は簡潔で権利を保証する内容のみであり、書止文言などからみても、光徹が関東管領であった頃から山内上杉氏が判物に用いていた様式である（片桐二〇二二）。料紙が切紙であることを併せて考えると、後者の文書は榎下猿次郎の求めに応じて光徹が憲当と署名した判物であったと考えられる。

越後に逃れた後にもかかわらず光徹ではなく、憲政と署名している文書は他にもあるので確認しよう。

元亀年間（一五七〇～七二）以降と考えられている、八月三日付で憲政が外郎七兵衛門尉に宛てた文書がある（陳外郎文書）。年次がこのように推測されるのは、花押形が同時期のものであることによる。同時期、憲政は通常は光徹を名乗っていたが、本文書では以前のように憲政と記されている。宛所に記された外郎七兵衛門尉は上野国松井田（群馬県安中市）を本拠地にしていた薬を扱う商人であり、京都外郎氏の一族と考えられている。内容は、外郎一族の七兵衛門尉が憲政の「譜代」の立場であることから、「参府」すなわち越後府中の憲政のもとにやって来たことに対して、憲政が喜びの気持を表したものである。

本文書において光徹ではなく憲政と記しているのは、権利に関する内容であり、憲政の保証能力を示すために、出家していても、あえて憲政と記したのではないかと指摘されている（清瀬市二〇二一）。

この点にさらに付け加えると、外郎七兵衛門尉はこの文書を手に入れることで権益を得ることができると考え、越後府中の光徹のもとに上野国からわざわざやって来たということである。本文書は写ではあるが、料紙の形状が竪切紙ではなく切紙であり、内容も簡潔で文書の様式からみても、外郎氏は判物として受け取ったと考えられる。光徹の側もそうした外郎氏の求めに応じて、憲政と署名した文書を発給したのであった。

このように署名を使い分けることは憲政のみではなく、たとえば越後国刈羽郡の領主で上野国の厩橋（前橋市）に遣わされ、自立的な支配を行った北条《きたじょう》高広も当てはまる。すなわち、高広は天正六年（一五七八）三月に謙信が死去した後に出家して芳林を称した（江口文書）。その一方で上野国内の武士から判物を求められた際には、引き続き高広と署名した判物も発給していた（宇津木文書、森田二〇二三）。

以上のように越後国という他国に居ながら、光徹は上野国の武士や商人から権利を保証する権力者として文書を求められ、憲政と署名した判物を発給していた。もともと光徹が関東管領あるいは上野国守護として上野国の武士等に判物を発給していたため、景虎へ権力を譲った後にも、判物を求められたと考えられよう。

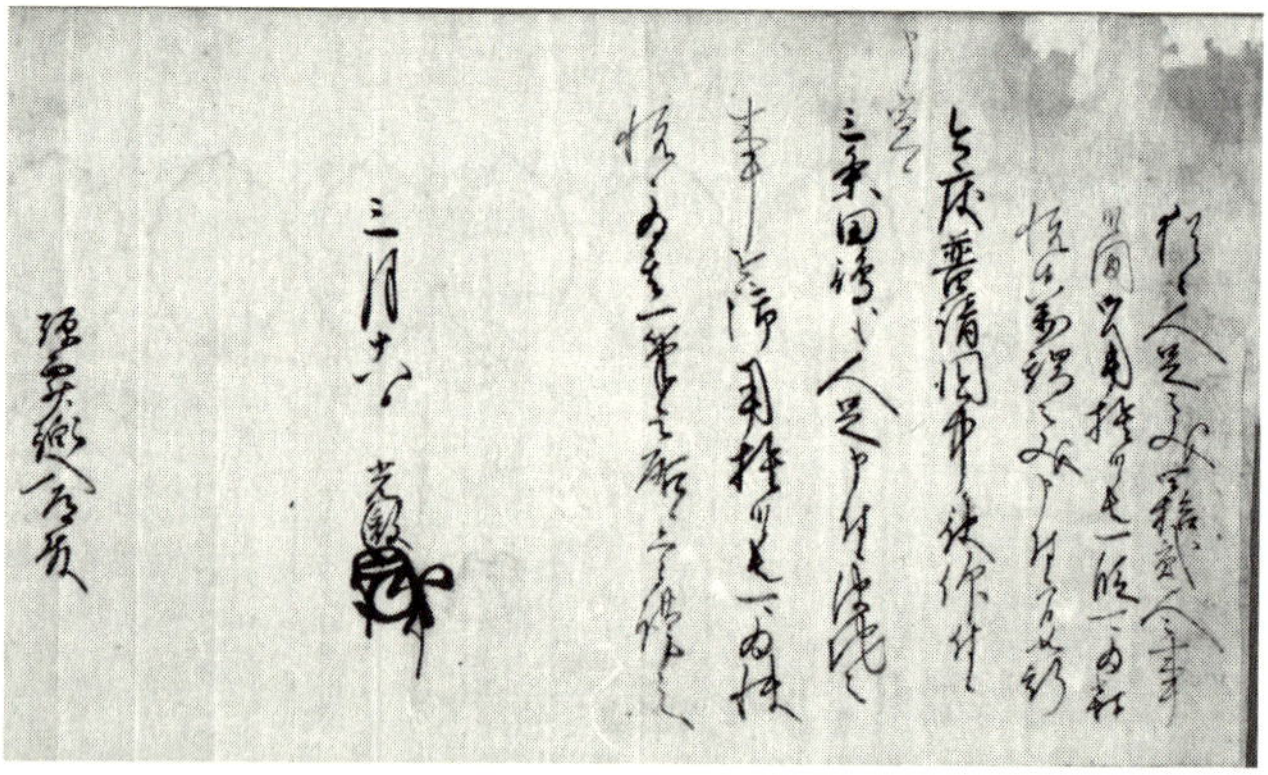

上杉謙信宛上杉憲政書状　米沢市上杉博物館蔵

（4）光徹と謙信

光徹が上杉謙信に宛てた文書が一通のみ残存している（上の写真）。元亀二年（一五七一）以降と推測される、三月十八日付で光徹が弾正少弼入道（謙信）に宛てた文書である（上杉家文書）。謙信が越後国内へ普請を命じたが、光徹の所領である三条田島（新潟県三条市）の地に課された人夫については免除を求めたものである。光徹が謙信に願い出た内容であり、当然のことながら光徹よりも謙信の方が立場は上であった。

次に文書の内容ではなく、文書を作成する際の礼法である書札礼について確認しておきたい。『新潟県史　資料編』に掲載された寸法によると、料紙の大きさは縦二四・七センチメートル×横四三・一センチメートルと竪紙に近いため、光徹が謙信に敬意を表しているようにもみえる。他方で文書の宛所をみると、同じ上杉一族ということもあってか、苗字の上杉はなくて「弾正少弼入道殿」とのみ記す。その冒頭の「弾」の文字は、日付の「十八日」の「十」の文字くらいの位置であり、必ずしも高くはない。

光徹が他の上杉一族に宛てた文書がないので比較は難しいが、光徹が謙信に宛てた文書の書札礼は、以上のようなものであった。このことが両者の関係を端的に示していると考えられる。

（5）御館の乱の構造

天正六年（一五七八）三月十三日、上杉謙信が跡継ぎを決めないまま死去した。そのため、謙信の後継をめぐって養子の景勝と景虎が争いを始めた。越後を二分して争われたこの争乱は、御館の乱と呼ばれている。なぜならば、景虎が光徹の居館であった越後府中の御館に拠ったためである。

御館の乱は謙信の跡継ぎ候補であった景勝と景虎の争いであったものの、跡継ぎ候補として無縁ではない越後上杉一族の上条《じょうじょう》・十郎・山浦・山本寺《さんぼうじ》・琵琶嶋も重要な役割を果たしていた（森田二〇〇二）。御館の乱の経過をおおまかに捉えながら、この点を確認していこう。

上杉一族の中で早い段階から動向がわかるのは、上条政繁（のちの宜順）である。政繁は名門の能登畠山家の出身といわれ、謙信の養子になった後に上条家の名跡を継いだらしい。謙信が死去した三月と同じ「三月日」の日付が記された、上条政繁の起請文がある（伊佐早謙採集文書　巻十六）。文中には「ただ一筋に景勝御前を存じ、御意見申すべく候」とあるように、提出先は景勝であったようだ。景勝に意見することを誓約しており、のちの天正十年（一五八二）においても、景勝が宜順に意見を仰いで頼る状況は続いていた（片桐二〇〇二）。おそらく政繁にいち早く起請文を提出させることによって、景勝は御館の乱の早い段階で政繁を味方に付けることができた。しかしながら、景勝にとっては乱終結後まで、宜順の意見を聞かざるを得ない状況を招いたようだ。

五月十三日、景勝方に春日山城を逐われるようにして、景虎は光徹の館である御館に移った。そのことを記した平等寺薬師堂（新潟県阿賀町）の墨書によると、「三ほう寺殿を始め十余人御味方候間、春日と日々の御調義候」であったという。すなわち、景虎が御館の入るのと一緒に山本寺定長ら十余人が景虎方になったため、春日山の景勝との争いが続いたという。山本寺家では定長の息子の景長は景勝方であったようだが、景虎が御館に拠点を移す画期において、山本寺家の動向が注目されていた（平等寺薬師堂資料）。

六月七日付で甲斐武田家の跡部勝資が上杉景勝方に宛てた書状では、総勢一一名が宛所に記されており（杉原謙氏所蔵文書）、武田方は景勝と接触する際の窓口を見極めようとしていた（片桐二〇〇五）。この中で記されている上杉一族は最奥の上条政繁のみであり、のちに景勝方として確認できる山浦国清は見えない。したがって、御館の乱の勃発後にいち早く景勝方となったのは、やはり上条政繁であったようだ。

その四日後の六月十一日、春日と御館の中間に位置する大場（新潟県上越市）において合戦があり、景虎方の十郎（上杉景信か）が討ち死にした。十郎は上条家の仮名で用いられていることから、同家の系統と考えられている。そのほかに古志の十郎とも記されていることから、古志長尾景信が十郎の名跡を継いだようだ。十郎の死去を伝える文書が複数あるように、十郎が早くに戦死したことが、景虎方にとって大きな打撃となった。

この十郎の死去以降、景勝方としては「源五殿」（山浦国清）、景虎方としては琵琶嶋（弥七郎か善次郎）の動向が確認できるようになる。山浦国清は信濃国埴科郡の村上義清の息子であり、もともとは国清も村上姓であった。村上氏は天文二十二年（一五四三）に本拠地の葛尾城（長野県坂城町）を武田氏によって逐われた後、憲政（光徹）と同じように、親子で長尾景虎を頼って越後へ逃れていた。その後に国清は謙信の養子となって、山浦家の名跡を継いだようだ。

琵琶嶋（新潟県柏崎市）は刈羽郡鵜川荘内の地名であり、もともと鵜川荘が京都の八条上杉氏の本領であったことから（満済准后日記）、琵琶嶋家は八条上杉家の名跡を引き継いだ系統と考えられる（白川領風土記など）。もっとも、上条政繁が能登畠山家からの養子、山浦国清が信濃村上家からの養子であったように、実際には他家からの養子が上杉一族の名跡を継承している場合も多かった（片桐二〇〇四）。そもそも十六世紀初頭には、八条上杉氏の一族は対立した長尾為景によって多く殺害されており（森田二〇〇四）、生存した一族は少なかったのではないだろうか。そのような状況であったにもかかわらず、八条家の名跡は琵琶嶋家として再興・継承されたのであろう。

以上から、琵琶嶋家や山本寺家の当主も他家からの養嗣子であった可能性があり、実際に上杉氏の血筋を引いた者は少なかったであろう。そうであったとしても、そうした上杉氏一族という名跡を最高位とする家格秩序が御館の乱の段階においても機能していたことが重要である。

（6）御館の乱の展開

天正六年六月の状況に戻ると、同月に甲斐の武田勝頼と上杉景勝との間で甲越同盟が成立し、七月〜十二月にかけては小田原北条氏が上杉景虎方として援軍を送っている。ただし、武田氏や小田原北条氏は、前線まで赴いて合戦をするような動きはしていない。また、能登の鯵坂長実や越中の河田長親といった謙信の寵愛を受けて遠方に派遣された領主（矢田二〇〇〇）は、武田氏や小田原北条氏とは異なる立場に基づき、景勝方・景虎方のどちらであるのか、なかなか立場を鮮明にしなかった。おそらく長実や長親にとっては、謙信の寵臣であることが重要なのであって、どちらに就くのかは重視されなかったのであろう。

そうした中で、わざわざ越後に出兵して奮戦したのは、上野国の厩橋（前橋市）を拠点としていた北条《きたじょう》高広・景広父子であった。もともと北条氏は刈羽郡佐橋荘北条（新潟県柏崎市）を本貫地とする戦国領主であり、九月二日には景広が北条城に入り、十月上旬には景虎方として最前線の御館に移っている。

このような北条景広の動きと歩調を合わせるように、十月〜十一月にかけて、景広の拠点があった刈羽郡から府中にかけての地域が主な戦域となったようだ。その中でも焦点となったのは、景虎方の琵琶嶋（柏崎市）であった。十一月三日には景勝方は本庄清七郎を御館から追いやったつもりでいたが、その直後から清七郎が琵琶嶋の助勢に向かうことが懸念されている。というのも、ちょうど同じ頃に府中あるいは春日に居たらしい小笠原長時が、琵琶嶋に差し越されていたからである（刈羽郡旧蹟志上 所収文書）。

小笠原長時はもともと信濃国の守護であったが、甲斐国の武田信玄に攻められ、憲政（光徹）と同じように天文二十四年（一五五五）に信濃国を逐われていた。その後、長時は越後の長尾景虎、次いで畿内の三好長慶を頼って上洛した。永禄二年（一五五九）三月には、室町幕府の将軍・足利義輝に出仕していたことが知られ、その後には上杉輝虎を頼って再び越後に下向したようだ。

こうした経歴のある小笠原長時が琵琶嶋に赴いたのは、偶然ではない。というのも、近世の小笠原家は弓馬故実や武家儀礼に通じた家になっていったからである。もちろん室町期から弓馬故実に通じていたのは、長時の系統である信濃小笠原家ではなく、京都小笠原家であった。しかしながら、信濃を逐われて上洛した長時は弓馬に留まらない学問故実を収集し、それが近世の小笠原家の由緒へとつながっていったと指摘されている（長野県立歴史館二〇一九）。

他方で越後上杉一族の中で馬術に通じていたのは、京都の八条上杉家（のちの琵琶嶋家）であった。八条家の本領は越後国の鵜川荘であり、鵜川荘における中心地は琵琶嶋であったらしい。室町期における八条家と馬術との関わりは不明瞭であるが、十六世紀後半になると関東において八条流馬術が広がっていたことが知られる。たとえば年未詳九月十七日付で小田原北条氏が山上強右衛門尉に宛てた印判状には、「馬方一段優れ、八条近州にも相増し候」と記されている（成簣堂古文書）。すなわち、馬について優れている山上氏は八条近江守房繁よりも通じていると評されており、近世には八条流馬術の祖ともされる八条房繁がすでに戦国期には認識されていた。

小笠原長時は八条流馬術がこのように関東で広がっていたことを知っていたのであろう。そのために、長時はその由緒の地である琵琶嶋を訪れたに違いない。結果として琵琶嶋家が味方をした景虎方は御館の乱に敗れたが、元信濃守護の小笠原長時が赴くような求心力を琵琶嶋は持っていた。

（7）御館の乱の終結

天正六年（一五七八）も残り少なくなった十二月十六日になり、ようやく越中の河田長親が越中国との国境に近い越後国能生（新潟県糸魚川市）へ進軍してきた（伊佐早謙採集文書　巻十三）。これをもって長親が景勝方として行動したと捉える研究もあるが、この段階で景勝方の山崎秀仙は「長親が御館を討ち果たす」とは記さず、あくまでも「長親が御館を討ち果たすことは疑いがない」と記している。そのため、この段階から長親が景勝方であったわけではない。

それを裏付けるように、およそ二週間後の十二月二十九日になっても、長親はほとんど動かずに糸魚川に居た。そのため、長親のもとを訪れ、いったんは越中に兵を納め、年明けの正月中旬に必ず越後に参府するように説得したのが「上条殿」、すなわち上条政繁であった（上杉定勝古案集）。

景勝としては、立場を鮮明にしていない河田長親を何とかして味方にする必要があり、そのために向かわせたのが上条政繁であった。御館の乱勃発直後の三月の段階では、景勝は政繁に起請文を提出させ、あくまでも自らに意見するように誓約させていた。しかしながら、十二月になって長親が自らの側になるのかどうかの重要な局面になると、景勝は前言を翻して、政繁を政治的折衝の前面に立たせたのではないか。長親を口説き落とすには、政繁のような上杉一族で格の高い人物が出向く必要があったのである。

年が明けて天正七年正月二十日には景勝方が高津（新潟県上越市）を攻め落として、関川右岸を抑えた。そのまま勢いに乗った景勝方は二月一日に府中で景虎方と合戦し、この戦いで深手を負った景虎方の北条《きたじょう》景広は死去した。これにより、景虎は万策尽きたのであった。

以上のように、御館の乱の画期において上杉一族の動向が確認できるのであり、そうした上杉氏の中でも象徴的な立場にあったのが光徹であった。そのため、御館の乱勃発後の天正六年五月に春日山城を奪取された景虎が景勝に対抗できうる場は、光徹の居た御館以外にはなかったのであろう。御館の乱に関係する光徹の文書は残存しないものの、上杉謙信の後継者を決める天正六年においても、光徹は重要であったと言えよう。

天正七年三月十七日、御館が景勝方によって攻め落とされた際に光徹は殺害されたらしく、そのわずか後に景虎も鮫ケ尾城（新潟県妙高市）で自害した。光徹の最期を一次史料で確認することは難しいが（久保田二〇一六）、これにより御館の乱はひとまず景勝の勝利で終結した。

おわりに

これまで述べてきたことをまとめながら、上杉一族の名跡の中に憲政を位置づけたい。

越後では上条上杉定憲が死去した天文五年（一五三六）、関東では扇谷上杉朝興が死去した天文六年が政治史上の画期であった。すなわち、これ以降に越後では守護代の長尾氏と表立って対立する上杉一族は確認できなくなり、関東では小田原北条氏が一方的に勢力を拡大したように、越後と関東の政治史における画期は天文年間初年であった。

とはいえ、これ以降も上杉氏一族は高い家格を有し、上杉氏一族の名跡を最高位とする家格秩序は再編・維持されていった。この点に関して、従来は長尾景虎が上杉憲政から関東管領職を譲られた点、あるいは上杉の名跡を譲られて、長尾から上杉へと家格が上昇した点（矢田二〇〇五）に注目されることが多かったのではないだろうか。

しかしながら、御館の乱における上杉氏一族の活躍をみると、上杉氏一族という名跡が重要であったことがわかる。その名跡が継承される際には、山内家を継承した長尾景虎がそうであったように、家督の継承者と先代とが実際に血が繋がっていたかどうかは、重視されなかったようだ。あくまでも上杉氏一族の名跡を継いだということが重要であり、たとえ次代に家督を譲った後であっても、先代には先代としての立場があったらしい。

そのため、山内上杉家の名跡を譲った光徹であったが、譲られた上杉謙信が死去した後の御館の乱において、謙信の家督継承候補の上杉景虎は光徹の御館に拠った。光徹は元関東管領（元上野国守護）として、それまで上野国の武士などから判物を求められるだけであったが、謙信の先代であったために重視されたのである。

〔参考文献〕

片桐昭彦「上杉景勝と上条宜順」（『戦国史研究』四二号、二〇〇一年）
同「上杉謙信の家督継承と家格秩序の創出」（『上越市史研究』一〇号、二〇〇四年）
同「長尾景虎（上杉輝虎）の権力確立と発給文書」（同『戦国期発給文書の研究　印判・感状・制札と権力』高志書院、二〇〇五年、初出二〇〇一年）
同「中世後期東国における守護の判物の成立と展開」（川岡勉編『中世後期の守護と文書システム』思文閣出版、二〇二二年）
『清瀬市史3　資料編　古代・中世』（清瀬市、二〇二〇年）
『清瀬市史　資料調査報告4　資料編 古代・中世 補遺』（清瀬市、二〇二一年）
久保田順一『上杉憲政　戦国末期、悲劇の関東管領〈中世武士選書34〉』（戎光祥出版、二〇一六年）

黒田基樹『戦国期山内上杉氏の研究』（岩田書院、二〇一三年）
同　『北条氏綱』（ミネルヴァ書房、二〇二〇年）
駒見敬祐「享禄の高基・晴氏抗争」（黒田基樹編『足利高基・晴氏』戎光祥出版、二〇二三年）
『上越市史叢書8　考古』（上越市、二〇〇三年）
『戦国　小笠原三代　長時・貞慶・秀政』（長野県立歴史館、二〇一九年）
森田真一「上条上杉定憲と享禄・天文の乱」（『新潟史学』四六号、二〇〇一年）
同　「戦国の動乱」（『笹神村史　通史編』中世第四章、笹神村、二〇〇四年）
同　「戦国前期の上田長尾氏」（上杉氏史料研究会編『二〇〇八年　上杉氏史料研究会講演要旨集』新潟大学、二〇〇八年）
同　『上杉顕定　古河公方との対立と関東の大乱〈中世武士選書24〉』（戎光祥出版、二〇一四年）
同　「北条氏と山内・扇谷両上杉氏」（黒田基樹編著『北条氏康とその時代』戎光祥出版、二〇二一年）
同　「北条高広」（黒田基樹編『戦国武将列伝3　関東編下』戎光祥出版、二〇二三年）
矢田俊文「序論　上杉謙信をどのように理解すべきか」（池享ほか編『定本上杉謙信』高志書院、二〇〇〇年）
同　『上杉謙信』（ミネルヴァ書房、二〇〇五年）

Ⅱ
上杉景勝

阿部哲人

はじめに

上杉景勝は、弘治元年（一五五五）十一月二十七日、長尾政景と仙洞院の次男として上田坂戸城（新潟県南魚沼市）、もしくは樺沢城（同上）で生まれたとされる。政景は、南北朝期以来、山内上杉氏のもとで越後上田庄の代官を務めてきた上田長尾氏の当主であった。仙洞院は上杉謙信の姉であり、景勝は謙信の甥に当たる。幼名を卯松、元服後は仮名を喜平次、実名をはじめ顕景と名乗った。「顕」の字は、謙信が家臣らの実名に与えた一字であり（広井二〇〇〇）、謙信のもとで元服して与えられたと思われる。そして、天正三年（一五七五）正月十一日、謙信から上杉の名字と実名景勝を、そして弾正少弼を与えられた。混乱を避けるため、本稿では景勝で統一する。

景勝が謙信の養子となったことは周知のことである。近世上杉家、米沢藩では永禄二年（一五五九）に謙信に近侍したとする記録があり（上杉家御年譜・上杉家文書所収上杉家系図）、これをもって養子になったとする見解もある（池田一九七一・山田一九九七）が、通説では永禄七年七月の実父政景の死去が契機とされる。前者を人質とみなす見解もある（井上一九六六・木村二〇〇〇）。いずれも積極的に裏付ける史料は見出せないので、本稿では養子となった時期は通説に従いたい。永禄七年、景勝は数えで十歳であった。

　さて、謙信の一族としての景勝を考えるにあたって、景勝が養子であった時代の関係は重要な論点であろう。そこで本稿は、謙信の存命中における景勝との関係をみていく。これについては、主に長尾政景死去後の謙信による上田衆掌握の問題が議論される中で言及されてきた。謙信は上田衆の一人栗林次郎左衛門尉を介して上田衆を掌握していくが、まずは、これと景勝の関わりについての指摘を整理して、論点を明らかにしていきたい。

　池享氏は上田長尾氏が保護下に置かれたことで上田衆が掌握され、上野沼田や信濃飯田、越中などへ鎮兵として送られたと指摘する（池二〇〇〇）。これは景勝の養子化によるものと解せる。また、片桐昭彦氏は謙信の感状発給の展開を考察する中で、景勝の感状発給を介して謙信が上田衆を掌握していったとする（片桐二〇〇五②）。景勝の存在を積極的に評価する見解と位置付けられる。また、上田衆が「喜平次者」といった表現をされることや、軍勢招集に関わる景勝の懲罰権などから景勝との関係が維持されていることを金子達氏は説く（金子二〇〇二）。

　一方で、大貫茂紀氏は、このような懲罰権に景勝の一定の役割を認め、景勝を頂点とした上田衆の体制は不変としつつも、謙信の次郎左衛門尉宛書状に景勝への言及がほぼなく、景勝の軍事行動もあまり確認できないことから、次郎左衛門尉の実質的統率者としての活動を高く評価し、景勝の関与を積極的にはみていない（大貫二〇一六）。また今福匡氏は、「上田衆」という呼称に当主不在の軍勢の意味を見出し、「喜平次者」や軍勢招集権などを認めつつも、次第に景勝から切り離されていくと指摘する（今福二〇一一・同二〇一二）。景勝の存在意義に時代的差異を見出した見解ともみられる。

　以上のように、景勝の関わりついては評価が大きく分かれるといってよい。そして、謙信の上田衆支配を論点とする以上、当然だが、景勝の活動を正面から検討していない。また、片桐昭彦氏は、「はっきりとは分からないが、上田衆は顕景（景勝）のそばに仕える者たちと上田を守る者たちに分かれていたと思われる」と指摘する（片桐二〇一九）。このような上田衆の分割は、前述の池氏や金子氏、平出真宣氏も指摘する（平出二〇〇九）。ここからは「上田衆」、特に史料に記載されるその意味、実態を考える必要があると思われる。

そこで、本稿では景勝や栗林次郎左衛門尉の所在地に留意しながら、それぞれの活動を整理し、その上で史料上にみえる「上田衆」の意味を「喜平次者」などの呼称との関係をふまえて検討したい。そして、景勝の活動を通して当主としての位置、さらに謙信との関係について言及したい。次郎左衛門尉の位置や謙信後継者としての景勝にもふれる。なお、上田衆とは上田長尾氏家中および従属する領主の総称だが、史料上の「上田衆」の検討における区別のため、上田長尾氏家中および従属する領主の総称として上田長尾氏配下という表現を使用する。

史料の出典は史料名、または史料集の略称と文書番号で示した。『上越市史　別編』は上越、『新潟県史　資料編中世』は新潟、『大日本古文書　上杉家文書』は上杉と略した。

一、景勝と栗林次郎左衛門尉

本節では政景死去後の上田支配および景勝や次郎左衛門尉の立場などをみていきたい。

(1)　景勝の所在

はじめに、養子となった景勝は春日山にあり、上田の支配は栗林次郎左衛門尉が担っていたと考えられている。これについて確認していきたい。

上村尚秀が泉沢久秀に、「七郎殿（大井田藤七郎）」の関東出兵にともなう上田での軍勢の招集状況などを報告した九月十八日付の書状がある（上越一六六五）。尚秀・久秀ともに上田長尾氏家臣である。これは永禄七年（一五六四）から同十年の間の書状と考えられている（大貫二〇一六）が、後述のように大井田藤七郎や長尾伊勢守などの動向がみられることや、永禄九年十月の謙信による関東出兵に対応するとすれば、永禄九年の書状ともみられる。内容は、上田への「御飛脚」派遣による諮問への回答であり、尚秀が飛脚に「御」を付け、のちに景勝側近として活動する久秀の立場を顧慮すると、これは景勝からの諮問であったと考えられる。先学の指摘のように景勝は春日山にいたとみられる（山田二〇〇四・大貫二〇一六）。

出陣中の謙信が、景勝にお守りの送付に礼を述べ、字の上達を喜び、手本を送る旨を伝えた二月十三日付の書状がある（新潟県立歴史博物館所蔵・ＩＤ三五〇三二）。これは永禄九年（前嶋二〇一五）もしくは同十二年（今福二〇〇三）の書状と指摘され、文中に「帰府のうえ申すべく候」とあるから、景勝が春日山にいたことは明らかである。

永禄十一年十月二十二日、本庄繁長の乱のために出兵した謙信は、次郎左衛門尉に「三ヶ津（沼垂・蒲原・新潟）へ「傍輩共」を率いて出兵するよう命じた（上越六二〇）。これについて、謙信は景勝からも出兵が命じられるであろうが、遅れてはならないので、自ら命じると断っている。このような時間のロスの認識は、おそらくこの時、景勝は謙信とも次郎左衛門尉とも別の場所、春日山にいたために生じたのではあるまいか。

元亀三年（一五七二）九月十八日、謙信は越中出兵を命じていたとみられる景勝に、春日山防衛に転じるように命じた（上越一一二一・一一二二）。九月十三日に謙信は、次郎左衛門尉に越中への進軍を命じていた（上越一一二〇）。次郎左衛門尉宛であるから、そこに景勝はいない。また、いずれも次郎左衛門尉の景勝との合流にふれていない。両者は別行動であったとみられ、上田長尾氏配下が分割されて活動していたことが確認できる。

また、景勝への春日山着陣命令は、山崎専柳斎・北条高定・河田吉久・山吉豊守らと連名で受信した。景勝以外の面々は、北条・河田・山吉らは謙信の近臣・旗本に位置付けられていた（藤木一九六三）。専柳斎は外交における取次や使節としての活動が知られ、近臣とみてよい。すると、景勝もまた、その宛所の書き始め位置が他より一文字高いことから身分的には上位であるが、謙信の旗本衆と同様の活動を行っていたことが窺われる。

以上からは、基本的に景勝は次郎左衛門尉とは別の場所にいる、別行動であったと考えられる。景勝は春日山を拠点にしていたといってよい。そして、元亀三年九月の動向からは、景勝が独自の軍勢を率いていたといえよう。前述の上村尚秀の報告を受けた泉沢久秀が景勝に近侍していたことは明らかである。

後代の史料だが、慶応三年（一八六七）八月に米沢藩記録方で編纂した『紹襲録』には、米沢藩中級藩士の一団を占める「五十騎組」は、景勝が謙信の養子となった際、父政景の家臣「本手明」の中から人柄・家柄を吟味して五十騎を選んで景勝の御馬廻として編成されたと記す（米沢市上杉博物館所蔵「上杉文書」Ａ一九九九―〇五九―〇五一九）。また、元文五年（一七四〇）の写本を転写した『古代士籍』には、永禄年中、景勝が上田から春日山へ引き取られた際、上田長尾氏の配下四十三人を召し寄せて（景勝が）謙信の旗本に加えられたとある（『新潟県史別編３　人物編』）。そして、その四十三名の名が記される。

元亀年間半ばには上田からの軍勢とは異なる春日山駐留の景勝直属軍が存在していたのは確実だが、これらの記述からは景勝が養子となった時点で、それが結成されていたことが示唆される。ただし、『古代士籍』に列記された四十三名の中に、泉沢久秀の名はない。したがって、この記載にはなお慎重な検討が必要であることにも注意しておきたい。

(2) 栗林次郎左衛門尉の活動

政景の死後、上田や上田長尾氏配下の支配は、幼少の景勝に代わって大井田藤七郎・長尾伊勢守・栗林次郎左衛門尉の三名による集団指導体制がとられたと考えられている(山田二〇〇四)。長尾伊勢守は政景の弟(片桐二〇〇五②)もしくは叔父(今福二〇一八)とされ、いずれであれ上田長尾氏一族である。藤七郎は大井田家の当主であるが、政景の実弟であったとみられている(山田一九九七)。次郎左衛門尉は上田長尾氏家臣であった。謙信が越後守護代長尾氏を継いだ直後、景勝の父政景が謙信と対立する中、栗林経重が政景の近臣として活動していた。この経重と次郎左衛門尉の系譜関係は不明だが、栗林氏は上田長尾氏の重要な側近であったと考えられている(大貫二〇一六)。

ところで、集団指導体制の根拠となった史料は永禄八年(一五六五)とみなされてきたが、それらに記される武田信玄の動向や、謙信の花押形の検討から、永禄九年に比定し直されている(黒田二〇〇〇・前嶋二〇一五・大貫二〇一六)。本稿もそれに従って行論していく。

永禄九年五月二十二日、謙信は上田にあった伊勢守と次郎左衛門尉に、厩橋(前橋市)からの報告に応じて緊急の沼田出兵を命じた(上越四五七)。そして、この時、藤七郎が春日山から派遣されたとされ(山田一九九七・大貫二〇一六)、二人は藤七郎とともに出兵することが求められている。しかし、この三日後、謙信はこれら三名に出兵中止を命じた(上越四五八)。この時、彼らが引率を命じられたのは「其地人数」、すなわち上田の軍勢であった。彼らは、上田在住の上田長尾氏配下の軍事的統率を命じられたのであった。

このように政景死後の上田支配は、上田長尾氏一族の代表者と、家臣団を代表する者が担った。三人体制とみられているが、伊勢守と次郎左衛門尉の二人体制から、永禄九年五月に藤七郎を派遣し、三人体制となったとも考えられる。この年三月、謙信は西上野を武田信玄に制圧され、また下総臼井城（千葉県佐倉市）で北条方に大敗を喫し、関東から大きく後退することになった。そこで、関東との境目にあたる要地上田の体制強化を図ったのではあるまいか。

前述の上村尚秀が泉沢久秀に、「七郎殿」の関東出兵にともなう上田での軍勢の招集状況などを景勝に報告した書状には、上田での軍勢招集が難航している状況が記されており、集団指導体制は必ずしも十分に機能していなかったことが窺われる（大貫二〇一六）。

さて、永禄十年以降、次郎左衛門尉は陪臣ながら、単独で謙信の命令を直接受けるようになり、集団指導体制は次郎左衛門尉単独での統率体制に移行する（山田二〇〇四）。

永禄六年四月一日、謙信は次郎左衛門尉宛に書状を送って、猿ヶ京近辺の人質を沼田から引き取ることや、沼田（群馬県沼田市）との往来に資するために浅貝に寄居を建設することなど命じた（上越五〇六）。これも従来、永禄九年頃とみなされてきたが、前嶋氏は永禄六年に位置付け直した（前嶋二〇一五）。当時、謙信は関東出兵中で、上田長尾氏当主の政景は春日山の留守居であった（上越三四〇）。人質に関する指示から、次郎左衛門尉は越後・上野の境目地域にいたと思われる。謙信は宛所の敬称を「とのへ」としており、次郎左衛門尉を政景家臣と明確に認識していた。すると、本来は国衆としての独立性に配慮して政景に命じる（書状を送る）と思われるが、これは陪臣に直接命令しているのである。

山田邦明氏は、謙信が上田を政景に返付することにともなう処理を命じていることから（上越二九一）、上田が一時的に謙信の支配下にあったと指摘し、政景の支配が排他的には行えない状況にあったと指摘する（山田二〇一九）。平出真宣氏は、これを謙信の統制強化とし、また永禄七年二月十七日付で次郎左衛門尉や、上田長尾氏配下を引率していた長尾時宗に感状を与えていることから（上越三八七・三八九）、政景の家臣が必要に応じて謙信に直接指揮され、分割して編成されていたと指摘する（平出二〇〇九）。

以上から、政景が春日山にあって上田から離れているとはいえ、その存命中から謙信は上田・上田長尾氏配下を直接支配し、次郎左衛門尉がその一端を担っていた。次郎左衛門尉がその任に抜擢されたのは、栗林氏が政景家臣団の代表的地位にあること、そしてすでに指摘されるように、上田支配、関東との交通路の掌握などといった戦略的に重要な役割を担っていたからであろう（山田二〇〇四・大貫二〇一六）。

このような次郎左衛門尉の地位が、政景死後の集団指導体制、そして永禄十年以降の単独統率に引き継がれたといえる。しかし、政景死去直後、次郎左衛門尉単独では上田長尾氏配下の支配を担えず、長尾伊勢守、さらに大井田藤七郎と、上田長尾氏一族の存在が必要であった。それはまた、上田を離れていても、上田長尾氏配下の支配に政景の存在意義が大きかったことを示していよう。そして、春日山にあった幼少の景勝には、父政景同様の役割はいまだ期待できなかったため、一族の派遣が必要であったと考えられる。

ここで次郎左衛門尉が統率していた上田長尾氏配下について、構成や性格を、景勝との関係にも注意しながら、その史料中の呼称を手掛かりに考えてみたい。軍勢の呼称は「其地人数」・「上田衆」・「喜平次者」などがある。これらについて「表　喜平次者・上田衆・其地之者」にまとめた。厳密には、①③④は次郎左衛門尉の引率を明らかにしえないが、その可能性は高く、これらの呼称の性格を検討するうえでも必要と考え挙げている。

次郎左衛門尉が率いた軍勢の呼称としてまず、「其地人数（人衆・之者共）」がある。②は上田での活動と理解されており（山田二〇〇四・大貫二〇一六）、⑤は関東派兵の中止にともなう越中への動員、⑨は関東情勢を受けた次郎左衛門尉のもとへの軍勢派遣にともなう「足誘」の実行を命じており、いずれも「其地」は上田とみるのが適当である。したがって、これらは上田在住の領主による軍勢とみなせる。

次に「上田衆」をみよう。⑪は同一文中で「上田之人数（者共）」とも表されることから、上田の領主らによって構成された軍勢と考えられる。同様の関係は③にもみられる。④は不慮の敵出兵に際する「足誘」による緊急出動命令である。⑥Aは浅貝の寄居建設への動員を命じているが、あわせて信玄出兵については府内に報告せずに即時に出兵するように伝えている。また、⑧Aは厩橋からの北条氏出兵の報告に対して先発隊として緊急の沼田出兵を命じている。このような命令は上田にあってこそ意味があると考えられる。あわせて、これは上田長尾氏家臣以外の者が宛所に含まれる場合に使われていることも注意したい。上田からの軍勢であることを明確にしようとしたと思われる。上田衆は上田長尾氏家中および従属する領主ら、すなわち上田長尾氏配下全般を指す呼称として用いられてきたが、以上から史料上では上田在住の領主からなる軍勢を意味したと解される。

次に「喜平次者」について、①は五名の国衆とともに列記されている。これについて景勝が率いていれば「長尾喜平次」と記されるであろうという今福氏の指摘（今福二〇二一）をふまえれば、これを景勝は指揮していないといえる。そして、⑧Bは次郎左衛門尉に「喜平次者」を率いて沼田出兵を命じ、⑧Aは「上田衆」を先発隊として派遣するので沼田に向かうことを松本氏に命じている。これらは同日付であり、明らかに同一の軍勢を指している。次郎左衛門尉率いる上田在住の軍勢が「喜平次者」と呼ばれている。

⑥Aは「上田衆」に対する浅貝寄居の建設命令、⑥Bはその完成にともなう「喜平次者共」への慰労であり、約一か月の時間差があるが、同一の軍勢と考えたい。すると、これまた上田在住の領主からなる軍勢を「喜平次者」と表したと指摘できる。⑦は緊急の関東出兵に対する慰労であり、⑩は越中動員を目論むも、緊急に関東出兵を命じる可能性から「其元」に待機させるとあり、いずれも上田在住の軍勢が対象であったと考えられる。⑤Bからは次郎左衛門尉が景勝の代官として引率する軍勢が「喜平次者」と表現されている。これには関東に出

兵する「喜平次者」と、その中止にともなって越中へ動員される「其地之者」がみえ、同一の軍勢とみたいが、使い分けているようにもみえる。この書状には前日の書状を景勝に飛脚を立てさせ、小田原に送らせるという指示がある。ここから景勝は、次郎左衛門尉とともに上田にいた可能性が想定され、直轄軍を上田に動員していたと考えられる。すると、次郎左衛門尉が引率する「喜平次者」とは、この直轄軍であった可能性が考えられる。ゆえに次郎左衛門尉は「喜平次の代」と明記されたようにも思われる。すなわち、この場合は「喜平次者」は景勝の直轄軍を指す可能性が指摘できる。

以上から、「喜平次者」は上田から動員される軍勢と景勝の直轄軍の可能性があるが、いずれも景勝配下の軍勢であるから、特に矛盾はないといえる。ここでは上田在住の領主からなる「其地人数」や「上田衆」が、「喜平次者」と称されていることを重視したい。

そして「喜平次者」は、①以外、次郎左衛門尉や国分喜兵衛尉ら、上田長尾氏家臣宛のときに使用された（⑤⑥

備考
派遣の是非を諮問
長親と相談
以前長親と同心の命令（457）
沼田在城衆宛
援兵として派遣 沼田在城衆宛
沼田出兵中止と府中参陣要請 顕景の上田在庄の可能性 栗林の顕景代官としての沼田出兵
寄居普請
寄居普請
国分も上田長尾氏家臣ヵ（『文禄三年定納員数目録』参照）
板屋は松本鶴丸代（1149） 上田衆に倉内出兵命令（1090）
越中動員を見送り対関東で待機

	上越市史	発給年月日	案　件	発給者	受給者	表　現
①喜平次者共						
	456	永禄 9.4.24	倉内出兵	輝虎	河田長親	喜平次者共
②其地人衆						
A	457	永禄 9.5.22	倉内出兵	輝虎	栗林次郎左衛門尉 長尾伊勢守	其地人数
B	465	永禄 9.7.19	倉内出兵	輝虎	栗林次郎左衛門尉 長尾伊勢守 大井田藤七郎	其地人衆
③上田衆＝上田之人数						
	554	永禄 10.4.2	厩橋出兵	輝虎	松本石見守 小中大蔵少輔 新発田右衛門尉	上田衆・上田之人数
④上田衆						
	591	永禄 11. 正 .8	沼田出兵	輝虎	松本石見守 河田伯耆守 小中大蔵少輔 小国刑部少輔 新発田右衛門大夫	上田衆
⑤喜平次者・其地之者共						
A	1027	元亀 2.2.27	沼田出兵	謙信	栗林次郎左衛門尉	喜平次者
B	1028	元亀 2.2.28	沼田出兵 越中派遣	謙信	栗林次郎左衛門尉	喜平次者 其地之者共 （傍輩共）
⑥上田衆＝喜平次者共						
A	1047	元亀 2.5.2	浅貝出兵	謙信	大石惣介 栗林次郎左衛門尉	上田衆
B	1050	元亀 2.5.28	浅貝出兵	謙信	栗林次郎左衛門尉	喜平次者共（傍輩共）
⑦喜平次者共						
	1052	元亀 2.7.1	新地出兵	謙信	国分喜兵衛尉 栗林次郎左衛門尉	喜平次者共
⑧上田衆＝喜平次者						
A	1089	元亀 3.2.16	沼田出兵	謙信	板屋修理亮	上田衆
B	1090	元亀 3.2.16	沼田出兵	謙信	栗林次郎左衛門尉	喜平次者
⑨其元之者共						
	1098	元亀 3.4.28	出兵準備	謙信	栗林次郎左衛門尉	其元之者共
⑩喜平次者共						
	1114	元亀 3.8.10	関東出兵	謙信	栗林次郎左衛門尉	喜平次者共
⑪上田衆＝上田之者						
	1117	元亀 3.9.10	越中出兵	謙信	後藤左京亮 栗林次郎左衛門尉 本庄清七郎	上田之者・上田衆

表　喜平次者・上田衆・其地之者

⑦⑧⑩）。したがって、謙信は次郎左衛門尉の率いる軍勢はあくまで喜平次＝景勝の軍勢であると位置付け、特に上田の軍勢に景勝が当主であることを意識付けようとしたのではなかろうか。謙信は、景勝と上田在住の上田長尾氏配下の結びつきを強化しようとしているとみられる。謙信死後の御館の乱における上田での上田長尾氏配下の北条氏との戦い、そしてその撃退には、景勝との強固な関係を窺える。

二、上田長尾氏当主としての景勝

前節では、景勝と次郎左衛門尉は、それぞれ春日山と上田を拠点として別々に活動していたとみられること、謙信は次郎左衛門尉の率いる軍勢を景勝配下として認識させようとしていたことなどを指摘した。本節では景勝の活動に注目し、その位置を考えていきたい。

政景死後、一次史料における景勝の名の初見は、永禄九年（一五六六）三月十日付で足利義昭・大覚寺義俊が「長尾喜平次」宛で送った書状である（上越四九七・四九八）。前年暗殺された室町幕府十三代将軍足利義輝の跡を継ぐべく、謙信に助勢を求めていた義昭らが、景勝に北条氏康と和睦して上洛すべきことを謙信に申し入れ、実現するように求めている。同日、義昭らは謙信に氏康との和睦と上洛を求め（上越四九三〜四九六）、色部勝長・斎藤朝信・泉弥七郎らに景勝同様の命令を発した（上越四九九・五〇一・五〇二）。

色部勝長は、小泉庄（新潟県村上市・関川村）を拠点とする、上杉氏からの独立性が高いとされる越後北部の国衆（揚北衆）の一人であったが、永禄年間には謙信に従属し、佐野城将を務めるなど、謙信のもとで重要な役割を担うに至っていた（阿部二〇一七）。刈羽郡赤田を拠点とした斎藤朝信は、永禄二年以来、謙信政権中枢を担う国衆の一人として活動していた（片桐二〇〇五①）。信濃出身の泉氏は不明な点が多いが、これによって当時の謙信に従い、一定の役割を果たしたとみられている。この時、謙信は越後居多神社（新潟県上越市）の智光院頼慶を義昭のもとに派遣していた。これらのメンバーは頼慶の確認のうえで選ばれたとみられ、謙信に一定の影響力を持つ存在であったと考えられる。景勝はすでに謙信に重用される存在であり、両者の関係は良好であったとみられる。

そして同年四月二十日付で景勝は、広居忠家と下平右近允に三月下旬の下総臼井城（千葉県佐倉市）攻撃の感状を与えている（上越五〇九・五一〇）。また、永禄十二年六月七日、景勝は本庄繁長の乱における正月九日の夜戦の感状を下平右近亮・佐藤縫殿助らに与えた（上越七五三・七五四）。これらの感状を得た三名は、上田長尾氏家中であった（片桐二〇〇五②）。これらは景勝の上田長尾氏当主としての活動であった。

永禄十三年二月二日、景勝は広居忠家・小山弥兵衛・下平右近亮に佐野飯守山合戦の感状を与えた（上越八七三～八七五）。ところで、下平右近允はこの合戦の感状を謙信、そして長尾時宗からも獲得している（上越八七二・八七七）。謙信は上杉勢の総大将として与えたとみられるが、時宗もまた軍事指揮権を行使したといえよう。

永禄七年二月十七日、謙信は佐野での合戦の感状を時宗に与えた（上越三八九）。これには五十名の上田長尾氏の一族や家中の名前が記載され、時宗がこれらを率いて出兵していたとされ、当主政景が健在であることから、時宗は、春日山の留守居を務める政景の代理で出兵したと考えられている（片桐二〇〇五②）。そして時宗は、帰国後とみられる四月三日、この五十名に含まれる下田弥七郎（右京亮）・内田文三に二月十七日の佐野扇城攻撃の感状を与えている（上越四〇一・四〇二）。このような時宗宛の謙信の感状は、永禄十三年二月の場合はみられない。しかし、これらの感状からは、時宗がこれら上田長尾氏配下の軍事指揮官であったとみられる。

永禄七年と十三年の時宗の感状の書札礼を比べると、本文の書止が「謹言」から「也」、無年号から付年号表記に変化しており、宛所の尊称を除けば、謙信の感状の書札礼と同等である。永禄十三年の景勝の感状は、「謹言」・無年号である（上越八七五）。以上から時宗の地位上昇、景勝に対する優位が窺われ、謙信に時宗を排除する意図は感じられない。

永禄十三年二月の佐野攻撃には、二日付の感状の存在から景勝も出兵していたとみられ、景勝が下平を統率していた可能性を想定できる。すると時宗は景勝の上位にあって下平を含む景勝勢を統率し、さらにその上位に謙信があったと考えられようか。また、時宗が景勝の後見的立場にある謙信の有力家臣である可能性もある。ともあれ、これらの想定において景勝は、上田長尾氏配下を直接指揮していた。当主の立場によるといえよう。

一方で、時宗が下平の直接の指揮官であり、この軍事指揮系統上に景勝が位置しないとして、下平が景勝の感状を求める理由は何か。やはり、景勝が長尾上杉氏当主であったことであろう。直接の主従関係を結ぶ当主との関係を重視したと考えられる。景勝感状の書札礼は一貫し（上越五〇九・五一〇・七五三・七五四）、父政景の感状とも共通する（上越一五二～一五四）。景勝の感状は、上田長尾氏当主として遜色はない。なお、この時の下平宛政景感状には付年号表記があるが、のちの加筆とみられている（上越一五四注記）。

既述の景勝が戦場の謙信にお守りを送ったのは、謙信の永禄九年の下総臼井出兵、同十一年から翌年の村上出兵のいずれかの時とされる（今福二〇〇三・前嶋二〇一五）。すると、永禄九年、同十二年の感状のいずれかは、景勝は戦場におらず、その日付から配下の帰国後に出された可能性を指摘できる。下平らが感状を獲得したのは、戦場で軍事指揮下になくとも、上田長尾氏当主としての景勝の感状を求めたからに他ならない。あるいは当主としての地位を意識させるために景勝が積極的に発給したのかもしれない。

永禄十三年、時宗が下平らを率いていたとすれば、景勝はほかの配下を率いて出陣していたといえよう。上田長尾氏配下は戦場に分割されて動員され、次郎左衛門尉がその一方の担い手として知られるが、時宗が担うこともあったとみられる。以上から、景勝が上田長尾氏当主として配下に感状を与えていたことを確認しておきたい。

次に軍勢動員、とくに上田在住の軍勢についてみたい。集団指導体制で上田の支配が進められていたころに、景勝が上田での軍勢招集について照会したことはすでにふれた。これは関東に派遣される上田長尾氏配下の動員状況に配慮する上田長尾氏当主としての景勝の活動であったとみられる。あるいは謙信の命を受けて景勝が動員命令を出していたからかもしれない。

永禄十一年十月二十二日付で、謙信が次郎左衛門尉に本庄繁長の乱への出陣を命じた書状には、景勝の出兵命令が遅れてはならないので次郎左衛門尉に出兵を命じたとある。緊急招集のため、次郎左衛門尉に直接書状を出しているると断っているので、通常の動員は景勝の命令によったと理解できる。元亀三年（一五七二）七月二十三日、謙信は次郎左衛門尉に上田から沼田への出兵を命じたが、「猶喜平次申し付けべく候」ともある（上越一一一二）。「申すべく候」ではないことから、これは単なる副状の発給ではなく、景勝による出兵命令と考える。上田の軍勢の招集権は永禄十年前後には景勝にあったと考えられる。

また、招集に応じない配下には処罰（折檻）が加えられた。すでに大貫氏が指摘するが、その行使は段階的な変化がみられる（大貫二〇一六）。永禄十一年の本庄繁長の乱への参陣命令では、次郎左衛門尉にそれが認められていた（上越六二〇）。元亀三年七月二十三日、次郎左衛門尉に沼田出兵を命じた謙信は、従わない「傍輩」の名簿を送るように命じている（上越一一一二）。翌月十日には、関東出兵に応じない「傍輩」は、そのリストを送らせたうえで、景勝に折檻させることを謙信は次郎左衛門尉に示している（上越一一一四）。ここに景勝の成長にともなう処罰権の変更が指摘されている。

上田からの軍勢動員をめぐって行使される景勝の権限は、集団指導体制から次郎左衛門尉単独での体制への移行、さらにこのような懲罰権行使の推移と軌を一にして実効性のあるものとなっていったと思われる。それは景勝の成長にともなう上田長尾氏当主としての権限強化、地位確立への過程であった。

この間、謙信は景勝の権限行使をバックアップし、既述のように上田から動員される軍勢「上田衆」を「喜平次者」と呼び、それを前提に次郎左衛門尉に命令し、上田在住の上田長尾氏配下に景勝を当主として意識させようとしていた。平出氏は、沼田城将であった松本氏のケースから、当主の死去などで後継者が幼少である場合、謙信はその家の存続・安定を図り、家臣の代表に命令を直接下していたことを示している（平出二〇〇九）。謙信の次郎左衛門尉に対する命令は、これに類するといえ、まさに景勝を当主とした上田長尾氏の存続を意図したのであり、景勝と次郎左衛門尉の不安定な支配に対するフォローであった。このように謙信の援助のもと景勝は上田長尾氏当主の地位を強化していった。

元亀四年正月二十日、謙信と対立していた椎名康胤は、謙信との和睦と、自らの進退保障について尽力してくれている景勝に謝意を示し、今後の謙信への取成しを求めた（上越一一三六）。そして、康胤は次郎左衛門尉にも書状を出し、景勝への披露を求めている（上越一一三七）。前年、春日山の防衛を命じられた景勝と、越中の前線に召還された次郎左衛門尉であったが、この時は両者とも越中に在陣し、合流していたとみられる。この二通の康胤書状は、主人である景勝への本状と、その側近である次郎左衛門尉宛の副状という関係にあたる。景勝と次郎左衛門尉の関係が端的に示されている。

ところで、元亀三年から謙信書状の次郎左衛門尉に対する敬称が「とのへ」と「殿」が混在し、天正年間には「殿」のみとなる。これは次郎左衛門尉の地位上昇、謙信の直臣待遇を意味した。上田在住の軍勢統率の任は変わらないとみられ、ここから「上田衆」が、上田長尾氏から独立したとみる見解も生じたと思われる（今福二〇一一・二〇一三）。

次郎左衛門尉は天正五年（一五七七）頃に死去したとされ（諸士略系譜）、その跡は治部少輔が継いだ。翌六年十二月十七日付で治部少輔への景勝書状に「次郎左衛門尉跡をも申し付け候」と記した部分がある（上越一七二六）。この相続が景勝の命令で行われたことがわかる。天正年間に入っても栗林氏と景勝の主従関係は継続していたといえよう。

なお、「殿」の使用の理由には、元亀年間は複数の名宛人とのバランス、天正年間は景勝の地位上昇（広井二〇〇〇）や、越相同盟破棄後の上田およびその統括者である次郎左衛門尉の重要性の増大（長瀬二〇一八）などの指摘がある。

政景死後の謙信による上田長尾氏の掌握とは、以上にみてきたような景勝を中心とした上田長尾氏の支配体制の再構築によったと考えられる。そこでは景勝にせよ、次郎左衛門尉にせよ、謙信の強い影響下にあり、上田支配に困難がともなえば、さらに謙信への従属は強化されよう。謙信と景勝・次郎左衛門尉の利害の一致が、謙信の掌握を進めたのである。

三、謙信の後継者をめぐって

謙信は後継者を明らかにしなかったとして、景勝および北条氏からの養子であった景虎のいずれが後継者であったか、謙信の構想が議論されてきた（井上一九六六ほか）。しかし近年、片桐昭彦氏は、天正三年正月十一日、謙信が景勝に上杉弾正少弼の名字と官途、そして景勝の実名を与えたこと（上越一二四一・一二四二）が、謙信の後継者指名であったと指摘した（片桐二〇〇四）。今福氏も、この改名に景勝の後継者擁立を指摘する（今福二〇一一）。これらの文書は、景勝の自筆との指摘（新潟八九〇・八九一各注記）から、自らの地位の正当化を図った偽作という考えが導き出されてきた（櫻井二〇〇三）。しかし、この文書は景勝の自筆ではないと指摘される（片桐二〇一五）。

片桐氏は、これを境に景勝の書札礼が謙信と同等になり、一方で謙信の後継者であった景虎の書札礼が謙信や景勝より低くなったことを明らかにした。また、同年にまとめられた軍役帳（上越一二四六）で、トップに位置付けられた景勝の「御中城様」という表現に注目し、「御」の表記、ほかの上杉一門の「殿」の敬称との相違から上杉氏一族の頂点に立ち、「中城」を謙信後継者の居所と理解し、景勝に後継者の地位を見出している。

一方で、この軍役帳に景虎の名がないことから、景虎が軍役負担者ではなく、課す側にあると理解し、謙信の後継者であったとの見解もあった。これについて片桐氏は、この軍役帳は謙信家臣団全体を網羅しておらず、同年に謙信が構想した関東への動員のためのリストとみて、関係の悪化した北条氏の出身である景虎を同道しないという判断の結果であると説明する。

ところで、片桐氏は、戦国期には上杉氏一族の中で、越後上杉氏が宗家であり、その頂点に立つ家格であったとして、軍役帳の表記は、謙信がそれを超越する家格に景勝を位置付けたことを示していると指摘する。そして、景虎を山内上杉氏と想定する。しかし、景勝は豊臣秀吉との接触に際して、山内上杉氏を標榜している（上越二六五七）。また、今福氏も景勝が関東の領主に「山内殿」と表記されることから、これに疑義を呈する（今福二〇一一）。以上からは、景勝は山内上杉氏に位置付けられたと考えられる。もっとも片桐氏も述べるように、上杉氏一族の家格については検討の余地があろう。後考を俟ちたい。

おわりに

謙信は景勝を、はじめ上田長尾氏当主として位置付け、有力な与党として家臣団に編成する意図を持っていたと考えられる。しかし、関東情勢の悪化にともない、北条氏出身の景虎に変えて景勝を後継者に据えたといえよう。謙信と景勝の親子関係、それに基づく教育や影響、景勝による謙信の神格化など、他にも論ずべき点は多々あるが、今回はふれることができなかった。景勝にとって謙信は生涯にわたって意識されたとみられるが、これらへの言及は今後の課題として稿を閉じたい。

〔参考文献〕

阿部哲人「謙信の揚北衆支配」（福原圭一・前嶋敏編『上杉謙信』高志書院、二〇一七年）

池　享「謙信の越後支配」（池享・矢田俊文編『定本 上杉謙信』高志書院、二〇〇〇年）

池田嘉一『史伝 上杉謙信』（中村書店、一九七一年）

井上鋭夫『上杉謙信』（講談社、二〇〇〇年。初出一九六六年）

今福　匡「「旱虎」署名の謙信書状について」（『歴史研究』五〇二、二〇〇三年）

同　『上杉景虎』（宮帯出版社、二〇一一年）

同　「越後長尾氏と上杉謙信の閨閥―「越後長尾殿之次第」の検討を通して―」（渡邉大門編『戦国・織豊期の諸問題』歴史と文化の研究所、二〇一八年、黒田基樹編著『長尾為景〈シリーズ・中世関東武士の研究34〉』戎光祥出版、二〇二三年に再録）

同　『「東国の雄」上杉景勝』（KADOKAWA、二〇二一年）

同　『図説 上杉謙信　クロニクルでたどる〝越後の龍〟』（戎光祥出版、二〇二一年）
大貫茂紀「越後上田衆栗林氏と上杉氏権力」（『戦国期境目の研究　大名・領主・住人』高志書院、二〇一八年、初出二〇一六年）
片桐昭彦「上杉謙信の家督継承と家格秩序の創出」（『上越市史研究』一〇、二〇〇四年、前嶋敏編著『上杉謙信』〈シリーズ・中世関東武士の研究36〉、二〇二四年に再録）
同　「長尾景虎（上杉輝虎）の権力確立とその展開」（『戦国期発給文書の研究』高志書院、二〇〇五年①）
同　「長尾景虎（上杉謙信）の感状とその展開」『戦国期発給文書の研究』高志書院、二〇〇五年②）
同　「上杉景虎」（黒田基樹・浅倉直美編『北条氏康の子供たち』宮帯出版社、二〇一五年）
同　「謙信の家族・一族と養子たち」（福原圭一・前嶋敏編『上杉謙信』高志書院、二〇一七年）
同　「長尾喜平次の時代」（『六日町史　通史編　自然・先史・古代・中世』、二〇一九年）
金子　達「戦国乱世の風景」（『塩沢町史　通史編　上巻』二〇〇二年）
木村康裕「景虎・景勝と御館の乱」（池享・矢田俊文編『定本 上杉謙信』高志書院、二〇〇〇年）
黒田基樹「謙信の関東侵攻」（池享・矢田俊文編『定本 上杉謙信』高志書院、二〇〇〇年）
櫻井真理子「上杉景虎の政治的位置―越相同盟から御館の乱まで」（『武田氏研究』二八、二〇〇三年）
長瀬光仁「上杉謙信書状についての一試論」（『駒沢史学』九〇、二〇一八年）
平出真宣「上杉謙信の軍事編成の特質」（『新しい歴史学のために』二七五、二〇〇九年）
広井　造「謙信と家臣団」（池享・矢田俊文編『定本 上杉謙信』高志書院、二〇〇〇年）
藤木久志「上杉氏家臣団の編成」（『戦国大名の権力構造』吉川弘文館、一九九七年。初出一九六三年）
前嶋　敏「上杉輝虎発給文書の花押とその変更」（『新潟史学』七三、二〇一五年）
山田邦明「謙信の時代と妻有」（『十日町市史　通史編一　自然・原始・古代・中世』、一九九七年）
同　「戦国大名の書状をめぐって」（矢田俊文編『戦国期の権力と文書』高志書院、二〇〇四年）
同　「長尾政景の時代」（『六日町史　通史編　自然・先史・古代・中世』、二〇一九年）

Ⅲ

上杉景虎

黒田基樹

はじめに

上杉景虎は、上杉謙信が後継者として迎えた養子として、最初の人物になる。景虎は、相模北条氏康の六男で、初めは北条家御一家衆の久野北条宗哲（氏康の叔父）の婿養子に入り、仮名三郎を称していた（その時の実名は不明）。ところが元亀元年（一五七〇）三月に、越相同盟にともなって、上杉謙信の養子になり、謙信から初名の景虎を与えられて、「上杉三郎景虎」を名乗った。同時に、久野北条宗哲娘とは離縁し、新たに謙信の姉仙洞院の娘を妻に迎えた。同二年十一月に越相同盟が解消されたのちも、離縁されることなく、上杉家にとどまった。

景虎の立場は、当初は謙信の養嗣子であったが、越相同盟の解消後、上杉家と北条家の抗争が続けられたことにともなって、天正三年（一五七五）に謙信は新たな養嗣子として、仙洞院の次男・顕景を迎え、謙信の官途名弾正少弼を与え、景勝と改名させた。これによって景虎の立場は、謙信の養子の一人として、その一門衆の立場になった。

同六年三月に謙信が急死すると、養嗣子の景勝が家督を継いだが、直後から家中内抗争が勃発し、そこで景虎は反景勝派によって、上杉家当主に擁立され、以後、景虎は景勝と上杉家当主の地位をめぐる内乱である「越後御館の乱」を展開する。景虎は実兄の北条氏政とその同盟者の甲斐武田勝頼から支援をうけたものの、武田勝頼は景勝と同盟を結んだこと、北条家の支援が遅れたことなどから、景虎は劣勢になり、ついに同七年三月二十四日に自害に追い込まれ、滅亡している。

景虎の生涯は、戦国大名の政略結婚、さらには外交政策に翻弄された人生であったといって過言ではなく、そのため景虎は悲劇の人物として扱われることが多い。もっとも景虎に関する史料は、御館の乱の時期についてはそれなりに存在しているものの、それ以前の時期については決して多くはない。そのためそれ以前における動向については、多くは判明していない。

また景虎の生涯やその政治動向およびその政治的地位などについては、少ない史料をもとにしながらも、すでに今福匡氏が『上杉景虎』で詳しく明らかにしている。また、北条時代については私も『増補改訂 戦国北条家一族事典』『戦国関東覇権史』などで明らかにし、上杉時代については片桐昭彦氏が「上杉景虎」で詳しく検討している。これらの先行研究によって、景虎に関する基本的な動向については、おおよそ明らかにされている。そこで本論では、それらの先行研究の成果によりつつ、景虎の生涯の概略を述べていくことにしたい。

一、北条時代の動向

景虎は、北条氏康の六男とみなされ、また生年は天文二十三年（一五五四）とみなされる。ただし生年については、江戸時代前期成立の北条家を主題にした軍記史料『北条五代記』などによるにすぎず、当時の史料で確定されているわけではない。北条家を主題にした軍記史料として最も史料性が高い『異本小田原記』（国史叢書本刊本）に、幼名西堂丸、久野北条宗哲の婿養子になったことが記されている。幼名は、長兄の新九郎氏親（天用院殿、天文二十一年死去）のそれを襲名したものとみなされる。

母については、北条家重臣の遠山康光妻の妹という所伝がある（『寛永諸家系図伝』）。康光は、景虎の越後入部に同行し、以後はその家老になっていること、康光の娘が景虎の妾になり、一女を産んでいることからすると、この所伝は事実の可能性が高いとみなされる。また遠山康光は、北条家家老の遠山綱景の弟と所伝されているが、他方で、遠山綱景の娘が氏康の姪とする所伝もある（「太田家記」『北区史資料編古代中世2』所収）。この所伝を尊重すると、康光が綱景の実弟であることを示す当時の史料はみられていないので、綱景の姉妹のうち、一人が氏康の妾になり景虎を産み、もう一人が康光妻になり、それにともなって康光は遠山苗字を称するようになった、という想定も可能になる。いずれにしろ景虎の母は、氏康の妾で、家老遠山家所縁の人物であったと考えられる。

北条宗哲の婿養子になったのは、久野北条家の当主になっていた宗哲次男の氏信が死去した永禄十二年（一五六九）十二月六日よりのちのこととみなされる。景虎の仮名三郎は、宗哲長男の三郎（宝泉寺殿、永禄三年〈一五六〇〉死去）のそれを襲名したものとみなされ、したがって景虎の元服は、宗哲の婿養子に入ったことと同時のことと推定される。同年末のこととすれば、景虎は十六歳で元服したことになる。

元服にともなって実名を名乗ったとみなされるものの、それについては伝えられていない。当時の北条家一族で系譜関係が判明していない者に、「氏能・氏冬」がある（「喜連川文書」和歌短冊集）。登場している人物の世代から考えると、それらの実名は、宗哲長男三郎（宝泉寺殿）、景虎の初名、氏直弟の太田源五郎に該当すると推定される。そのため景虎の初名は、「氏能」か「氏冬」の可能性が想定されるものの、いずれにあたるかは確定できない。

宗哲婿養子時代における動向として唯一確認されるのは、元亀元年三月五日に、どこかの拠点城郭に在城しているることにすぎない（『戦国遺文後北条氏編』一三八七号。以下、戦北～と略記）。その時に、五、六日のうちに在番が明けることが記されている。久野北条家当主の立場で在番していると考えると、前代の氏信と次代の氏光（氏康弟氏堯の次男か）が相模足柄城の守備を担当していることからすると、景虎の在番もその足柄城であった可能性が高いとみなされる。

これより先の同年二月十二日には、景虎は謙信の養子になることが決定されている（戦北一三八〇）。これが景虎に関する当時の史料での初見になる。そして三月四日に、氏康は小田原（神奈川県小田原市）に召し返す使者を出していて（戦北一三八七）、それをうけて景虎は小田原に帰還し、越後入部の準備をした。その際に、宗哲娘とは離縁したとみなされ、彼女は氏光と再婚することになる。

景虎は四月五日に小田原を出立し（戦北一三九七）、九日に上杉方の上野厩橋城（前橋市）に到着（『上越市史別編Ⅰ』九〇四号。以下、上Ⅰ～と略記）、十日に上杉方の上野沼田城（群馬県沼田市）に到着し、翌日に謙信に対面した（戦北一四〇七）。そして謙信に同行して、越後に入部し、十八日に謙信の本拠・春日山城（新潟県上越市）に到着し（上Ⅰ九一四）、二十五日に同城で養子縁組の祝言をあげた（戦北一四一八）。

おそらく同時期に、景虎は長尾政景娘（華渓宗春大禅定尼）と結婚したと推定される。翌年に嫡男道満丸が誕生しており、さらにその後に一男（源桃童子）一女（還郷童女）が生まれ、あわせて二男一女が生まれている（栗原二〇〇五）。

二、謙信養嗣子としての動向

景虎が謙信の養嗣子になってから、その動向が確認される最初は、養子縁組から半月ほどのちになる、元亀元年に比定される五月九日付書状である。これは景虎の発給文書としても初見になる。またこの史料は近年になって確認されたものであり、そのため全文を掲げておきたい（前嶋ほか二〇二〇）。

尚以御実城被成御合点候様ニ取成其方ニ任置候、急速御内儀をも可被申事肝心候、以上、

内々疾にも其方迄申入度存候へ共、御実城難計御機嫌存知、計御隙を只今迄遅々申候、然者愚状判形之儀、若輩故任筆致判之学候、御実城御免於被下候者、本望何歟可有之候哉、弥以可存過分候、か様之段、一途ニ存詰、

今日以吉日申入候、尚外記亮可申候、以上、

（元亀元年）五月九日　景虎（花押）

（後欠）

本文書は宛名が欠損しているが、景虎は謙信（「御実城」）への取次を求めているので、謙信の側近家臣に宛てたものと推定される。ここで景虎は、新たに花押（「判形」）を作成したこと、それについて謙信から承認を得たいことを述べている。その花押型とは、この文書に据えられている花押型そのものにあたる。これは景虎の花押型として確認される最初のものであり、片桐氏がa型と分類しているものにあたる。この花押型は、謙信の花押型に倣ったものになる。景虎は、謙信の養嗣子になったことにともない、すぐに新たな花押型を作成したことがわかる。

次いで景虎の動向は、同年七月五日付の謙信の書状にみられている（『思文閣古書資料目録』二三三号）。

越中口相静上、自相州之頻而悃望候間、向信州出馬候、無二無三可付興亡候、大義ニ候共、其地之きりやうある者者、此度ニ候間、頼候、早々打越可立用所候、三郎ニ馬廻之者共何も相添候間、愚老そはニ人数無之候、何も相量右衛門大夫召連、一刻片時も可急候、九日ニ可出馬候、責而百騎ニ弓衆百丁召連、十五日之以滞留可越候、子細飯田・東条・蔵田可申遣候、謹言、

右衛門大夫外者、物主無用ニ候、併小国をは可越候歟、地衆・牢人衆為気遣は後も罷在候、以上、

（元亀元年）七月五日　輝虎（花押）

河田伯耆守殿
小中彦右兵衛殿
河田光清軒
上野中務少輔殿
竹沢山城守殿
発知右馬允殿
小国刑部大輔殿
新発田右衛門大夫殿

ここで謙信は、上野沼田城在城の河田重親らに、軍勢の派遣を命じている。謙信は、越中での戦況がおさまったため、北条家（「相州」）からの要望をうけて、武田家領国の信濃に進軍することとした。その際に沼田在城衆の軍勢の派遣を求めているのであるが、その理由として、「三郎に馬廻の者ども何れも相添え候」と、謙信の馬廻衆は景虎に付属させているため、謙信の身近には軍勢が少なくなっていることがあげられている。

ここからすると謙信は、自身が信濃に出陣するにあたって、春日山城には景虎を留守に残し、その景虎に自身の馬廻衆を付属させることにしていたと考えられる。景虎には、独自の家臣団がまだ編成されていなかったことを、ここからうかがうことができる。しかしこの時、謙信の信濃進軍はなかった。謙信はそれにあたり、条件として、北条氏政に同陣を求めていたのであるが、北条家がそれを実行してこなかったからである。

翌月となる同年八月九日に、景虎は謙信の重臣・直江景綱を宛所にして、謙信に披露状を出している（上Ⅰ九二三）。景虎が謙信に書状を出す場合、このように直江などを宛名にして披露状の書式で出していたことがわかるとともに、謙信への取次は直江によっておこなわれていたことが知られる。そうすると先の景虎の初見の発給文書の宛名も、この直江景綱か、あるいはのちに取次を頼んでいる謙信側近家臣の山吉豊守あたりであった可能性を想定できるかもしれない。

この書状は、謙信から送られてきた書状への返書で、謙信から北条家との同陣が実現していないまま武田信玄が北条家領国に侵攻した状況などを伝えられ、景虎は北条家との同陣が実現していないことについて、北条家の「由断」（疎かにしている）であるとする謙信の意見に同意するとともに、北条家から派遣されてきた使者（篠窪治部）に、明日、同陣について自分から申し入れすることを述べている。

また景虎は、謙信が北条家に援軍のため出陣することについて、「後詰めの儀、急速に成し置かるべき処、拙者においても過分に存じ奉り候」と述べている。これらのことからすると景虎は、北条家との遣り取りをうけて、謙信に援軍としての出陣を要請していたこと、同時に謙信の意向をうけて、北条家にはたらきかけをしていたことがわかる。

なおその翌日に推定されている、謙信が越中に在陣していた重臣の村上国清に宛てた書状で（上Ⅰ九二四）、「景虎・景勝」は異儀無いと述べられている。しかしここで「景勝」の名で記されているのは、年代が合致しない。景勝の実名は、天正三年正月に謙信から与えられたものであることが明白であるからである（上Ⅰ一二四二）。また同文書では、輝虎署名にもかかわらず、文中で「謙信」の法名を記していて、これも年代が合致していない。実名輝虎の終見は同年八月二十二日（上Ⅰ九三一～二）、法名謙信の初見は同年九月（上Ⅰ九三九）である。これらから同文書の扱いについては慎重にする必要があるが、同文書は写本であることから、「景勝」「謙信」の文言などは写本段階での追記あるいは書き直しとみれば、ここで謙信は、景虎が問題なく過ごしていることを重臣に伝えている、と理解できるであろう。

同年八月十三日に、北条家に使者として派遣されていた上杉家家臣大石芳綱が、謙信側近家臣の山吉豊守に宛てて北条家との交渉状況について報告した書状で（上Ⅰ九二九）、北条家との同陣実現まで、氏政兄弟を人質として派遣させるにあたって、北条家に疑心があるのであれば、謙信は十本・二十本の指から血を出して誓約し、それを景虎に見せる、という意向を北条家に伝えたことが記されている。謙信の誓約を景虎に見せることが、北条家への誓約になったことがわかり、景虎は北条家側の外交上での代理人の立場にあったことがうかがわれる。

同年十月三日付で、景虎は謙信の側近家臣山吉豊守に書状を出して（上Ⅰ一〇六六）、北条家からの飛脚が景虎のもとに到着したので、それに景虎の家臣を付けて謙信のもとに転送すること、同時に北条氏政と遠山康光宛の返書の案文を送って、謙信の確認をうけて書状を作成すること、文面に問題があれば案文を送ってもらえればそれをもとに書き直すこと、また謙信への氏政の返書が飛脚により届けられてきたので、それを転送することを述べている。なお同文書の年代について、これまで元亀二年に比定されることが多かったが、近時、元亀元年に比定されている（細田二〇二三）。

ここから景虎が、北条家に送る書状の内容については、あらかじめ謙信の確認を得ていたことがわかる。戦国大名同士の外交関係において、当主ないし家長が、関係者の書状の内容について管理していることは一般的な事態とみなされるので（黒田二〇一八）、景虎の場合も、謙信によって内容を管理されていたことを明確に認識できる。また北条家との書状・飛脚の遣り取りも、景虎が窓口になっていたこと、北条家からの連絡が景虎にももたらされていて、景虎もそれに対応していたことがわかる。

同年十月二十四日に、謙信が上野厩橋城の毛利北条高広に宛てた条書で（上Ⅰ九四八）、武田信玄が上野に出陣してきたことをうけて、北条家と同陣するため上野に出陣した際に、「景虎は信・越の仕置きのため、府に差し置き候、去り乍ら漸く越山を宥すべく候条、先ず愚老使者を以て申し届け候事」と述べている。これにより上野出陣の際に、景虎は信濃・越後統治のために春日山城にとどめ置かれていたが、ようやく出陣を認める意向を示していることが知られる。

景虎の立場が、春日山城留守として謙信の代理を務めていたことがわかる。これは先に取り上げた河田重親らに宛てた書状にみえていたことが、謙信の出陣先は違っているものの、実現されていたことを示している。そのうえで謙信は、景虎に出陣させることを決めている。謙信からそのことを使者で連絡すると述べているので、景虎は謙信のもとに出陣することが予定されたのであろう。しかし、それが実現したのかは確認できない。ともあれ景虎は、養子入りしてから半年が経って、ようやく謙信の養嗣子の立場での出陣が認められるようになったことがわかる。

元亀二年正月二十日付で、北条氏政から謙信・景虎の連名宛てで書状が出されている（上Ⅰ一〇一八）。氏政が謙信と景虎の連名にしていることは、景虎を謙信の後継者と認識していたことを示すが、同時に、謙信もこの書状を受け取っているとみなされることから、謙信も景虎を自身の後継者として承認していたと理解される。

同年三月二十五日付で氏政が謙信に宛てた書状で（上Ⅰ一〇三九）、謙信に援軍として武田家領国への侵攻を要請するにあたって、詳細については景虎に条書で伝達していることを述べている。北条家からの連絡が景虎のもとに届けられていたこと、景虎はその内容を謙信にはたらきかける役割を担っていたことがわかる。ここからも景虎が、北条家との外交において代理人の立場にあったことがうかがわれる。

これらのことから、上杉家と北条家との外交において、景虎がその結節点の役割を果たしていたことがわかる。現在、この時期の景虎に関する史料は、以上に取り上げたものしかみられていないが、実際には謙信および北条家との間で、頻繁なやり取りがおこなわれていたことが推測される。

しかしその直後、上杉家と北条家の同盟は解消された。それからすぐにあたる元亀三年閏正月二十四日に、景虎は上杉家家老の河田長親に書状を出しているが（上Ⅰ一〇八七）、ここでの書札礼は、謙信と同等であることが指摘されている（片桐二〇一五）。それはすなわち、景虎が謙信の後継者に位置付けられていたことを示し、北条家との同盟が解消されたあとも、それは継続されていたことを示している。ちなみに同文書は、景虎がａ型の花押型を使用していたものとして、年代が判明する最後になっている。そのほかに、同花押型を使用している文書としては、年代が特定できない寺院宛の書状二通が存在している（戦北四三九四・上Ⅰ一四〇二）。

この段階までの景虎は、たしかに謙信の養嗣子として存在していた。家老への書札礼が、謙信と同等のものを認められていたことは、そのことを示す何よりの証左といえる。しかし景虎は、いまだ独自の家臣団を編成していなかった。そのため謙信留守を務める場合には、謙信の馬廻衆を付属されるという状態であった。独自の家臣団を編成していないということは、それに見合う所領を与えられていなかったことを意味していよう。おそらく謙信は、順次、景虎に所領を与えて、独自の家臣団を編成させる意向であったと考えられるが、それが実行されないうちに、北条家との同盟関係が解消されてしまった。景虎を養嗣子としたのは、北条家との同盟関係を前提にしてのことであったから、そもそもの前提が崩れてしまったことになる。

三、その後の動向

その後、謙信が死去するまでについて、景虎の動向はほとんどうかがわれない。天正三年（一五七五）正月に、謙信は甥の長尾喜平次顕景を、新たな養嗣子に迎え、自身の官途名と上杉苗字および景勝の実名を与えた（上Ⅰ一二四一〜二）。景虎の発給文書は、この後は謙信死後にしかみられていないが、そこでの書札礼は、謙信・景勝よりも一段低いものになっていることが指摘されている（片桐二〇一五）。それはすなわち、景勝が謙信の養嗣子になったことにともない、景虎は、謙信の一門衆の立場に降格されたことを意味している。

謙信は、景勝を新たな養嗣子にしたことをうけて、二月十六日に家中の軍役帳を作成している（上Ⅰ一二四六）。その筆頭に、景勝（「御中城様」）があげられている。しかしそこに景虎はあげられていない。このことは景虎は、この時点になっても、軍役を務めるような独自の家臣団を編成していなかったことをうかがわせる。そうした景虎の立場は、軍役を負担しない、客将のような立場といってよいであろう。それは謙信の「前代」であった上杉憲政と同様のものであったととらえられる。

景虎は、謙信の養子であったから、その一門衆であった。また謙信の姪（景勝の妹）の婿であったから、一門衆としての家格は、景勝に次ぎ、他の上杉家一門衆である山浦家・十郎家・上条家・枇杷島家・山本寺家よりも上位に位置していたことは間違いなかろう。しかしその立場は、軍役を務めない客将のようなものであった。景虎は、謙信・景勝の家族として位置したにすぎないものとされたと考えられる。

同年四月二十四日に、謙信は春日山城内の多聞天に、北条氏政を激しく非難する願文を奉納しているが（上Ⅰ

一二五〇)、そのなかで謙信は、氏政が起請文を反故にして同盟を解消し、景虎を見捨てたことを記している。謙信がこの願文を奉納したのは、前年十二月十九日に出家して、仏力を獲得して、関東での勢力を回復し、氏政退治をはかるためであった。前年閏十一月に、謙信は下総関宿城・武蔵羽生城などからの後退を余儀なくされて、関東での勢力を著しく減退させていた。出家はその事態をうけてのこととみなされ、また願文はそうした状況の挽回を祈願するものであった。謙信の、関東における勢力回復に対する執念を感じられよう。

しかしその一方で、景勝を新たに養嗣子に迎えたのが、出家の直後にあたっていることは注目される。関東での勢力を大きく後退させたことにともなって、景虎の養嗣子としての地位を正式に廃し、新たに越後長尾氏一族出身で、かつ近親の関係にあった景勝を養嗣子に定めた、と考えられる。その背景に、どのような政治的理由があったのかは、今後においてさらに検討していくことが必要であろう。しかし以上の経緯をみると、関東での勢力後退が、戦国大名としての(長尾)上杉家にとって新たな政治方針を生み出したことは間違いない。そしてそこでは、景虎は基本的には役割を与えられることはなかったとみなされる。

またその願文は、謙信が景虎の名をあげているものとして、最後に確認されるものになっている。ここからもその後において、景虎には政治的役割が与えられていなかったことがわかる。

同四年四月三日に、武田家は国衆・家臣から武田家への忠誠を誓約させる起請文を徴収しているが、そこで武田家への敵対勢力が列挙されているなかで、上杉家については、「上杉謙信・同景虎並びに喜平次(景勝)」と記されている(『戦国遺文武田氏編』二六二九号)。ここでは景虎は、謙信に続けて記され、あたかも謙信の後継者に位置しているようになっている。これは武田家の認識であるとともに、当時の武田家は、北条家と同盟していたから、上杉家後継者については北条家の認識を踏まえてのことであったとみなされる。しかし同時に、それに続けて景勝の名をあげているのは、実際に景勝が謙信の後継者に位置していたことを踏まえてのこととみなされる。

そしてこの史料が、謙信生前において景虎の名があげられている史料として、最後のものになっている。越相同盟崩壊後において、景虎の政治動向はほとんどみられなくなっている。そのことはすなわち、上杉家における景虎の政治的役割が、ほとんどみられなくなっていたことを示しているととらえられる。

同六年三月十三日に謙信が急死した。家督は養嗣子であった景勝が継承し、同月二十四日までに、謙信の遺言にもとづいて春日山城の本城に入城している（上Ⅱ一四七七）。その数日前の十九日に、能登在国の重臣・鰺坂長実から景勝のもとに、代替わりにともなう血判起請文が送られているので（上Ⅱ一四七六）、謙信の死去すぐに景勝による家督継承がおこなわれ、家臣に対して代替わりの起請文の提出が命じられたとみて間違いないであろう。

それから二ヶ月後の五月十三日に、景虎が春日山城から退去して、府中御館に入城し、景勝に叛乱する。これにより上杉家の家督をめぐる内乱である「越後御館の乱」が開始される。この内乱の勃発の経緯については、かつては謙信の後継者が決まっていなかったという見解に基づいて、直後から景勝と景虎との間で抗争が展開されたとみられることが多かったが、近年による研究によって、それらの見解はすべて否定されている。内乱勃発までの経緯については、今福氏の研究が最新の成果を示している（今福二〇二一）。

同月下旬には、三条城主・神余親綱の行為が問題にされるようになり、また陸奥会津芦名家から退去していた牢人衆が、伊達輝宗の支援をうけて小国から会津に乱入する事態が生じた。これらは謙信死去にともなう、領国の動揺とみることができる。そして五月一日に、神余親綱は景勝に叛乱した。同月五日には、春日山城付近の大場で合戦が生じている（上Ⅱ一五〇〇）。神余親綱には、山内上杉憲政（当時は法名光徹）、上杉十郎信虎、山本寺定長らが味方したとみられている。そして彼らは、上杉家の府中での本拠にあたる「御館」を占拠したとみられている。

一日に叛乱が明確化し、五日は合戦が生じているのであるから、神余らへの味方化は四月下旬にはすすめられていたと思われ、そしてただちにそれらの勢力は御館を占拠したと考えられるであろうか。

その際に注目されるのは、北条方の上野新田領の国衆・由良成繁が、景虎の家老・遠山康光から送られた書状への返書である（上Ⅱ一四九二）。その書状は四月晦日付で、遠山から書状が送られたことをうけて、それに返書しているものなので、遠山が書状を出したのは、その数日前のことになろう。そしてそこには、「景虎へ御家督参り候由」が記されていたことがわかる。ここからすると、遠山が書状を出した時には、景虎はすでに叛乱勢力の盟主として担がれて、景勝に代わって上杉家家督を継承することを表明していたことがわかる。

そうすると四月の段階で、景虎を擁立する動きがすすめられていたといえ、それが五月一日の「三条（神余親綱）手切れ」として表面化したことがうかがわれる。叛乱の背景が、神余の問題だけであったのかはまだ判断できないが、少なくとも神余の動向が大きな要因になっていたことは間違いないのであろう。そしてそれに上杉憲政らが味方し、さらには栃尾城主・本庄秀綱もすぐに味方して、本拠周辺での軍事行動を展開している。これらの動向からすると、景勝支持勢力に対する反発が、すでに上杉家家中に存在していて、それが謙信死去を契機に、景虎を擁立していったとみることはできるであろう。

景虎自身が、それを望んでいたのかどうかは判明しない。しかし景勝による家督継承直後から、家中で紛争が生じ、それが拡大していくなかで、景虎がそれら叛乱勢力を求心させる存在としては恰好のものであったことは間違いない。どちらからともなく、景虎と叛乱勢力は結びついていったことであろう。

また景虎は、五月十三日に御館に入城しているが、それまでの居所は判明していない。これまでは、春日山城内という見解と、府中の春日という見解の両様が出されている。確実な史料での検証は難しいが、景虎は独自の家臣団を編成していなかったことを踏まえれば、すでに五月一日には叛乱が明確化しており、それから半月ほどの間、景勝方の本拠である春日山城に在城していたと考えるのは難しいと思われる。五日には城下で合戦が生じていることをみても、同様に考えられる。

そうであれば景虎の居所は、日常的に春日に置かれていた可能性が高いと思われる。しかしそこは防御機能は十分ではなかったので、上杉家の府中における本拠であり、すでに叛乱勢力の拠点と化していた、御館に入城することになったのだろうと考えられる。そして景虎が御館に入城した頃には、上野厩橋城主・毛利北条高広（当時は法名芳林）、越後鮫ヶ尾城主・堀江宗親、信濃飯山城主・桃井義孝らの味方が確認されている。上野では、早くも五月七日に、景虎方の毛利北条高広が、八崎城主・長尾憲景を攻撃していて、抗争が開始している（戦北一九九六）。こうして越後・上野・信濃で、内乱が展開されていった。

そして景虎は、五月二十九日付で会津芦名盛氏に宛てて書状を出していて（上Ⅱ一五二三）、政治活動を明確に展開するようになっている。これは景虎の発給文書としても、元亀三年閏正月に出したもの以来、七年ぶりに確認されるものとなる。そしてこの時期から、景虎は花押型をb型に改判している。この花押型は、実兄の北条氏政のものに倣ったものとみなされ、景勝に対抗するにあたって、北条家一族であるという自覚を強めたことがうかがえるであろう。

景虎はまた、すぐに実家の北条家にも支援を要請していて、またすでにその時点で、北条家の同盟者であった武田勝頼も、氏政からの要請を通じて、景虎に支援することになっていて、「殊更甲府（武田勝頼）無二に申し合わせ候条、武田左馬助（信豊）方物主として、人数信堺迄立ち置かれ候」とある。

北条氏政は、六月十日の時点で、「景虎より度々承る如くんば」と述べているので（戦北一九九六）、それ以前に二度以上におよんで、景虎から連絡があったことがわかる。そうして氏政は、上野の上杉方武将のうちで景虎方になった毛利北条高広・河田重親らを、北条家に味方させて越後に進軍させるとともに、同盟者の武田勝頼に越後への進軍を要請した。これによって御館の乱は、上杉家の内乱にとどまらず、北条家・武田家も参加して、東国の政治状況に大きく影響をおよぼすものとなった。

ただし御館の乱の過程については、いまだ十全には解明されているとはいえず、その経緯をまとめた書籍も出されていない。上杉家での動向については今福氏の研究が詳しく（今福二〇一一・二〇一二）、武田家の動向については平山優氏の研究が詳しい（平山二〇一七）。また北条家および上野の動向については、私が一応基本的な経緯について取り上げている（黒田二〇一五・二〇一八）。今後はそれらの内容の総合化が必要であろう。ここでの最後に、それらでは十分に取り上げていない事柄について触れておくことにしたい。

北条家は、六月十日頃から、景虎から上野支配の委任を受けて、景虎方の上杉方武将への働きかけを開始しているが、そのことに関わって、六月十八日付で北条氏照（氏政の弟）が景虎方武将に出した書状の内容が注目できる（「小田原北条氏文書補遺（二）」八七号『小田原市郷土文化館研究報告』五〇号、二〇一四年）。そこには「沼田・厩橋・大胡の事、当方へ相談され、景虎御前無二走廻らるべきの由」とある。これによって氏政は、上野における上杉家領国である、沼田領・厩橋領・大胡領の支配権を景虎から委任されたことが確認される。

おわりに

景虎は、その後一年近くの間、御館にあって景勝に対抗していたが、戦況は劣勢に展開し、天正七年三月十七日に同城は落城を余儀なくされ、景虎は鮫ヶ尾城に退去した。その際に、妻の長尾政景娘は自害した。また嫡男の道満丸は、同日に、景勝との和睦のための人質として春日山城に赴く途中で殺害された。和睦の使者を務めた山内上杉憲政ともどもの殺害であった。そのほかの一男一女の忌日は判明していないが、おそらくは母長尾氏と同時に自害したと推定される。

景虎はこうして、家族すべてを失って鮫ヶ尾城に退去し、なおも再起を図ったのであったが、一週間後の二十四日についに自害に追い込まれた。享年は二十六、法名は徳源院用山浄公とされる。

景虎の生涯において、その具体的な動向がみられたのは、元亀元年に上杉謙信の養嗣子になってから、越相同盟が崩壊した直後の同三年閏正月までの、越相同盟の展開にともなってのものと、天正六年四月から同七年三月までの、越後御館の乱におけるものだけといってよい。それは実質的には三年にも満たない、極めて短いものであった。このことに、景虎が負っていた政治的役割、同時に、景虎という存在が有した政治的意味が、端的に表現されているといえる。景虎は、越相同盟にともなって上杉謙信の養嗣子として、また謙信死去後に新たな当主になった義兄弟の景勝に対抗するものとして、歴史上で存在したにすぎなかった。

しかもそれらは、景虎自身の意志によるものではなく、実家の北条家および養家の上杉家で置かれていた状況に左右されたものであった。御館の乱では、北条家・武田家という東国の有力大名家二家が味方したにもかかわらず、景虎は勝利できなかった。最大の原因は、北条家本軍の進軍がみられなかったからであった。景虎が支援要請した時期、北条家本軍は下総で佐竹方勢力と長期の対陣を強いられていた状況にあった。秋になってから北条軍は越後に進軍したが、雪のため年内に上野に後退せざるをえなかった。佐竹方勢力との対陣がこの時期でなかったら、北条家本軍は早期から越後に進軍できたことであろう。そうなれば武田勝頼が景勝と和睦することもなかったであろうし、そうであれば景虎の勝利は、決して不可能ではなかった。こうしたことをみても、景虎の生涯は、戦国大名の政治・外交に翻弄されたもの、との思いを強くせざるをえない。

［参考文献］

今福　匡『上杉景虎』（宮帯出版社、二〇一一年）
同　　『「東国の雄」上杉景勝〈角川新書K363〉』（KADOKAWA、二〇二一年）
片桐昭彦「上杉景虎」（黒田基樹・浅倉直美編『北条氏康の子供たち』宮帯出版社、二〇一五年）
栗原　修「上杉謙信の姉―仙洞院」（小和田哲男編『戦国の女性たち』河出書房新社、二〇〇五年）
黒田基樹『真田昌幸』（小学館、二〇一五年）
同　　『北条氏政〈ミネルヴァ日本評伝選179〉』（ミネルヴァ書房、二〇一八年）
同　　『戦国関東覇権史　北条氏康の家臣団〈角川ソフィア文庫〉』（KADOKAWA、二〇二一年）
同　　『増補改訂 戦国北条家一族事典』（戎光祥出版、二〇二三年）
平山　優『武田氏滅亡〈角川選書580〉』（KADOKAWA、二〇一七年）
細田大樹「越相同盟交渉における房総里見氏」（『里見氏研究』二号、二〇二三年）
前嶋敏・村井祐樹・福原圭一「山形県南陽市御殿守所蔵文書」（『新潟県立歴史博物館研究紀要』二一号、二〇二〇年）

Ⅳ 上条政繁・畠山義春（義明）

田嶋悠佑

はじめに

上条政繁と畠山義春は、能登畠山家出身で、上杉一門となりながらも出奔して豊臣家家臣となった異色の経歴を持つ。

上条政繁については、『上越市史』で史料が紹介され、それを主とした研究も行われている。上条政繁について注目すべき研究を挙げていくと、まずあげられるのが今福匡氏の研究である（今福二〇〇〇）。今福氏は永禄年間にみられる「上条入道」という人物に注目し、生没年の関係から上条政繁と畠山義春の関係を整理し、政繁は天正十四年（一五八六）以前に没したなどとして、両人が別人であるという説を提起した。なお、今福氏は、後に天正十四年以降の史料も踏まえて再論を行っている（今福二〇〇八）。

片桐昭彦氏は、天正十年頃の上杉景勝と上条政繁との書状のやり取りを分析し、政繁が景勝から厚礼をもって遇されていたことを明らかにした（片桐二〇〇一）。また、片桐氏は『外姻譜略』の記載に同時代史料と合致する点があるとして、上条政繁と畠山義春を別人として扱っていることを指摘し、政繁と義春の養子入りの時期など上条政繁と畠山義春の関係性を整理した（片桐二〇一七）。

その後に出された志村平治氏の研究は、上条政繁の生涯に関する史料を同時代史料と編纂史料で網羅的に追ったものである（志村二〇一七）。志村氏の研究は、諸説が整理されず載せられている点など、検討が不十分な点もあるが、上杉家出奔後の史料を収録したり、編纂史料を収録することで諸説の出典が把握できたりと、上条政繁を研究するうえでの基礎的な研究環境を整えるものだった。

そのほか、能登畠山家の研究から言及されるものもある。特筆されるのは、『七尾市史』の記述である（七尾市史編纂専門委員会編一九七四）。同書では、能登畠山家の菩提寺である大徳寺興臨院に畠山家関連史料があることを指摘し、その中で畠山義春に相当する人物が「義明」と書かれていることについて言及した。『七尾市史』では興臨院所蔵史料の活字化は行われなかったが、田中政行氏がその一部を紹介している（田中一九七八）。『七尾市史』などの成果は『新修七尾市史』通史編一に継承され、能登畠山一門の人物比定に利用されている。

このように、上条政繁と畠山義春の研究は着実に積み重ねられているが、上杉家臣時代の研究が主となっており、上杉家出奔後の研究や畠山義春の研究については十分集積されていない点が課題である。『上越市史』が収録する以降の時代に関する史料がまとめられていない点が原因としてあり、現在も史料的な制約があるが、可能な限りその事績を記していきたい（以下、『上越市史』別編一・二所収の文書については多数引用するので、「上越〇〇」と文書番号を表記する）。

一、謙信との関係と謎が多い出自

上条政繁の出自について、『寛永諸家系図伝』や『寛政重修諸家譜』などでは能登畠山義続の息子で、畠山家を継ぐ「義則」の弟としている。また別名を「義春」とし『寛政重修諸家譜』では寛永二十年（一六四三）に九十九歳で没したとしている。これらの記述は通説化されてきたが、『覚上公御書集』など古い時代の編纂史料では政繁と義春を別人として扱う記述があることや、同時代史料との矛盾から、先述した今福氏や片桐氏による政繁と「義春」は別人であるという説が有力である。現在も議論が行われているが、筆者は先行研究や後述する史料検討から、上条政繁と「義春」は別人と考える。また、「義春」という実名は同時代史料では確認できない。確認できるのは「義明」の名で、大徳寺一五二世の藍渓宗瑛の作品集「綱宗禅師語録」にみえる。

【史料1】「畠山氏入庵寿影賛　寛永廿癸未」（「綱宗禅師語録」、細合喝堂ほか編『大徳寺禅語録集成』四巻、法蔵館、一九八九年）

　畠山氏入庵寿影賛　寛永廿癸未
元是登州海市翁寿容図就顕全功、丹青高出老彭上、
永保慈顔等太空、
能州太守畠山氏後裔源義明興松院殿入庵
宗波大居士遐齢九十五、而自命画工、模写寿
影、就于山野見需賛詞不獲拒辞、書次塞請而已、

入庵が寿影（生前に描く自画像）を作製するにあたり、高僧である宗瑛に賛を依頼したものである。史料中に「能州太守畠山氏後裔源義明」とみえ、また寛永二十年（一六四三）に九十五歳という年齢（逆算すると、生年は天文十八年〈一五四九〉）が書かれている。「綱宗禅師語録」所収の文は、立花宗茂の肖像画など使用例が確認できるので、現時点では系図類に比べ、信憑性が高い史料と考える。そのため、本稿では以下、「畠山義春」の呼称は用いず、「畠

山義明」を用いることとする（後述するように、義明は別名を称していた時期がある可能性が高いが、便宜上本稿を通して「義明」の名を用いる）。

政繁と義明に関しては、同時代史料で出自を確認しがたいことが混乱を招く要因の一つになっている。両者が別人であるという説に立場では、上条政繁の出自は畠山家一門出身かどうかが一つの論点である。

たとえば、永禄年間に畠山家から上杉家への人質として存在した「宮王丸」（年未詳六月十一日畠山悳祐（義続）書状、「上杉家文書」上越一四三〇号）を政繁に比定する説がある（七尾市二〇一一）。この点については、史料が少なく現状では断定しがたい。ただ、後述するように七尾城攻めにおける政繁の動向や、義明との関係を考えれば畠山家一門である可能性が極めて高いといえる。『寛政重修諸家譜』によれば、政繁は天文二十二年（一五五三）に畠山家から越後へ証人として送られ、弘治二年（一五五六）に上杉謙信の養子となった。ついで、上条家に養子入りしたとされる。政繁はその後、永禄四年（一五六一）の川中島合戦や永禄十一年の本庄繁長攻めにも参加したとされている。

上条政繁について、同時代史料によれば、同じ仮名を称した「弥五郎」の名乗りから少なくとも上条定憲の系統を継承したことが確認できる（黒田二〇二三）。

活動については、元亀四年（一五七三）四月二十日の上杉謙信書状写（「謙信公御書三」、上越一一四九）で、武田信玄に備え信濃方面に着陣している武将の中に「上条弥五郎」としてみえるのが政繁の同時代史料における確実な初見である。その後、政繁は上野への出兵（（天正二年）八月三日付上杉謙信書状写、歴代古案一、上越一二一二）や天正五年（一五七七）の能登出兵に従軍した（（天正五年）九月十五日付上杉謙信書状、「信玄公宝物館所蔵文書」、上越一三四七）。とくに能登出兵では、政繁の実家である畠山家の七尾城攻めも行われ、落城に至っている。

この七尾城攻めを含む能登畠山家領攻略について、畠山家出身である上条政繁の能登復帰を名目に掲げたとする説がある（上越市史編さん委員会二〇〇四など）。同時代史料に名目を明記したものはないが、七尾城攻略後に政繁は七尾城主や城領支配の担当にはなっておらず、さらに政繁が能登の武士たちと勝手に接触せず、謙信や七尾城に入った鯵坂長実の指示を受けるよう命じられていること（「謙信公御書集一四」、上越一三五八）が注目される。こうした政繁の扱いを考えると、やはり畠山家出身という身分に権威があると謙信が考え、戦いが終わると独自の勢力を形成することを警戒し、先のような行動制限がかけられたのだろう。

近年では謙信の七尾城攻めの直接のきっかけとして、親上杉家だった遊佐続光が死去し、長家の勢力が強まったことを指摘する説もある（川名二〇二二）。遊佐続光の子である盛光は上杉家の七尾城攻めに協力して、戦後に鯵坂長実とともに七尾城将として活動している。謙信は畠山家の権威の利用と、遊佐家など実権を持つ反長家の武将を取り込むことの両面作戦をとったのだろう。ただ、結果的に政繁を全面的に利用するまでもなく能登攻略が成功し、畠山家後継者を積極的に利用しないかたちでの能登支配へとつながっていったのだろう。

さて、七尾城攻めの際の謙信書状（前掲上越一三四七）に「畠山次郎方をハ上条五郎以好引取、旗本ニ差置」とあり、政繁の「好」＝血縁がある「畠山次郎」を謙信が旗本として引き取ったとある。この「畠山次郎」について、【史料1】の年齢に基づけば、この年に義明は二十九歳であり、元服後で仮名を称していてもおかしくない。義明と「畠山次郎」は、同一人物である可能性が高い。上杉景勝の姉（仙洞院）を妻に迎えたとされること（片桐二〇一七）とも合致するといえる。次郎は、政繁の弟（畠山義続の子）にあたると思われる。

なお、天正五年に比定される十二月十八日の謙信書状では「畠山義隆御台・息一人有之而候ツル（中略）息をハ身之養子置」（「新編会津風土記巻五」、上越一三六八）と謙信の養子に迎え入れられている畠山義隆（義続の孫）の「息」

がいる。この「息」と「畠山次郎」＝義明との関係については、謙信が畠山次郎は旗本にするといっているのに義隆息子は養子にすると言っている点が異なる。また、義隆息子は実名を持たないような若年であるとも考えられ、畠山次郎と義隆息子は、別人と考えた方が良いように思われる。畠山義隆の息子は、その後活躍することなく没するなどして歴史上から姿を消したと考えられる。

なお、天正三年には上杉家軍役帳（「上杉家文書」、上越一二四六）で、政繁の軍勢は鑓六十三丁、手明（徒歩で甲冑、刀などで武装）が十五人、鉄砲二丁、大小旗六本、馬上十騎と定められていた。なお、上杉一門で最も軍役の多い上杉景勝は、鑓二百五十丁、手明が四十人、鉄砲二十丁、大小旗二十五本、馬上四十騎であり、政繁に比べるとはるかに重い軍役を務めていた。

このように、上杉謙信生前の上条政繁は畠山家一門という出自が利用されることもあったが、あまり目立った活躍のない存在であったといえる。

二、御館の乱と織田家との戦いでの活躍

天正六年（一五七八）三月に上杉謙信が急死すると、上杉家は謙信の養子である上杉景勝と上杉景虎の二派に分かれて争った。この「御館の乱」以降において、政繁は目覚ましい活躍をみせるようになった。

政繁は、三月には景勝へ起請文を提出したようで、その案文が残されている（「伊佐早謙採集文書一六」、上越一四八四）。隠密の事を「たいはう」、すなわち「大方」＝景勝母の仙洞院にも言わないという内容であるという指摘がある（今福二〇一一）。仙洞院は景勝の母であるが、上杉景虎妻の母でもあったので景虎方への情報漏えいを恐

れたのだろう。御館の乱をめぐっては、その初期に不穏な行動を取った神余親綱の処遇をめぐって、上杉憲政らによる赦免仲介が行われたが、景勝によって破綻させられたことが乱の契機ではないかという説（今福二〇一一、平山二〇一七）がある。ただ、たとえば上杉憲政らが親綱の赦免仲介をしたという史料は現時点では見出せない。近年には、やはり上杉家の家督争いを重視すべきという指摘も出されている（前嶋二〇二三）。天正六年三月の上条政繁の起請文は、上杉家内における情報遮断を図っていることから、同家内における派閥争いが始まったことを示しているように思われる。

もっとも、今福氏が指摘しているように他に起請文の現存例は知られず、散逸したものを含め、景勝がどのくらいの数量の起請文提出を求めたかはわからない。ただ、この政繁の起請文の存在は、御館の乱の要因についてさらなる検討の必要性を投げかけているといえる。ともかくも、この起請文によって上条政繁は景勝派であることを表明し、御館の乱において一貫した立場で戦った。

五月に入ると景勝と景虎との間で戦闘が始まった。政繁は前線に出ることはなかったようだが、政繁ら家臣団が対処に苦慮したのが武田勝頼の越後進軍だった。勝頼は同盟関係にある北条氏政の要請で上杉景虎支援を名目に越後へ進軍しており、上杉景勝一派は危機に陥った。上条政繁ら景勝派の家臣団は武田家と交渉し（「杉原謙氏所蔵文書」、上越一五二七）、武田家が景勝と景虎の和睦を仲介するというかたちで決着をみた。

しかし、景勝と景虎の和睦はほどなく破れ、翌天正七年には冬季による交通の遮断もあって景虎派は追い詰められた。三月一日に政繁は青海川図書助の活躍を称し、景虎の拠点である御館（新潟県上越市）がまもなく落去するであろうと伝えた（「歴代古案一三」、上越一七八三）。実際に三月十七日に御館は陥落し、同月二十四日に景虎は自刃した。政繁はこの間、天正六年十二月から翌七年年頭にかけて河田長親が糸魚川に着陣するのに合わせて、景虎方を攻撃する相談をするため派遣されているが（「上杉定勝古案集」、上越一七三二および、景勝公御書九、上越一七三五）、他の動向はよくわからない。天正七年五月二十四日に政繁から飯田右衛門尉への返書（「伊佐早謙採集文書六」、上越一八三二）で「こちらが本意に属した（景勝が勝利した）」「諸口が静謐となったので安心するように」と伝え、喜びを表している。

政繁はこのころ入道して「宜順」を称している。この法名は、上杉景勝への敵意がないことを示すという説があるが（志村二〇一七）、史料上明らかではない。

上杉景虎を討ち果たした喜びも束の間、上杉家の内紛をついて西から織田信長の圧力が強まり、政繁もまた対応に追われた。天正八年四月三日に政繁は須田満親と竹俣慶綱とともに越中国新川郡内に禁制を発しており（「飯原文書」、上越一九四二）、上杉家の越中支配に関わっていることがわかる。

天正九年四月には佐々成政、神保長住不在をついて上杉方が小出城を攻めたことについて、織田家家臣菅屋長頼から須田満親らとともに政繁が非難されている（「庄司文書」、上越二一一八）。政繁らが菅屋長頼と上杉・織田両家間の和睦交渉をしていたという指摘があり（平山二〇一七）、織田家からも政繁が越中支配の担当者と認識されていたことがわかる。

織田家との最前線である松倉城（富山県魚津市）に配置されていた河田長親が三月に没すると上杉景勝は四月八日に吉江宗信、中条景泰らに松倉への配置を命じた（「歴代古案一」、上越二一一三）。さらに、上条政繁も越中へ派遣され、五月二十日に松倉城に入った（「上杉家文書」、上越二一一九）。しかし、七月には病を得て同城を去ったようである（「上杉家文書」、上越二一六二）。

政繁は春日山に戻り、景勝の側にあって越中方面の指揮にあたった。天正九年四月に織田方との和睦交渉が破綻し、上杉勢は増山城（富山県砺波市）や木舟城（同高岡市）など越中西部の拠点を次々に失った。九月に入ると佐々成政ら織田勢の動きが越中東部に向けて活発になり、景勝の出馬を求める書状が度々到来していた（「歴代古案八」、上越二一八八）。六月には越後国内で新発田重家が織田方に通じて離反し、事態が逼迫する中で越中方面へ景勝が出馬することはなかった。なお、天正十年に上条政繁から新発田重家へ和睦を持ちかけているが、失敗している（「上杉家文書」、上越二二九〇、同二二九一）

天正十年は政繁にとって激動の一年であった。年が明けても越中方面は厳しい状況が続き、景勝への出馬要請が続いていた。加えて、一月に木曽義昌が織田家と通じて武田家を離反し、信濃方面も風雲急を告げていた。

こうした状況を受け、武田勝頼は上杉景勝へ援軍を求めた。この援軍に選ばれたのが上条政繁だった。しかし、政繁は越中方面の対応が重要と考えており、三月一日には直江兼続を通じて景勝に不服の意を伝えている（「伊佐早謙採集文書一三」、上越二二九四）。同時期に出されたと思われる年月日欠の上杉景勝書状では政繁に対し、斎藤朝信が病と称するなどして信濃行の準備が行われていないこと、朝信が行けないなら竹俣ら四将を先行させることなどを伝えている（「上杉文書」、上越二三〇七）。斎藤朝信らが信濃行について抵抗したように、政繁も信濃行は乗り気ではなかった。竹俣らを長沼城（長野市）へ先行させたものの、政繁自身は信越国境に留まっていた。この間に武田勝頼は新府城（山梨県韮崎市）を放棄し、十一日に自刃した。そうした情報をどこまで知っていたかわからないが、十三日になるとようやく政繁は長沼城に入った（「景勝公御書八」、上越二三〇六）。

上条政繁は長沼に在城しながら、四月に入ると上杉景勝・直江兼続と新発田、越中、信濃各方面の処置について意見を交している（「上杉家文書」、上越二三二五など）。四月三日以降に出された年月日欠上杉景勝書状では政繁の意見を受けて信州方面の新城普請と長沼城物主（指揮官）の決定を至急行うことを伝えている（「上杉家文書」、上越二三二六）。追い詰められていた景勝が政繁を信頼し、頼みにしていたことを窺わせる。十一日までに早速新城普請が行われ、堀江某と宝蔵院・芋川親正が配置された（「庄司文書」、上越二七二二）。

信濃方面の防備を固めた景勝は越中方面に増員をすべく、四月十三日に斎藤朝信と「上条五郎」を派遣することを表明している（「越後文書宝簡集」、上越二三四八）。この「五郎」は、俗名であることから義明と考えられる。具体的な時期は不明だが、入道して後継者もいない上条政繁の養子に、畠山家一門のつながりで義明が入り、上条家代々の仮名「弥五郎」を称していたと考えられる。

では、政繁はどうしていたか。史料上確認できないが、信濃方面に残された可能性が高いのではないかと考えられる。

越中の上杉方拠点である魚津城（富山県魚津市）は織田勢に包囲されており、五月中旬には上杉景勝も魚津城近くの天神山に着陣していた（「景勝公御書九」、上越二三八〇）。他方、信濃から上杉領をうかがっていた森長可勢は、同時期に越後方面へ進軍を開始した。戦闘の記録が見られないことから、政繁ら上杉勢は、ほとんど戦わず長沼城などを放棄し、越後に撤退していったと思われる。

三、越中・関東・信濃経略にかかわる

森長可勢の動きを受け、上杉景勝は越中から越後に戻り、天正十年（一五八二）六月三日には魚津城が陥落した。上杉家は絶体絶命の危機に陥った。しかし、織田軍は撤退を始め、追って上杉家には明智光秀によって織田信長が討たれたことが伝わってきた。六月十六日には春日山に戻っていたと思われる上条政繁から唐人親広に書状が出さ

れ、信長切腹の情報を伝えたことと、越中の安城を攻略したことへの礼が述べられている（「川辺氏旧記二」、上越二四〇八）。

上杉景勝は織田家の混乱に乗じて、信濃と越中への反転攻勢を開始し、景勝自身は信濃へ出馬した。

上条政繁と畠山義明は、能登畠山家ゆかりの人物といったこともあってか、越中・能登方面の攻略にあたった。景勝は七月七日に嶋倉吉三に対し、能登の領地宛行を約し、上条五郎＝義明に従って奉公すべきことを指示した（「景勝公御書二」、上越二四四九）。また、政繁は七月八日に能登の武士村田忠衛門尉に本意＝前田利家の討伐がなされたら領地を宛がうことを約した（「伊佐早謙採集文書一七」、上越二四五一）。信濃方面の仕置を成した景勝が、八月に新発田攻めに向かうと政繁も同道したようである。八月二十一日には越中で戦う唐人親広に、新発田攻めが順調で重家の滅亡も程ないと伝え、新発田の仕置が済んだら越中方面へも急ぎ反転して出兵することを伝えた（「川辺氏旧記二」、上越二五四一）。

天正十一年頃、上条政繁は直江兼続とともに上杉家の「出頭（人）」と捉えられており（「顕如上人貝塚御座所日記」、上松寅三編『石山本願寺日記』下巻、清文堂出版、一九六六年）、本願寺教如などとの交渉を担当していたことが確認できる。十一月には元室町幕府将軍の足利義昭から、上杉景勝と柴田勝家との和睦が政繁へ持ちかけられている（「斎藤文書」、上越二六〇四）。政繁は上杉家一門であり、かつ能登畠山家出身でもあるという家柄から、対外的な交渉役としてその役割を期待されていたようである。

能登畠山家出身という地位を活かし、越中・能登方面の攻略にあたっていた政繁だが、その成果ははかばかしいものではなかった。越中東部の魚津城は取り戻していたものの、佐々成政の抵抗は頑強で越中西部や、さらにその先の能登の回復は見込むべくもなかった。

年が明けて天正十一年二月には、魚津城が佐々勢から攻撃を受け政繁らが援軍に向かった（「景勝公諸士来書一九」、上越二六五九）。その最中、佐々成政は軍勢を割いて越後国内の落水まで侵攻し、新たに築城まで行った（「照顕寺文書」、上越二七九三）。政繁は対抗すべく、船で鉄砲と玉薬を魚津へ運ぼうとした（「上杉家文書」、上越二六六八）。しかし、船が集められず（「景勝公御書七」、上越二六九九）、支援が実現することはなかった。結局、魚津城は四月三日までに佐々勢へ明け渡され（「温故足徴一」、上越二七一九）、上杉家は越中支配を失うこととなった。

時を同じくして、上条政繁のもとには上野国厩橋城主の北条芳林から上野国の沼田（群馬県沼田市）へ出馬し、自身を支援するよう依頼が来ていた（「北条文書」、上越二六九一）。北条芳林はもともと上杉家家臣だったが、北条家や武田家など帰属を変えていた。

政繁は、上杉家家臣の藤田信吉とともに芳林を支援すべく関東方面の経略にあたったとみられる。六月頃には芳林の協力を得て沼田城を守る真田家家臣の矢沢綱頼を上杉家へ帰属させることに成功したが（「真武内伝追加全」、上越二八一七）、多方面に敵を抱える上杉家は関東へ兵を割くことは難しく、九月には芳林が北条氏直の一族氏邦に攻められて降伏してしまった。

考えてみると、政繁の関東方面への配置は唐突な感もある。天正十一年四月の賤ヶ岳の戦いで、上杉景勝は羽柴秀吉に越中出兵を依頼されたが行っておらず、越中方面の攻略に消極的になっていたようである（田中二〇二一など）。史料上はっきりしないが、景勝は越中・能登にこだわる政繁を外し、関東方面へ配属した可能性も考えられる。

政繁は詳しい時期不明だが、春日山に戻り公事沙汰（裁判）に携わっていたらしい（「上杉家文書」、上越二八七六）。越中や関東経略から外れていた時期なので、天正十一年の十月以降の可能性がある。その際、政繁は景勝に直江兼続を自身への協力のため派遣するよう頼んだが、兼続は忙しく、いちいち派遣できないと断られた。政繁はなお食い下がったようだが、政繁養子の義明が説得して解決したことを、景勝が褒めている書状が残っている（「上杉家文書」、上越二八七七）。

織田信長の自刃による混乱という好機において、上条政繁は越中・能登経略に成果を残せず、関東経略も沼田の確保を果たしたものの北条芳林を引き留めるには至らなかった。失態が続いた政繁であったが、上杉景勝は政繁を重用し続けた。天正十一年十二月には景勝が羽柴秀吉と結ぶにあたり、政繁は自身の養子義明の子（のちの義真）を証人として提出することを景勝に対し、承諾した（「上杉家文書」、上越二八七三）。景勝にはまだ子がなく、上杉一門である政繁の血縁者によって代えることにしたのであった。翌天正十二年六月十一日には景勝が証人を提出したことを賞して、軍役を免除することを伝えている（「本間美術館所蔵文書」、上越二九四六）。

天正十二年三月、信濃の情勢は不穏になりつつあった。徳川方の小笠原貞慶が青柳城（長野県筑北村）など、筑摩郡北部の城を攻撃し始めたのである。上条政繁は青柳城に籠もる大日方佐渡守と交信しており（「大日方文書」、上越二八九九）、信濃情勢にも関与していたようである。

四月に入ると、信濃の上杉方勢力で海津城（長野市）に入っていた屋代秀正が徳川方に通じて出奔した。上杉家内では、屋代秀正の出奔に関し、当時海津城代だった村上景国の仕置が悪いことが問題視された（平山二〇一一）。景国は海津城代を解任され、新たに任じられたのが信濃情勢にも関与し始めていた政繁だった。

天正十二年五月に、上条政繁は海津城に入城した。政繁は村上景国に従っていた海津城の軍勢を追い出し、二人を殺害した（「神奈川県立公文書館所蔵文書」、上越二九三四）。屋代秀正出奔問題が尾を引き、政繁は海津城にいる徳川家の内通者をあぶりだすため厳しい対応をとったのだろう。

当時の信濃北部では、上田城（長野県上田市）の真田昌幸や松本城（同松本市）の小笠原貞慶が徳川家康に味方し、海津城の上杉勢と対峙していた。ただ、天正十二年三月から十一月まで、東海地方では羽柴秀吉と織田信雄・徳川家康が争っていたこともあってか、政繁が着任してから信濃では大規模な衝突は起こらなかった。徳川勢との戦闘に備え、天正十二年八月一日に上杉景勝は綱島豊後守へ政繁の指揮の下で城普請をするよう命じている（「上杉定勝古案集」、上越二九七九）。九月には景勝から井上源六郎へ政繁に従って出陣することが命じられ（「景勝公御書七」、上越二九六〇）、十一月には景勝から飯山城（同飯山市）の城将岩井信能に政繁の指揮下で働くことが命じられている（「歴代古案一三」、上越二九九二）。このように上条政繁は飯山城将なども指揮下に入れた信濃の上杉勢の総指揮官としての役割を持っていた。

信濃では大規模な戦闘は起こらなかったものの、水面下では上杉家と徳川家の間で武将たちを味方に引き入れるための調略が行われていたらしい。天正十三年五月、福島城（長野県木曽町）の城将須田信正が上条政繁の手によって殺害された（「本間美術館所蔵文書」、上越三〇二七）。信正が徳川方の真田昌幸に通じたことが原因と考えられている（平山二〇一一）。信正を徳川家へ逃げ込ませず、殺害することに成功したのは政繁の功績のように思われる。しかし、政繁は翌六月に突如として海津城代を解任された。後任には須田満親が着任し、七月には真田昌幸が上杉景勝に通じているが、真田家と対峙してきた政繁を外すことで真田家と交渉を進めるということが背景にあったと考えられている（平山二〇一一）。

上杉景勝にとっては、信濃経略を進めるうえで必要な措置をとったに過ぎないと考えられる。ただ、上条政繁にとっては越中、関東、信濃と立て続けに城代などを解任され面目を失っていた。政繁が海津城代を解任された後に、何らかの役職を与えられていたのかはわからない。

御館の乱後、景勝の下では直江兼続と狩野秀治が台頭し、羽柴秀吉との交渉などを担当するようになった。天正十二年に秀治が没すると、兼続が内政と対外交渉を掌握した。上条政繁は天正十年前後の危機には兼続と協力していたが、天正十三年段階では、兼続の権力は政繁が干渉できないほど強化されており、他方、政繁の地位は相対的に低下していた。こうした状況が、政繁を追い詰め、思い切った決断を取らせる要因になったのではないかと思われる。

四、上杉家出奔と羽柴家への仕官

上条政繁は、天正十四年（一五八六）に突如として上杉家から羽柴秀吉のもとへ出奔した。政繁が出奔したのは、全国政権（豊臣政権）を確立しつつあった羽柴秀吉のもとに、上杉景勝が臣従するため上洛している最中であった。この出奔について、同時代史料で原因や過程を記すものは残念ながら残っていない。後世の編纂史料では政繁と上杉景勝が不和になった（『寛永諸家系図伝』）、政繁が直江兼続の讒言を受けて失脚した（『寛政重修諸家譜』）とするものや、より具体的に、政繁が春日山城中に捕らえられて、そこから何とか脱出して大坂に至ったとするもの（「畠山入庵考」、鴨川達夫ほか編「北方文化博物館所蔵『越佐史料稿本』（天正十四・十五年）」『新潟県立歴史博物館研究紀要』一七号、二〇一六年）もある。

同時代史料で詳細は確認できないものの、いくつか関連する記録がある。

上杉景勝の上洛過程を記した記録「上杉景勝上洛日帳」（「上杉博物館所蔵文書」、上越三一〇六）には上条政繁が同道していることはみえないので、政繁が春日山に残っていた可能性は高い。

政繁の出奔を受けて、天正十四年七月十七日には上杉景勝が領内の「上条一跡」を村山慶綱にあてがっている（「景勝公御書九」、上越三一一五）。注目されるのは、それと同時に「河田摂津守跡」が小倉伊勢守に宛てがわれていることである（「景勝公御書七」、三一一四号）。河田摂津守は、「実親」と称した河田長親の一門とされる（米沢温故会編『上杉家御年譜』二巻景勝公（一）、一九八八年）。摂津守は天正十四年の上杉景勝上洛に同道しており、「上杉景勝上洛日帳」によると六月四日に敦賀で成敗（殺害）されている。河田の成敗と政繁の出奔が関係しているという説（上越市史編さん委員会二〇〇四）があり、景勝の上洛時期を狙って上杉家を出奔する動きが一挙に起こったようである。

また、上条政繁が出奔した先の秀吉、および豊臣政権内の反応も伝わっている。天正十四年九月二十二日の本願寺僧寺内素休の書状（「伊佐早文書」、上越三二四一）では、直江兼続に対し、政繁が上方に到着したが「此方之衆無御馳走」と世話をする者もいない状況を伝えている。また、同月二十五日の石田三成、増田長盛の書状では政繁が大坂にいることは秀吉に伝わっていること、政繁の出奔を秀吉は事前に知る由もなかったが、秀吉のもとにやってきた者を「曲事」というのも如何と考えており困っていること、ただし、政繁を許すことはないだろうことなどを伝えている（「杉原謙氏所蔵文書」、上越三二四四）。後述するように、秀吉から政繁への領地宛行は出奔の一年後と期間が開いており、秀吉たちとしても政繁出奔と大坂への到着は予想外の事態で当惑していたのではないかと考えられる。同時代史料を踏まえて考えると、上条政繁の出奔は上杉家内での権力闘争に敗れた政繁が、秀吉らと事前連絡なく行ったものとみてよいだろう。

このように、秀吉側としては、友好関係にある上杉家との間に亀裂を生みかねない上条政繁は厄介な存在で、政繁への対応は冷ややかなものとなった。

天正十五年以降、秀吉から上条家に対し知行宛行状が発給されており、以後の上条家の動向を知るのに重要である。これらの原史料は所在不明だが、江戸時代に「記録御用所本古文書」として写されたものが知られ、政繁の後継者である旗本畠山家がまとめて所持していたものである。

【史料2】（「記録御用所本古文書一」、上越三一九一）

畠山民部少輔義春拝領同織部書上

太閤秀吉判物

河内国高安郡内津田

新八郎分津田村、尊念寺、

保谷五百石之事、宛行

訖、全可知行候也

天正十五

十月二日　朱印

上条入道とのへ

【史料3】（「記録御用所本古文書一」、上越三三九二）

摂津国原田村三百石

之事、令扶助之訖

全可領知者也

天正十八

九月廿五日　朱印

上条民部少輔とのへ

【史料4】（「記録御用所本古文書一」、上越三五七三）

河内国交野郡私部村
内七百石之事為加増
令扶助之訖、本知八百石
合千五百石之事、全可領知也
文禄二
十一月三日　御朱印
上杉民部少輔とのへ

【史料2】によれば、天正十五年十月に、秀吉は河内国内の津田村・尊念寺・保谷（尊延寺・穂谷。いずれも大阪府枚方市）で五百石の知行を「上条入道」＝政繁に与えた。同年十一月には上杉家から大国実頼が豊臣政権へ新たな証人として差し出されており（「上杉家文書」、上越三二〇二）、上杉家とも一応の決着をみたようである。出奔事件から相当の期間を経ていることは、豊臣政権側の苦慮をうかがわせる。ここに上条政繁は正式に秀吉家臣とされ、豊臣政権の中に位置づけられたのだが、その後の政繁の動向については考えるべき点が多い。

【史料3】では羽柴秀吉は天正十八年九月に「上条民部少輔」に摂津国原田村（大阪府豊中市）三百石を、【史料4】では文禄二年（一五九三）十一月に本知八百石に加えて「上杉民部少輔」へ加増として河内国私部村（大阪府交野市）七百石をそれぞれ与えている。

【史料3】と【史料4】にみえる「上条（上杉）民部少輔」が何者なのか、たとえば【史料2】の「上条入道」＝政繁と同一人物なのかが問題になるところである。この点については、すでに今福匡氏が指摘している通り、【史料4】の本知八百石は【史料2】と【史料3】にみえる知行を足した値であり、上条入道の知行を上条民部少輔が継承したとみるべきだろう（今福二〇〇八）。「上条入道」に相当するのは政繁で、「上条民部少輔」に相当するのは畠山義明と考えられる。義明も政繁とともに上杉家を離れ、秀吉家臣となったのである。政繁は知行を失ったことになるが、これは隠居したためか、死亡したためかははっきりしない。いずれにせよ政繁の活動は、この後追うことができなくなる。

なお、秀吉への証人となった義真も、上杉家を離れたと思われる。ほかの家族については、文禄期に上杉家家臣として「上条様」がみえるので（「文禄三年定納員数目録」、矢田俊文編『上杉氏分限帳』高志書院、二〇〇八年）残った者もいたようである。「上条様」は同時代史料で確認できないが、志村平治氏などが指摘するように『寛政重修諸家譜』などにみえる義明の長男「景広」と考える（志村二〇一七）。義明の次男源四郎については、後述するように、元和年間に義明・義真と交流を持っていたので、義明たちと行動を同じくしていた可能性がある。

五、畠山義明・義真による家の再興

上条政繁が史料上から姿を消すのに代わり、天正十八年（一五九〇）から上条民部少輔＝畠山義明の活動がみられるようになる。しかしながら、同時期の義明に関する記録は非常に乏しい。先の知行宛行状二通のほかには、慶長期に片桐且元から知行所の原田村がかかわった千里山（大阪府豊中市）の山論について伝える書状が現在確認できるのみである（年未詳九月十九日片桐市正書状写「野口文書」、豊中市編纂委員会編『豊中市史』史料編三、一九六二年）。

畠山義明の活動が記録に残らないのは、義明自身に文武ともに特段の功績がなかったことを考えることができる。

ただ、そうした状況に置かれたことについては、義明が置かれた環境も考えなければならないだろう。豊臣政権下において、上杉景勝は比較的古くからの同盟者として軍事的に重要な位置を占め、のちに中央政治にも関わった。史料がないため想像の域を出ないが、景勝が健在である以上、景勝と不仲である上条（畠山）家の立場は弱く、活躍の機会が限られていたこともあったのではないかと考えられる。

畠山義明の立場が変化するきっかけとなったのは、慶長五年（一六〇〇）から同六年の慶長庚子争乱（関ヶ原合戦）で上杉景勝が敗北したことであると考えられる。

『寛永諸家系図伝』によれば、義明は徳川家康に従って進軍したとされるが、同時代史料では明らかではない。編纂史料に基づいたものとして、義明が石田三成と直江兼続の事前通謀に加わり、能登で西軍（毛利輝元、石田三成）方の工作をしたという説（「続武者物語」、志村二〇一七）がある。これについては、石田・直江の事前通謀を示す史料が偽文書であること（渡辺一九四六）や義明と上杉景勝との対立関係が解消していないことがあり、明確な誤りと考えられる。

上杉景勝が敗れ、徳川家康が江戸幕府を開いたことによって、上条（畠山）家をめぐる政治的環境は変化していったと想像されるが、具体的な動向が確認できるまでにはさらに時間を要する。

慶長十七年、朝廷から正式に官位を受けた人物の中に「畠山長昭」がいる。彼は「長門守」に任じられており、義明の嫡男で、後の畠山義真であると考えられる（「柳原家記録」、木下二〇一七）。

この記録は、義明の一族が畠山に改姓していることを示す最古の同時代史料である。時期は不明だが、これ以前に改姓が行われていたのである。畠山義真が当初「長昭」を称したのも興味深い。「長」は上杉謙信が家臣へ偏諱として与えていた字で（上越市史編さん委員会編二〇〇四）、義真の兄弟である源四郎「長員」の一門も用いており（年未詳正月二十八日上杉長貞書状、「青蓮院文書」、東京大学史料編纂所写真帳6171.36-62-1。なお、源四郎自身が「長員」を名乗ったかどうかは、現時点では同時代史料で確認できない）、上条家という出自と関係すると思われるからである。義真がいつごろ「長昭」から改名したかは確定できない。父である義明も、実名は寛永年間の史料である【史料1】にみえるのみなので、それ以前に「長」を名乗っていた可能性もある。なお、朝廷からの任官は、政繁や義明ができなかったものであり、畠山家の復権を示すものといえる。

義明は元和三年（一六一七）に義真へ家督を譲り、同年に徳川秀忠から義真へ義明の旧領が与えられている（元和三年五月二十六日付徳川秀忠朱印状写「記録御用所本古文書一」、神崎彰利・下山治久編『記録御用所本古文書』上巻、東京堂出版、二〇〇〇年）。上条家は羽柴家の家臣として領知を与えられていたのだが、いつ徳川家に仕えたのかはわからない。慶長十九年の大坂の陣に豊臣方で参加している形跡がないので、それ以前には徳川家に仕えたのだろう。畠山家は徐々に復権を遂げていたものの、それには長い時間がかかり義明はすでにこの時六十歳近くになっていた。義明は、元和八年には妻にも先立たれていた（米沢林泉寺畠山家墓誌銘）。義明は、未来を義真に託したのである。

家督委譲後も、義明は後見役として活動した。上林三入宛畠山義真書状（波多野幸彦氏所蔵文書、東京大学史料編纂所写真帳6171.36-23-10）では、義真の兄である源四郎が昨年没したことなどを伝えている（『寛永諸家系図伝』では元和九年没とされる）。源四郎は徳川家から下総国などに領知を与えられ、旗本に取り立てられており、書状中では「跡式相替らず子共に仰せ付けられ候ふ」と、子息の長貞へ家督継承が行われる見込みだということも書かれている。

同書状では、加えて宇治茶師の上林家から買った茶の代金について、義真への年貢納入が滞っているため支払いができず、後で入庵（義明の法名）に連絡して支払ってもらうつもりであると伝えている。

金銭的な面で危うさも感じられる義真だが、非常に社交的でもあった。上林家とはその後も交流関係を続け、また、仙台藩伊達家や熊本藩細川家などとも交流を結んだ。寛永十年には三次藩主浅野長治に「上杉景虎家流之軍配」の免許などを授けている（『三次分家済美録』、広島県双三郡三次市史料総覧編修委員会編『広島県双三郡・三次市史料総覧別巻』、一九八〇年）。「上杉景虎」という名称がややこしいが、これは上杉謙信の軍学の免許を授けるという意味であり、謙信の名を借りつつ、義真は義明が立て直した畠山家の地位をさらに発展させることに成功したのである。

畠山家にとって残された最大の問題は、上杉家との和解であった。絶交は長年に及んでいたが、上条政繁と権力を争った直江兼続は元和五年に没した。上杉景勝も元和九年に没しており、定勝が家督を継いだ。畠山義明は上条政繁出奔事件の当事者の一人であったが、すでに隠居の身であった。世代交代が進み、和解の道は開けていたといえる。

寛永十九年（一六四二）、畠山義真と上杉定勝の間で和解が成立した。義真は和解について、「旧冬弾正様御対面に分別候て、御懇情の至り、数年念願相叶ひ大慶不過の段、御察し有るべく候ふ」と感動を書き残している（伊佐早謙採集文書八、東京大学史料編纂所所蔵文書 0071-31-8）。

おわりに

畠山義明は上杉家との和解を見届けるように、寛永二十年（一六四三）八月十四日に九十五歳で没した。法名は「興松院殿入庵宗波大居士」である。義明は、大徳寺の藍渓宗瑛に火葬の際の法語を依頼している（「綱宗禅師語録」所収「畠山入庵下炬寛永廿癸未八月十四日闍維於涅槃堂」）。義明は船岡山付近にあったと考えられる（高田一九九七）大徳寺の涅槃堂で荼毘に付された。宗瑛は義明を「風流太守、忠信諸侯、後生畏るべし。曽て龍蛇の陣を日域において決す、先考憩ふ所、緬かに海蜃楼を登州において看る」などと称えている。畠山家側から能登での戦功、おそらく天正五年の七尾城の戦いに加わった人物であると強調して書いてほしい、という依頼があったのではないかと考えられる。

「畠山義春」という人物がおり、謙信の養子となったという説は広く知られているが、この説の成り立ちには旗本畠山家の自己認識や謙信の軍学を授けるという家業との関係も考えられる。

義真の家系は江戸幕府の高家となり、幕府や上杉家を支えていくことになる。義明には義真のほか三人の男子がいたとされる。（『寛政重修諸家譜』）。また、諸家譜などにみえないが藍渓宗瑛の語録には彦根藩井伊家家臣木俣守安の妻となった義明の娘が登場する（「綱宗禅師語録」所収「畠山入庵息女地蔵尊画賛」）。

このように、上条政繁、畠山義明父子については基礎的事項もなお確定し難いことが多く、前述の通り一層の史料収集が必要である。史料を一つずつ確認し、検証していくことで、今後、彼らの活動が明らかになっていくことを期待したい。

〔参考文献〕

今福　匡「戦国期上条氏の実相」（『歴史研究』四六六号、二〇〇〇年）
同『直江兼続』（新人物往来社、二〇〇八年）
同『上杉景虎　謙信後継を狙った反主流派の盟主』（宮帯出版社、二〇一一年）
太田資宗ほか編『寛永諸家系図伝』（二巻、続群書類従完成会、一九八〇年）
片桐昭彦「上杉景勝と上条宜順」（『戦国史研究』四二号、二〇〇一年）
同「謙信の家族・一族と養子たち」（前嶋敏・福原圭一編『上杉謙信』、高志書院、二〇一七年）

川名　俊「能登畠山氏の権力編成と遊佐氏」（『市大日本史』二四号、二〇二一年）
木下　聡『豊臣期武家口宣案集』（東京堂出版、二〇一七年）
黒田基樹「長尾為景の研究」（同編著『長尾為景』戎光祥出版、二〇二三年）
志村平治『畠山入庵義春 上杉謙信の養子、上条政繁を名乗って活躍、のちに豊臣・徳川に仕え、復姓した畠山義春の生涯』（歴研、二〇一七年）
上越市史編さん委員会編『上越市史』（通史編二、二〇〇四年）
上越市史編さん委員会編『上越市史』（別編一、二〇〇三年）
上越市史編さん委員会編『上越市史』（別編二、二〇〇四年）
高田陽介「寺庵の葬送活動と大徳寺涅槃堂式目」（『東京大学日本史学研究室紀要』一号、一九九七年）
田中宏志「上杉景勝と豊臣政権」（渡邊大門『秀吉襲来』、東京堂出版、二〇二一年）
田中政行「畠山義続に関する二、三の問題（下）其ノ一」（『七尾の地方史』一四号、一九七八年）
七尾市史編纂専門委員会編『七尾市史』（一九七四年）
七尾市編『新修七尾市史』（一四巻、通史編一、二〇一一年）
平山　優『武田遺領をめぐる動乱と秀吉の野望 天正壬午の乱から小田原合戦まで』（戎光祥出版、二〇一一年）
同　『武田氏滅亡』（ＫＡＤＯＫＡＷＡ、二〇一七年）
堀田正敦ほか編『寛政重修諸家譜』（二巻、続群書類従完成会、一九六四年）
前嶋　敏「上杉景勝と越後・佐渡」（新潟県立歴史博物館編『上杉景勝とその生涯展』、二〇二三年）
米沢温故会編『上杉家御年譜』（四巻、一九八八年）
渡辺世祐「関ヶ原役前に於ける上杉氏の態度」（『日本中世史の研究』、六盟館、一九四六年、初出一九一一年）

V 山浦源五と山浦上杉家の系譜

片桐昭彦

はじめに

本稿では山浦上杉家と山浦源五について考える。山浦源五は、甲斐の武田晴信に逐われ越後の長尾景虎（上杉謙信）を頼った信濃埴科郡の戦国領主村上義清の子で、山浦上杉家の名跡を継いだ国清のこととされる。

山浦上杉家は、越後国守護上杉房方の弟憲重が阿賀野川北岸の蒲原郡白河荘山浦に入って始祖となり、次第にこの地域に勢力を広げ、府内に次ぐような政治的な中心にしたとされる（山田一九八七、田村二〇〇四①）。その後、房方の子七郎頼方が山浦上杉家を継ぐ。頼方は、応永二十九年（一四二二）十月、父房方の死後に守護を継いだばかりの長兄朝方が京都邸で死去したため、越後国の守護となった。しかし、越後国内では応永の大乱と呼ばれる、守護頼方と守護代長尾邦景との抗争が勃発し、山浦の笹岡城には守護方の上杉頼藤・長尾朝景らが入ったが、結果として同三十四年（一四二七）には守護代の邦景方が勝利し、幕府は越後守護を頼方から朝方の子幸龍丸（のち房朝）に替えた（山田一九八七、田村二〇〇四②・③など）。

その後の頼方については、文明九年（一四七七）に山内上杉家で作成されたとみられる「上杉系図大概」には「七郎頼方〈永享四壬子逝去〉、大江次男」と記され（片桐二〇〇七）、永享四年（一四三二）に死去したとされる。『続群書類従』所収「深谷上杉系図」にも「七郎、永享壬子年二月逝去」と永享四年二月に死去したと記される（巻第百五十四）。一方、同書所収の「上杉系図」・「上杉系図浅羽本」では「七郎、法名山浦、永享二年死」と永享二年に死去したとされ（巻第百五十三・百五十四）、系図「藤原姓上杉氏」（米沢温故会編『上杉家御年譜』二十三）や、一八世紀後半に成立したとみられる市立米沢図書館所蔵「上杉御系図」（笹生彦五郎相秀旧蔵本）にも永享二年死去と記される。しかし『満済准后日記』の永享四年三月十八日条には、上杉頼方が関東管領で頼方の実弟上杉憲実が幕府に懇請して赦免されたことが記されているので（『続群書類従』補遺一）、この時まで頼方が生存していたことは間違いない。この点で管見のかぎり上杉氏の系図・系譜類においては、ほぼ同時期に作成された「上杉系図大概」が信頼できそうである。

しかし「上杉系図大概」には頼方の子孫の記述はなく、その後、一六世紀半ばの上杉謙信の時期以降に山浦源五が登場するまで、山浦上杉家の動向や系譜についてはよくわかっていない。また、山浦源五については、上杉一門としての位置づけ（藤木一九六三、森田二〇〇四、矢田二〇〇五、片桐二〇〇四①・二〇一七①など）や、景勝期の信濃国海津城主としての動向や家中など（池上一九九八、矢田二〇〇四・二〇〇六、片桐二〇一七②など）については検討されてきたが、その前後の時期については未詳の点が多い。

これについては、近世前期の米沢上杉家において、山浦上杉家を継いだ山浦光則がキリシタンの科により処刑され、家が途絶えたことも大きく関係していると思われる。源五の後の山浦上杉家は一度絶えたとされるが、米沢の上杉定勝は、寛永十二年（一六三五）にキリシタンのため京都を逐われ、米沢に身を寄せた磯九兵衛を山浦市正光則（のち玄蕃）と名乗らせ山浦上杉家を再興した。しかし定勝の死後、承応二年（一六五三）、光則は幕府の命を受けた上杉綱勝によって処刑され、男子二人も出家させられたため、家は途絶えたとされる（藤田一九八三など）。光則については『定勝公御年譜』巻十二（米沢温故会編『上杉家御年譜』四定勝公）には四辻公遠の五男、すなわち定勝の生母桂岩院の実弟とするが、『外姻譜略』所収「四辻系図」（米沢温故会編『上杉家御年譜』二十三）では公遠の末子猪熊季光の子、すなわち桂岩院の甥としており両書で異なる。林大樹氏は、猪熊季光が実在しないことと猪熊事件で死罪となった猪熊教利との関係から記録の改竄等に言及している（林二〇一九）。いずれにしても定勝は数少ない血縁者の光則を上杉家一門山浦家の当主として引き立てたが、綱勝の代に山浦家は断絶し、文書等が残されることもなかったと思われる。

そこで本稿では、謙信期に山浦源五が登場するまでの山浦上杉家について、その系譜を中心に考察してみたい。

一、山浦源五登場以前の山浦上杉家

本節では、山浦源五登場以前の山浦上杉家について考える。当該時期の山浦上杉家に関する史料は少ない。山浦上杉家の祖は上杉房方の実弟、すなわち憲方の子憲重とされる。

【史料1】

安房守憲方、（中略）、御子男女五人、山浦京兆、在此中、典厩方先祖四郎憲重、左京亮是也、

【史料1】は「上杉系図大概」の上杉憲方の箇条抜粋である（片桐二〇〇七）。憲方の子憲重が山浦左京亮（四郎）であったことが明らかであり、憲重は「典厩方先祖」として認識されていたことがわかる。つまり「上杉系図大概」が記された文明九年（一四七七）当時、少なくとも山内上杉家では山浦上杉家の系統は「上杉典厩家」と見なされていたことになる。

【史料2】

寛正四年癸未御射山

（中略）

一、左頭、高梨政高、御符之礼五貫六百使曾次二郎、此年越後勢、高橋マテ打向、在々所々放火、依此御罰、大将馬頭、十二月十二日被打候、神慮難有候歟、高梨依大乱、頭役神長所立申被喰分二拾貫、頭役五拾七貫三百、御教書礼五貫六百、神鷹・神馬神長取候、

【史料3】

於上杉右馬頭信州討死之由被申上候、目出候、就之も可有御調義由被申候、尤候、兼日御談合事候間、弥不可有御油断候、恐々謹言、

十二月廿二日　　成氏

新田左京亮殿

【史料2】は「諏訪御符礼之古書」の寛正四年（一四六三）の御射山頭役を担った高梨政高についての記事であり（『信濃史料』第八巻四六一頁）、同年十二月十二日、越後の守護上杉房定の遣わした軍勢が、高梨氏領内の信濃国高井郡高橋まで侵攻し各所を放火したが、大将の「馬頭」を討ち取ったことがわかる。【史料3】は同年十二月二十二日付の古河公方足利成氏の書状の写しであり（正木文書『戦国遺文古河公方編』三二〇号）、【史料2】で討ち捕られた「馬頭」とは上杉右馬頭であること、そして当時、上杉房定と対立した成氏がこれを喜んだことがわかる。右馬頭を政高が討ち捕った事件（「被討捕上杉右典厩事」）は幕府でも問題となり、将軍義政の勘気をこうむった政高は幕府政所の伊勢貞親らに何度も詫言の取り成しを求める事態となった（片桐二〇〇四②など）。この時に討ち捕られた上杉

右馬頭はまさに典厩であり、すでに黒田基樹氏が指摘するように（黒田二〇一八）、憲重の系統を継ぐ当時の山浦上杉家の当主であったと考えてよいだろう。近世に成立した上杉系図によれば、憲重の子として『続群書類従』所収「上杉系図」・「深谷上杉系図」には「某六郎」と「某」の二人が記され、同浅羽本および系図「藤原姓上杉氏」には「某六郎」のみ記されるが、右馬頭との関係は未詳である。

重要な点は、寛正四年当時に山浦上杉氏が越後守護上杉房定のもと、すなわち本拠である白河庄山浦ではなく越後府中で活動していたと考えられることである。そして、「上杉系図大概」の記述によれば、寛正四年十二月に右馬頭が死去した後も、少なくとも文明九年（一四七七）頃までは山浦上杉家は右馬頭を名乗る家として継続したとみられる。

では、山浦上杉家は継続して本拠とされる白河庄山浦を知行していたのであろうか。白河庄については、領家の九条満家が有名無実と化していた得分を確保するため、文安二年（一四四五）十一月に上杉八条入道に領家職を預け、翌三年から越後守護上杉房朝の被官千坂対馬入道を代官に任じ段銭の徴収を命じた。しかし、文安五年に満家は房朝に緩怠の代官交代を求めるなど京済は進まなかったとみられ、宝徳四年（一四五二）には「纔か三千疋」の納入であった（田村二〇〇四①、杉山二〇二一など）。

【史料4】

納白川庄領家之事、

合八貫文者、山浦三分壱、

六町役、水原方　正物、

右、所納如件、

康正参年　　千坂与五郎
七月廿六日　　高信（花押）

【史料4】は、康正三年（一四五七）千坂高信が領家九条家に納める年貢八貫文を請け取ったことを証明した文書である（新潟県立歴史博物館所蔵「大見水原氏文書」一五号、矢田ほか二〇〇八）。高信が対馬入道から代官職を継いだとみられるが、ここで大事なことは、山浦三分一の六町に課された年貢を水原方が納めていた、すなわち水原氏が山浦三分一を知行している点である。

【史料5】

譲渡文書重代并当知行所々事、
一所　白河庄内水原条并船江条、
一所　山浦一分方、
一所　豊田庄本田村、
一所　新御恩黒川知行内所々、
一所　新御恩津波目分
右所領者、為又三郎景家名代譲渡処実也、不可有他妨候、仍譲与状如件、
明応六年丁巳十二月十三日　　憲家（花押）
水原又三郎殿

【史料5】は明応六年（一四九七）水原憲家が又三郎に代々相伝の文書と当知行している所領を譲り与えた文書である（新潟県立歴史博物館所蔵「大見水原氏文書」一七号、矢田ほか二〇〇八）。憲家は白河庄内の水原条・船江条と

ともに「山浦一分方」も知行していたことがわかる。したがって、水原氏は少なくとも康正三年（一四五七）から明応六年までは山浦の一部を知行していた。しかし、水原知行分を除いた山浦の知行者は誰であろうか。

一五世紀末から一六世紀初め頃に越後守護上杉家で作成したとみられる、表紙に「蒲原郡之内白河庄・金津保・菅名庄・長井保・青海庄・五十嵐保・加茂庄段銭之帳之□」と記される蒲原郡の段銭帳がある（齋藤実寿氏所蔵文書（『新潟県史研究』一九号所収『新潟県史』資料編四四五〇号、以下『新潟』四四五〇と略す）。後世に装丁された表紙題簽には「蒲原郡白河荘段銭帳　永正年間」と記されるが、記載される平子平左衛門尉・市川和泉守などは永正四年（一五〇七）の政変により没落していることから、少なくともそれ以前に作成されたものと考えられる。この段銭帳に「拾弐貫文　白河庄之内山浦　常尾方」と記述がある。「○○被官」や「代官」といった肩書がないことから、一二貫文の段銭を納める常尾とは山浦を知行する者と考えられる。つまり常尾は水原氏が知行していない山浦の地の領主と言えよう。では常尾とは何者なのか。段銭帳に記される人名の多くは名字であることから、常尾も「とこお」や「つねお」と読む名字である可能性もあるが、常尾という名字は当時の史料や近世初期の上杉家の分限帳などにも確認できない。一方、上杉氏一族の法名の頭字には「常」を用いる者が多くみられ、とくに越後守護上杉家の当主である房方の法名は「常越」、朝方は「常堅」、房朝は「常勝」、房定は「常泰」、定昌は「常賀」、房能は「常朝」である（片桐二〇〇七所収「御当方御継図（天文上杉長尾系図）」）。この点をふまえれば「常尾」についても、山浦を領する山浦上杉家の者が出家入道して称した法名である可能性も考えられないだろうか。

【史料6】

一、本田七千参百弐拾苅　大嶋庄　山浦殿御被官本条隼人佐給分

増千参百八十苅、同千三百五十苅、文明十五不作為当起目立

合壱万五千苅
一、本田七十苅　同庄　無増之　　同御被官牧山給分
文明十六十一月廿六日
一、本田八千五百五十苅　　同御被官石坂左近将監
増分弐千弐百苅
同十九九月廿二日
再検知増分壱万弐百苅
合弐万九百五十苅

【史料6】は「越後検地帳」の表題のある越後国古志郡の検地帳の抜粋である（上杉家文書『新潟』七七七）。文明十五年（一四八三）から同十九年までの間に行われた「再検知増分」の記載があり、当該期に越後守護上杉家で作成したと考えられる検地帳である。前述した蒲原郡段銭帳とほぼ同時期のものである。【史料6】によれば、山浦上杉家の被官として本条隼人佐・牧山某・石坂左近将監がおり、本条・牧山は大島庄に知行を有していたことがわかる。また石坂左近将監は、槌脱庄上条石坂村出身と考えられ、同検地帳には一族とみられる石坂三郎次郎・石坂周防守の名もみられる。したがって、一五世紀末頃の山浦上杉家には、白河庄山浦から離れた古志郡に知行を有する被官がいたこと、そして、寛正四年（一四六三）右馬頭の死去以降、一五世紀末頃までは山浦上杉家（典厩家）を継ぐ「山浦殿」が存在していたことが明らかである。また、前述した「常尾」が法名であるならば、常尾はこの「山浦殿」が出家入道したことになるだろうか。

しかし、その後、山浦上杉が一次史料に確認されるのは、享禄四年（一五三一）正月、陣中で遵守すべきことを

書き上げ、越後守護代長尾為景が紙裏に花押を据えて保証した壁書の写しである（上杉家文書『新潟』二六九）。表の連署者は、日下から奥にかけて「山浦、桃井伊豆守義孝、中条越前守藤資、黒川四郎右兵衛尉清実、斎藤下野守定信、毛利松若丸、同安芸入道祖栄、加地安芸守春綱、竹俣筑後守昌綱、水原伊勢守政家、安田治部少輔長秀、五十公野弥三郎景家、新発田伯耆守綱貞、鮎川摂津守清長、色部遠江守憲長、本庄対馬守房長、又四郎定種、十郎」の順で越後の領主一八人が名を連ね、毛利松若丸・五十公野景家・十郎以外の一五人が花押を据えている。このうち連署者の冒頭として日下に「山浦」が署判を加えている。しかし、署名は「山浦」のみで実名が記されない。署名に実名がないのは他には元服前の毛利松若丸以外には、最奥の十郎のみである。「山浦」と「十郎」はいずれも上杉家一門であり、裏花押を据える長尾為景にとっては主筋にあたる。書札礼において署名に実名を記さないことは薄礼である。山浦と十郎の署判は、他の連署者との格の違いを示すため、あえて実名は記されなかった可能性が高い。その点では、山浦上杉家・十郎上杉家は、山本寺上杉家とみられる又四郎定種よりは格上と認識されていたのではなかろうか。したがって、連署者の並びは家格・序列の順ではなく、一揆契状の連署の有り方と同様、日下であることよりも、連署者の筆頭に山浦、末尾に十郎が位置づけられていることに意味があるといえよう。しかし、そのために当時の山浦上杉家当主の官途・仮名も実名もわからない。

そして、その後、長尾景虎（上杉謙信）が長尾家当主となる時期まで山浦上杉家の動向は確認できない。

二、上杉謙信と山浦源五

本節では、長尾景虎（上杉謙信）期の山浦上杉家、とくに山浦家を継ぐ源五国清について考えたい。

一六世紀半ば頃に越後守護代長尾家で作成されたとみられる「御当方御継図（天文上杉・長尾系図）」には藤原高藤から上杉房方の男子五人まで記される概略がある。その房方の子として記される「次男七郎殿頼方」の傍らに同筆で「山浦殿御家歟」と注記がある（片桐二〇〇七）。すなわち「御当方御継図」を作成した時点の長尾家では、山浦上杉家の系譜について確かな情報を持ち合わせていなかったと考えられる。例えば、頼方の兄朝方を憲方と誤って記されていることなどからも裏付けられる。しかし、このことは「御当方御継図」が作成された時点で長尾家には前述した「上杉系図大概」などの山内上杉家から引き継いだ系図類を所有していなかったこと、すなわち「御当方御継図」は長尾景虎が山内上杉家を継ぐ以前に作成されたことをも示している。なお、前述した上杉系図「藤原姓上杉氏」や笹生彦五郎旧蔵本では頼方を「山浦ノ祖」とするが、これは「御当方御継図」の「山浦殿御家歟」の注記文言に拠って記した可能性があり、同じく「上杉系図」と「上杉系図浅羽本」では「法名山浦」と記している。頼方を山浦上杉家の祖であることを明確に記した同時代の史料はないことになる。「御当方御継図」における同筆記載の下限は「最勝院殿御家」の末尾の上杉惣五郎頼房の戒名である。「越後過去名簿」により頼房の死去は天文二十二年（一五五三）十月十二日であることが確認された（山本二〇〇八）。これにより「御当方御継図」はそれ以降で景虎が山内上杉家を継ぐ永禄四年（一五六一）頃までの間に作成されたと考えられる。

さて、重要なことは、その「御当方御継図」に「山浦殿御家歟」の注記があること、すなわち「御当方御継図」が作成された長尾景虎の時期に「山浦殿御家」が存続していたと考えられることである。また、永禄二年（一五五九）二度目の上洛から帰国した長尾景虎に対し、祝賀に太刀を進上した越後国内の侍衆を書き上げた「侍衆御太刀之次第」の写しがある（上杉家文書『上越市史別編2上杉氏文書集二』三五四二号、以下『上越』別編二―三五四二のように略す）。そのうち霜月一日に進上した者として「山浦入道殿」が補筆の形で記されている。この史料は文禄二年（一五九三）

に渡辺甚九郎が「宇梶殿」から借りて書写したもの、さらに補筆であることから扱いには注意が必要であるが、信用できるのであれば、永禄二年当時に山浦上杉家の当主は出家入道していたことになる。その山浦上杉家を継ぐのが源五国清である。

前述のとおり、国清は景虎を頼った信濃埴科郡の戦国領主村上義清の子であり、当初は景虎の養子となり「長尾源五」を称したとみられる（片桐二〇一七①）。長尾の本姓が平氏であるにもかかわらず「源五」を名乗るのは、実家村上の本姓が源氏であることによると考えられる。

長尾源五の名は、永禄三年（一五六〇）八月に長尾景虎が関東へ越山する際、越後の府中・春日山に留守居として残る桃井右馬助・長尾小四郎・黒河竹福・柿崎和泉守・長尾源五の五名に宛てた掟書が一次史料の初見である（伊佐早文書『上越』別編一―二一一）。なお、前述した「侍衆御大刀之次第」の十月二十八日の「披露太刀ノ衆」の一人として「長尾源五良殿」がみえる。その後、永禄九年（一五六六）十月には上野国桐生に在番していることが確認できるが（中曽根文書『上越』別編一―五三四）、その後、史料に「長尾源五」の名は見られなくなる。

以前に私は、源五国清はこの後に山浦上杉家を継ぎ、長尾から山浦へと変わったと考えた。しかし、その後に源五が「村上源五」として史料に記されることが多くみられる。とくに飛驒江馬氏や、徳川氏、織田氏と上杉氏との外交の取次ぎ役として登場することから、私は上杉の分国外では村上のほうが通用したため、分国の内と外で山浦・村上の名字を使い分けていたのではないかと考えた（片桐二〇一七①）。しかしながら、次のようにそれでは説明のつかない史料がみられる。

【史料7】

只今敵地ニ有之、如此之一札世間之唱雖嘲之様候、有心持由強而承候間、御本領并一揆好海野可為如前々候、

信州於本意者、横合有之間敷候也、仍如件、
天正弐年
正月九日　　謙信（花押）
村上源五殿

【史料7】は、天正二年（一五七四）正月、上杉謙信が源五国清に与えた判物である（村上冴子氏所蔵文書『上越』別編一―一一八四）。これによれば謙信は国清に信濃への復帰を果たせたならば、本領と海野之地を安堵することを約束している。すなわち甲斐武田氏に奪われた村上氏の旧領を安堵しているのであり、謙信が国清を村上義清の後継者として位置づけていることがわかる。天正二年正月に国清は村上源五である。この視点であらためて国清に関する史料を検討してみよう。

【史料8】

以前以若林采女允輝盛江申届候処、雖不初儀候、其方取成故、弥入魂之旨喜悦候、向後之儀も無二可申談心中ニ候、畢竟取成任入候、猶村上源五方可有演説候、恐々謹言、
追而、織田信長江為音信、使僧差遣候、路次中無相違様馳走頼入候、以上、
七月二日　　輝虎（花押）
河上伊豆守殿
同中務少輔殿

【史料8】は、上杉輝虎が飛騨の江馬輝盛の重臣河上伊豆守・同中務少輔に宛て、引き続き輝盛への取成しを依頼した書状である（長岡市立中央図書館所蔵文書『上越』別編一―四一八）。末尾文言のとおり詳細は村上源五から

伝えると記している。この書状の年次は『上越市史別編1上杉氏文書集一』では永禄七年（一五六四）と比定するが、前嶋敏氏による花押型の編年により永禄十一年（一五六八）であることが示された（前嶋二〇一五）。また追而書に記される織田信長への音信との関連でいえば、七月二十七日付の上杉輝虎宛て織田信長書状（『上越』別編一―六一〇）が、信長の花押形の変遷などにより永禄十二年に比定されている（菊池二〇一七）。したがって「村上源五」の初見とみられる【史料8】は永禄十一年か十二年のものと考えられ、前述した「長尾源五」の終見の永禄九年の後であることになる。

【史料9】

其以来追々無音之由候而、自輝虎以飛脚被申入候、其国何条子細共候哉、承度候、以前如申入候、四郎殿江雖可及御音信候、連々貴所以御取成重而可被啓候、惣別、老父事、貴国之取次を被申候キ、於拙夫も毛頭不相替可令馳走心底候、如斯之儀可然様御取成任入候、当国相応之儀、無御隔心承、尤不可為無沙汰候、猶若林可申越候間、令略筆候、恐々謹言、

二月十日　　村上　国清（花押影）

河上式部少輔殿

参

【史料9】は、村上国清が【史料8】同様、江馬輝盛の重臣河上式部少輔に宛てた書状である（東京大学史料編纂所所蔵謄写本「飛州志」十一、『上越』別編一―四五〇）。これによれば国清の老父義清も飛騨の江馬氏と上杉とを取り次いでいたが、国清自身も変わることなく取り次ぐと述べている。年次は判然としないが、文中に「輝虎」とあ

ることから永禄十三年（一五七〇）までのものである。また、永禄十二年七月十七日付で村上義清が河上式部丞（河上式部少輔と同人か）に宛てた書状では美濃へ遣わす若林采女の路次往還の手配を依頼しているが（古森友春氏所蔵文書『上越』別編一―七七七）、翌元亀元年（一五七〇）八月十日付で輝虎が国清に宛てた書状では飛驒に若林采女を遣わすよう指示している（賜蘆文庫七『上越』別編一―九二四）。すなわちこの間に国清は老父義清の役割を継いだと考えられるので、【史料9】の年次は永禄十三年に比定されよう。なお、村上義清は永禄十二年七月十七日以降に出家し無徹と称したとされる（村石二〇二三）。国清は景虎（謙信）の養子となった上で実家の村上家を継ぐことになったのであり、これは永禄十年（一五六七）に輝虎が人質であった下野佐野の戦国領主佐野昌綱の子佐野虎房丸を養子とした上で佐野に遣わした事例に近似している。

したがって、源五国清は、少なくとも永禄十一年（一五六八）か十二年の七月から天正二年（一五七四）正月までは「村上源五」であったことになる。しかし、その間に永禄十一年に比定される八月十八日付の直江大和守・柿崎和泉守宛て、および同月二十二日付の三潴左近大夫・鮎川孫次郎宛ての輝虎書状において、輝虎が派遣する軍勢を率いる存在として「山浦方」が記されている（『上越』別編一―六一三、六一四）。この「山浦方」を『上越市史別編1上杉氏文書集一』では「国清ヵ」と比定するが誰なのであろうか。当時の国清は、この書状以外に輝虎（謙信）の書状の文中ではいずれも「源五方」と記されるので（『上越』別編一―七九九、一一一三、一一二二）、やはり「山浦方」とは別人の村上源五である。「山浦方」は、国清ではないとなると、前述したように当時の山浦上杉家の当主であり、少なくとも永禄十一年八月までは上杉氏の軍事指揮者として活動していたことになる。

では、国清が山浦上杉家を継ぎ山浦源五を名乗るのはいつなのか。前掲【史料7】のとおり、少なくとも天正二年（一五七四）正月までは「村上源五」である。上杉氏の分国外における認識については、同年に比定される三月十三日付の徳川家康書状、同じく三月十五日付の石川数正書状、翌天正三年に比定される七月二十日付の織田信長書状のいずれも宛名が「村上源五（源吾）」である（『上越』別編一―一一九四、一一九五、一二五九）。一方、「山浦源五」の明確な初見は、天正五年（一五七七）十二月二十三日の奥書のある上杉家「名字尽」に記載される「山浦源五」であり（上杉家文書『上越』別編一―一三六九）、その次は天正六年八月二日付の三条信宗起請文の宛名である（「景勝公諸士来書」二十『上越』別編二―一六〇〇）。したがって、この間に国清が山浦上杉家を継いだことは明らかである。

さらに細かくみると、天正五年九月二十九日付の長尾和泉守宛て上杉謙信書状写では「源五殿」と記される。以前は「源五方」と記していた輝虎（謙信）が、敬称を「方」から「殿」へと変えている。これは国清の上杉家中における家格の上昇を示すと言えよう。すなわち、この時には山浦上杉家を継いでいるのではなかろうか。管見のかぎり、これ以外には明確な徴証となる史料はみられない。

但し、天正三年（一五七五）二月に上杉家で作成された軍役帳がある（上杉家文書『上越』別編一―一二四六・一二四七）。これには「山浦殿」は、「御中城様」の上杉景勝に次いで二番目に記され、軍役数は計二五〇人で五位、鉄炮二〇丁（鉄炮二五丁のうち弓五張を除く）は景勝と同数で一位である。このとき「山浦殿」は、当時謙信の後継予定者とされた景勝に次いで、上杉一門の序列で上杉十郎や上条政繁らよりも上位に位置づけられるのみならず、上杉家中において多くの軍勢を保有する領主であったことになる。このような「山浦殿」が山浦上杉家の国清の前当主であったならば、元亀年間・天正初期の史料にもっと確認されてもおかしくないが、それがない。すなわち軍役帳の「山浦殿」は、村上家とともに山浦上杉家を継いだ国清であるからこそ、上杉一門の最上位に位置づけられ大きな軍事力を持っていたといえないだろうか。そうであるならば、国清が村上源五から山浦源五となるのは天正二年正月から同三年二月までの間ということになろう。

おわりに

本稿では、山浦上杉家について謙信期に山浦源五が登場するまでの系譜を中心に検討した。その結果、明らかにしたこと、確認したことは次のとおりである。

1．山浦上杉家は、山内上杉憲方の子憲重（房方の実弟）に始まり、寛正四年（一四六三）頃には越後守護上杉房定に仕える右馬頭もおり、文明九年（一四七七）頃の山内上杉家には「典廐家」と称されたこと。

2．断片的に散在する史料によれば、山浦上杉家は白河庄山浦などを拠点として、少なくとも永禄十一年（一五六八）まで家中を有し軍勢を率いる存在として存続していたこと。

3．村上義清の子国清は、長尾景虎（上杉謙信）の養子となり、少なくとも永禄三年（一五六〇）八月から同九年十月までは「長尾源五」を名乗り、少なくとも永禄十一年（一五六八）か十二年頃から天正二年（一五七四）正月までは実父村上義清の後継として「村上源五」を名乗り、おそらく天正二年正月から同三年二月までの間に「山浦源五」を名乗ったということ。

以上である。その後、源五国清は、天正六年（一五七八）三月に死去した上杉謙信の後継をめぐる景勝・景虎の争い（御館の乱）では景勝方に与した。しかし、当初、白河庄山浦を拠点とする山浦上杉の家中（「山浦衆」）は景虎方として動いていたことが確認できることから（『上越』別編一―一六五五、一六五六）、当時春日山の景勝近くにいたとみられる国清は、遠く離れた山浦上杉家中を統制できていなかったとみられる。国清は、翌七年五月三日に景勝から偏諱「景」を与えられ、実名を景国と改める（西澤徳太郎氏所蔵文書『上越』別編一―一八一九）。天正十年

（一五八二）六月に上杉景勝は織田軍が撤退した信濃北部を占領し、海津城主となった景国は再び「村上源五」を名乗るようになる（東光寺文書（『信濃史料』一五巻四一一頁）。

これについて矢田俊文氏は、景国が本国信濃へ帰って海津城主となり、判物を発給し始めて信濃の領主として再生したと位置づけた（矢田二〇〇六）。前掲【史料7】のとおり、国清（景国）の「本意」は謙信期と変わらず信濃に復帰し本領を取り戻すことであったと思われる。そして、それを認めた上杉景勝は、景国を山浦ではなく「村上源五」として知行を安堵し指示条書を与えている（『上越』別編一―二五一六・二六一七など）。しかし、天正十二年（一五八四）五月に景国の「御仕置あしく」海津城主を更迭され、越後へ召還されて「山浦源五」に戻ることになった（片桐二〇一七①）。

〔参考文献〕

池上裕子「戦国期北信の武士と上杉氏の支配」（同『日本中近世移行期論』校倉書房、二〇一二年、初出一九九八年）
片桐昭彦「上杉謙信の家督継承と家格秩序の創出」（『上越市史研究』一〇号、二〇〇四年①）
同「房定を頼る信濃衆」（『上越市史』通史編2中世、第三部第一章第二節、新潟県上越市、二〇〇四年②）
同「山内上杉氏・越後守護上杉氏の系図と系譜―米沢上杉家本の基礎的考察―」（峰岸純夫・入間田宣夫・白根靖大編『中世武家系図の史料論』下巻、高志書院、二〇〇七年）
同「謙信の家族・一族と養子たち」（福原圭一・前嶋敏編『上杉謙信』高志書院、二〇一七年①）
同「村上（山浦）景国の家中・知行と海津城」（『松代』三一号、二〇一七年②）
菊池敏雄「美濃攻略における信長の外交―「甲尾同盟」の存否をめぐって―」（『日本歴史』八三〇号、二〇一七年）
黒田基樹「成氏期の上杉氏」（同編著『関東足利氏の歴史第五巻　足利成氏とその時代』戎光祥出版、二〇一八年）

杉山一弥「室町期東国の公家領」（『國學院雑誌』一二二巻一一号、二〇二一年）
田村　裕「南北朝・室町前期の白河荘」（『笹神村史通史編』中世第三章、笹神村、二〇〇四年①）
同「越後応永の大乱」（『上越市史通史編2中世』第一部第五章第三節、上越市、二〇〇四年②）
同「南北朝・室町前期の奥山荘」（『中条町史』通史編、第二編第三章、二〇〇四年③）
林　大樹「堂上公家猪熊教利兄弟の経歴と家伝・家譜」（朝幕研究会編『論集　近世の天皇と朝廷』岩田書院、二〇一九年）
藤木久志「家臣団の編制」（『藩制成立史の綜合研究　米沢藩』吉川弘文館、一九六三年）
藤田　守「山浦玄蕃光則」（『米沢市史編集資料第十号　米澤人國記〈中・近世篇〉』米沢市史編さん委員会、一九八三年）
前嶋　敏「上杉輝虎発給文書の花押とその変更」（同編著『シリーズ・中世関東武士の研究第三六巻　上杉謙信』戎光祥出版、二〇二四年、初出二〇一五年）
村石正行「村上義清最晩年の花押と法名―村上入道無徹書状の紹介―」（『信濃』七五巻八号、二〇二三年）
森田真一「上杉謙信の政治」（『笹神村史通史編』中世第四章第三節、笹神村、二〇〇四年）
矢田俊文「上杉景勝期の笹神」（『笹神村史通史編』中世第五章、笹神村、二〇〇四年）
同『上杉謙信』（ミネルヴァ書房、二〇〇五年）
同「戦国期の信濃・越後・甲斐」（『武田氏研究』三四号、二〇〇六年）
矢田俊文・新潟県立歴史博物館編『越後文書宝翰集　大見安田・水原氏文書』（新潟大学、二〇〇八年）
山田邦明「応永の大乱」（『新潟県史通史編2中世』第二章第二節第一項、新潟県、一九八七年）
山本隆志「高野山清浄心院「越後過去名簿」（写本）」（『新潟県立歴史博物館研究紀要』九号、二〇〇八年）

Ⅵ
佐野虎房丸

新保　稔

はじめに

近年の戦国大名・国衆研究を牽引している黒田基樹氏は、上杉謙信の養子・婚姻関係を論じるなかで、佐野虎房丸を「もっとも特異な事例」と評価している（上杉謙信はたびたび改名するが、便宜上、本稿では文書名を除き上杉謙信で統一する）。下野の国衆佐野昌綱の実子であった虎房丸は、人質として上杉家に出され、さらに謙信の養子として実家（佐野家）に送り込まれたと考えられている。人質を養子にして実家に戻す、という点に黒田氏は注目しているのである。

謙信は、永禄三年（一五六〇）に佐野昌綱を従属させたとされる（従属の時期は諸説ある）。このとき、昌綱から実子の虎房丸を人質に出させた。その後、佐野家は謙信からの離叛と従属を繰り返す。永禄九年初め、謙信は佐野城（唐沢山城と呼ぶ場合もある。栃木県佐野市）を関東中央部への進軍を確保する拠点として位置付け、在城衆を派遣、永禄十年三月には色部勝長を新たに加えている。しかし、なおも北条家からの圧迫が続いたため、同年五月に、佐野昌綱から人質に出されていた虎房丸を、自身の養子にしたうえで、佐野城に派遣したという。だが、同年十月に佐野昌綱は離叛し、北条軍とともに佐野城攻略を進めた。謙信は救援のため同城に着陣し、北条軍と佐野昌綱を撃退したものの、これ以上の佐野城の維持は困難と判断、同城を佐野昌綱に返還するとともに、虎房丸以下の在城衆を連れて引き上げた。

黒田氏は、「虎房丸のその後の動向は判明していない」と述べている。また、「このように相手方から出された人質を、養子にしたうえで、実家に戻すというやり方は、ほかに見当たらない。佐野城に送り込むことのできる、養子とするに適した人物が、ちょうど見当たらなかったので、人質を養子にするという特異な方法をとったのだろうか」としている。謙信は上野桐生城に養子とみられている一門衆の長尾源五を城代として送っており、桐生佐野家を管轄下に置いていた。「国衆本拠に派遣し、国衆をも管轄下におくことができるのは、謙信の分身にあたる養子などの一門衆でないと果たせなかったことが考えられる」とする。あえて人質の虎房丸を帰還させることで、佐野家の謙信への忠節を引き出そうとしたことがうかがわれるという（以上、黒田二〇二二）。

本稿では、①「もっとも特異な事例」と評価される佐野虎房丸の系譜関係について先行研究・史料を確認し、②佐野虎房丸の活動、そして③虎房丸と同一人物の可能性がある佐野清左衛門尉の活動をまとめる。佐野虎房丸に関する専論はないことから、その系譜関係・活動の総括は、研究史上一定の意義があると思われる。

一、佐野虎房丸の系譜

長尾一族出身とする説

先行研究において、佐野虎房丸は、長尾一族出身とする説と佐野昌綱の子とする説がある。まずは前者から確認しよう。杉山博氏は、虎房丸が佐野豊綱（昌綱の父）や昌綱の実子であっては、話が不自然と述べる。「『北条記』が、「輝虎の一族に虎房丸という童を養子とし、佐野の家を継がせんとす（中略）然れども、かの虎房丸、輝虎死去の後は、越後へかへられける間、佐野の家をば継がざりけるとぞきこえし」というのが自然であろう」という。『系図纂要』や『田原族譜』、『下野国志』所収の佐野氏の系図には虎松（丸）という人物がみえるが、虎松丸を長尾虎房丸と結びつけるのは疑問が残ると指摘している（杉山一九七八）。虎房丸と系図にみえるよく似た人名を同一視していない点は重要だが、杉山氏が主に二次史料を用いて考察している点は問題がある。杉山氏が用いた『北条記』は、虎房丸が謙信死去後に越後に帰ったとするが、実際には生前に越後に戻っており、信頼できる史料とはいえない。一次史料から考えていく必要があるだろう。

また、簗瀬大輔氏は、虎房丸を「謙信の縁戚長尾氏からの養子」とする。しかし、比較的短い文章のためか根拠が記されていない（簗瀬二〇一五）。

米沢藩の正史「謙信公御年譜」（元禄九年〈一六九六〉成立）永禄七年二月条にも、「管領御一族」として「長尾虎房丸」がみえる（『上杉家御年譜一　謙信公』二一七頁）。だが、やはり二次史料であり、そのまま信用することはできない。

佐野昌綱の子とする説

次に、虎房丸が昌綱の子であるとする説を確認したい。この説は、基本的に一次史料を用いて論じられている。以下、まずは関係史料を掲げる。

【史料1】上杉輝虎書状写（「伊藤本文書」『上越市史　別編1』三三九号。以下、『上越市史　別編1～2』は『上』○○○と略記。なお、『上越市史』には「（東大影写）」とあるが、現在東京大学史料編纂所に「伊藤本文書」の影写本は架蔵されていない。本稿では同所架蔵謄写本二〇七一・〇八―五九―二一―一を参照した。傍線は筆者、以下同じ）

当国備之儀無二御心元一可レ有レ之間、以二脚力一啓札、抑関左之事、先年進発之時分、属二本意一、諸口備等堅固之間、北条新九郎（氏康）自力之働依レ難レ叶、武田大膳太夫（信玄）引立出張、（中略）爰佐野小太郎（昌綱）其身若輩候、家中有二誘（佞カ）人一色節成二表裏一候間、向二小太郎在城一寄レ馬候、彼人も先年一子為二証人一出置、于レ今其分ニ候、雖レ然、家来者共妨故、出陣等不レ致候、併対レ名之侘言最中ニ候、方々難二黙止一侭、無事無二侘限（際）一候条、余人之見混可レ付二落居一候哉、思案半候、当地一辺不レ有（可脱カ）レ程候、其上者、別而可レ成レ之行差襲候間、先以可レ令二帰府一候、其子細猶河田豊前守（長親）可二申届一候、恐々謹言、

卯月十五日（永禄六年）　輝虎

芦名左京太夫（盛氏）殿

ここからは、「先年」昌綱の「一子」が謙信のもとに人質として出されたことが読み取れる。

【史料2】上杉輝虎書状（「越後文書宝翰集」『上』五六〇。矢田俊文・新潟県立歴史博物館編『越後文書宝翰集　色部氏文書Ⅰ』新潟大学「東部ユーラシア周縁世界の文化システムに関する資料学的研究」プロジェクト、二〇一〇年、四―一五）

本田右近方へ之書中令二披見一候、仍其地万無レ調故、労兵帰国有度由尤候、無二余儀一候、虎房為二送与一、近日其地之者共、祢りまで（群馬県沼田市利根町根利）打越候間、其時分可レ被レ越事待入候、今迄之辛労無二申事一候、将亦、（中略）諸口如何も堅固候間、可二心安一候、返々路次無二自由一候条、虎房迎之時分被レ越可レ然候、只今迄其地ニ無二何事一有レ之、急一人被レ越、路次中ニ而越度も候得者、敵御方之嘲口惜候、五十公野（重家）雖二其地退散候一、路為二不自由一無躰ニ敵地ニ被レ押候、たとへハ如何ニ候へ共、路次無二自由一之儀ニ候条、自然之事も候而者思如レ此申候、謹言、

尚々申候、虎房迎動も延引有間敷候間、其時分可レ被レ越事尤候、以上、

五月七日（永禄十年）輝虎（花押）

色部修理進（勝長）殿

「虎房為レ送」「虎房迎之時分」「虎房迎動も延引有間敷候間」とみえ、虎房丸が謙信のもとから下野佐野城に送られようとしていることがわかる。佐野城の軍勢は迎えを出すこととなっており、謙信から在番衆として派遣された色部勝長は、その際に帰国するように指示されている。

【史料3】上杉輝虎書状（「小曽戸武氏所蔵文書」『上』五六二。写真は同書別冊参照）

伊勢（北条）氏政其地へ取懸候処ニ、及二防戦一、敵数多討捕之段、雖レ不二初儀候一、無二比類一稼神妙候、然而、先書ニも申遣候つる虎房丸事、為二養子一其元へ差越候、有二馳走一、弥可レ抽二忠信一事、簡要候、謹言、

（永禄十年）六月四日　輝虎（黒印）

小曽戸図書助殿

【史料4】上杉輝虎書状（「京都大学総合博物館所蔵文書」『上』五六五。写真は同書別冊参照）

伊勢氏政其地へ及二調儀一処、雖レ不二始事候一、各稼及二防戦一、凶徒数多討捕、堅固ニ相拘之段、無二比類一次第候、内々為二後詰一、可二越山一以二覚悟一半途打出候処、敵退散之由候間、延引候、然者、先書如二申遣一、虎房丸為二養子一、其元差越、彼家相続之事申合候、弥抽二忠信一可二走廻一義尤候、謹言、

（永禄十年）六月四日　輝虎（黒印）

梅沢兵庫（正頼）助殿

この二つの史料は、北条氏政が佐野を攻めた際にその攻撃を防ぎ、手柄を立てた佐野氏家臣に対して出された謙信の書状（感状）である。「虎房丸事、為二養子一其元へ差越候」「虎房丸為二養子一、其元差越、彼家相続之事申合候」とあって、虎房丸が「養子」になったことが記されている。【史料3】・【史料4】と同内容の虎房丸に関する書状は、

合計で六通確認されている（松本二〇一六）。

【史料5】上杉輝虎書状写（「謙信公御書集巻十四」『上』五七九。東京大学文学部蔵『謙信公御書集』、臨川書店、一九九九年、五四五頁）

其元之儀雖二難レ計候一、以二使僧一申入候、仍佐竹（義重）御事、代々任レ好、近年者他異申談候処、関東之破心懸、取成族大方に心得、有二却無レ曲仕合一無念、無二是非一次第候、此上之儀、互抛二万障一、一節に申合、関佐（左）弓箭令二再興一度念望迄に候、幸宮（宇都宮広綱）之儀、義重御間之事候間、所詮於二自今以後一者、自二佐野地（栃木県佐野市）一東之事、一円に彼両家渡進、何篇仕置等可二任入一候、（中略）況両家於二御同心一者、当秋中に東方可レ為二存侭一候、就中、佐野地仕置之事、定可レ有二其聞一候、佐（佐野）息虎房丸儀、先年為二証人一出、及二度々一雖二捨置候一、輝虎慈悲之以二余情一、不レ及二沙汰一、殊彼家何事も可レ為レ如二前々一由就レ令二下知一、親も疎茂皆以令二帰覆一、追日備純熟之由候、定被レ及レ聞可レ為二悦喜一候、猶案内口上に可レ有レ之間、不レ具候、恐々謹言、

（永禄十年）八月七日　　輝虎

太田美濃守（資正）殿

謙信が佐野の地より東の差配を佐竹・宇都宮の両家に任せると述べている史料である。虎房丸のことは、昌綱が「先年」謙信のもとに人質として出し、何度も捨て置いた（謙信に背いた）が、謙信には慈悲の心が消えずに残っており、「沙汰」をしなかったという。この場合の「沙汰」は、謙信に背いたことに対する対応をさすのだろう。とくに佐野家が何事も以前の通りになるように下知をしたため、親疎関係なく帰服し、日ましに軍事態勢も整ってきたとのことである、と述べている。

【史料6】上杉輝虎書状写（「謙信公御書二」『上』五八六。市立米沢図書館編『上杉文書』雄松堂フィルム出版、一九六九年、

整理番号一〇七二―一一―二）

去頃者、為二使者一被二打越一候処ニ、野州佐野之地(栃木県佐野市)衆、悉替二覚悟一、為レ始二佐野小太郎(昌綱)一、武・相(武蔵・相模)之衆数千騎引付、
実城一廻輪之躰ニ取成、其上伊勢氏政父子、号二赤岩(群馬県千代田町)一地ニ懸二船橋一、利根川取越、彼地可レ付二落居一擬之段、
註進之条、一累年之所存、一東北之安危、為レ可レ遂二興亡一越山、去十月廿四、沼田(同沼田市)之地へ着陣、翌廿五国中へ
出馬、始二厩橋(同前橋市)一、新田(同太田市)・足利(栃木県足利市)敵城廿余ヶ所打通、氏政陣所間近打懸候処ニ、結句剪二落船橋一、佐城(佐野)取詰候、
凶徒廿七夜中敗北、武具以下悉追落候、併不レ付二実否一事無念候、然者佐城之儀、手越之地与云、佐野悃望与
云、先以小太郎ニ預置、彼息始二虎房丸一、家中之証人卅余人、并従二越国一籠置候者共召連、去廿一納馬候、（中略）
恐々謹言、
(朱書)「永禄七カ」
極月二日(永禄十年)輝虎御居判
游足庵(淳相)

謙信が佐野城から撤退した時の史料である。謙信は城を昌綱に預け置き、「彼息」虎房丸、「家中之証人卅余人」「従二越国一籠置候者共」を連れて越後に帰国した。

上杉謙信と佐野氏の関係を検討した黒田基樹氏は、【史料1・2・6】などを根拠として（【史料6】は「歴代古案」を参照）、昌綱から証人として差し出されていたその子虎房丸を、謙信の養子としたうえで佐野城に派遣したと指摘した（黒田二〇〇〇・二〇〇五・二〇一五）。黒田氏の論文では直接的な根拠としてはあげられていないが、おそらく【史料3・4】といった「養子」とみえる書状も踏まえての見解と思われる。

また、黒田氏によれば、昌綱の子には、嫡男の宗綱（天正七年〈一五七九〉に家督を継承）と虎房丸がおり、虎房

丸は永禄三年（一五六〇）か同四年に謙信に人質に出されて、同十年でも幼名を称していることから、一五五〇年代以降の生まれは確実という。一方、宗綱は家督を継いだ当初、叔父宝衍から「若輩」といわれており、そのときに二十歳くらいとみても、生年は永禄四年頃になるとする。その場合、虎房丸は生まれてすぐに人質に出されたか、庶長子であったか、といったことが推測されるという（黒田二〇二三）。

続いて、荒川善夫氏も、【史料2・4】をもとに、謙信が養子となっていた昌綱の子虎房丸を昌綱の後継当主として強引に佐野家に入れた、と評価した（荒川二〇一六）。

松本一夫氏は、【史料5】に「佐息《（佐野）》虎房丸儀、先年為㆓証人㆒出及、度々雖㆓捨置候㆒、輝虎慈悲之以㆓余情㆒、不㆑及㆓沙汰㆒」（読点・返り点ママ）とあることから、虎房丸はもともと佐野氏側の人物であったと述べている。また、【史料3・4】および同内容の書状から、永禄十年五月頃、謙信が虎房丸を自らの養子とした上で佐野に戻し、あらためて昌綱の継嗣としたことは明らか、とする。そのうえで、「謙信が長尾氏一族中の人物を越後国外の城主の養子に入れた事例は知られているが、国外城主の子を証人にとり、それを自らの養子としてあらためてもとの城主の継嗣としたのは、管見の限りこの佐野氏の場合以外にはない」と述べる（松本二〇一六）。

以上が現在の研究の到達点である。一次史料をもとに、佐野虎房丸が謙信の養子となったと評価しているといえる。しかし、「養子」という文言がある佐野氏家臣充の【史料3・4】のみをみると、「為㆓養子㆒其元へ差越候、」「虎房丸為㆓養子㆒、其元差越、彼家相続之事申合候、」とあって、虎房丸は佐野家の養子となったと読むのが自然なように思われる。謙信の養子になったという解釈は検討の余地があるのではないだろうか。少なくとも、「其元差越、彼家相続之事申合候」（【史料4】）とあることから、虎房丸が佐野に移ったのち、虎房丸による佐野家の相続について合意していることがわかる。それにかかわる「養子」と思われる。

【史料1・5・6】では、昌綱の子息、佐野家からの人質として登場しており、謙信の養子とは記されない。さらに、【史料5】には、昌綱が虎房丸を「先年為二証人一出、及二度々一雖二捨置候一、輝虎慈悲之以二余情一、不レ及二沙汰一、」とある。昌綱は謙信に従う（背かない）ことを示す人質として先年虎房丸を差し出したが、度々離叛した。そのことについて、謙信の言葉で「捨置候」と述べられている。こうしたことを踏まえると、昌綱の認識としては、虎房丸と親子関係を断ち、絶縁状態にあったという可能性はないだろうか。そのため、交渉の結果、【史料3・4】にあるように、昌綱の実子としてではなく、養子として佐野に移ることになったとは考えられないだろうか。この場合、虎房丸は上杉謙信の養子、一族ではないということになる。

本稿は最新の研究成果をまとめ、紹介することが趣旨であるため、ここでは筆者個人の見解、解釈の可能性の一つを提示するにとどめる。読者各位のご叱正を仰ぎたい。

佐野虎房丸と佐野清左衛門尉

佐野清左衛門尉は、御館の乱（天正六～八年、上杉謙信没後の後継者争い）において、米山（新潟県上越市・柏崎市）の峠道をおさえる旗持城将として活動していたことが同時代史料から確認できる。また、『文禄三年定納員数目録』下（米沢市上杉博物館所蔵、矢田俊文・福原圭一・片桐昭彦編『上杉氏分限帳』八三頁）には、「赤見外記同心」「八崎之城番」の注記（書き入れ）として、「旗持之城ト云、謙信公御代、永禄十年ヨリ佐野虎坊丸在番、後号二清左衛門ト一、近年赤見被二仰付一」とみえる。これをもとに、虎房丸（虎坊丸）は、佐野城から撤退したのち、旗持城（柏崎市米山町）に在番し、清左衛門尉と名乗っていたとの指摘がある（上越市史専門委員会中世史部会編『上越市史叢書7　上杉家御書集成Ⅱ』〈二〇〇二年〉一〇九〇号の説明）。なお、「近年」旗持城の在番を命じられた赤見外記は、与板在番の一人としてもみえ、「元来佐野天徳寺衆、元主水ト云、」とある。

しかし、伊東多三郎氏は、『文禄三年定納員数目録』の一部に潤飾・加工があり、尾崎氏関係の記事、信州衆で越後に在番する者・知行を持つ者の記事は除いて考える必要があることを明らかにしている。諸士の経歴に関する書き入れは、江戸時代に加えられたもので、尾崎氏の家系関係のものが多いことから、大部分が尾崎氏の手に成るものであると述べた。さらに、越後で赤見外記同心八崎在番衆などの重複が認められる部分は警戒を要するとし、確実な史料として利用できないとする（伊東一九五九・一九六二）。以上のことから、『文禄三年定納員数目録』の該当記事は信用できないものといえる（なお、「虎坊丸」とあることから、少なくとも江戸時代には「虎房丸」を「とらぼうまる」と読んでいた可能性がある）。

ただし、佐野清左衛門尉は越後で佐野の名字を名乗って軍勢を指揮している。「佐野」の名字は越後では比較的珍しいと思われ、右の注記を差し引いて考えても、虎房丸と同一人物である可能性を完全には排除できない。現在の研究状況では、佐野虎房丸を理解するためには、佐野清左衛門尉の活動もおさえておく必要があるといえる。

ちなみに、米沢藩士の家系図をまとめた『御家中諸士略系譜』（『上杉家御年譜二十四　御家中諸士略系譜⑵』二五九頁）によれば、佐野清左衛門尉の実子に「善蔵」がおり、その子に弥次郎がいたが、「故有テ」亡くなり、一時苗字断絶となったという。寛永十一年（一六三四）には、龍口次郎左衛門三男善蔵が佐野清左衛門を名乗り、佐野家を再興した。この「佐野清左衛門」の家は、（養子を迎えつつも）少なくとも幕末まで存続している（系図では慶応四年〈一八六八〉正月まで確認可能）。

二、上杉謙信の関東進攻と佐野虎房丸

次に、佐野虎房丸の活動を謙信の関東進攻の過程とともに確認したい。以下、とくに断らない限り、時系列の整理は黒田基樹氏の研究に基づいている（黒田二〇〇〇・二〇〇五・二〇一五）。

永禄三年（一五六〇）九月、上杉謙信（当時は長尾景虎）が本格的な関東進攻を開始する。下野佐野氏が謙信に従属した時期については、見解が分かれている。（永禄三年）十二月十八日付「前」充「可」覚書によれば、「一、佐・桐・厩（佐野・桐生・厩橋）差搓候間者、両皆川可ニ見合一条、眼前之事」（「小山文書」『栃木県史　史料編中世一』二一六頁。以下、『栃木県史　史料編中世』各巻は『栃』一―二一六のように略記）とある。荒川善夫氏は宛所の「前」の字は「於」＝小山氏が正しく、長尾景虎による覚書と理解している（荒川二〇一六）。伝来・内容から考えて妥当と思われる。解釈が難しい史料だが、黒田基樹氏は、右の内容から、この段階で昌綱はまだ謙信に従属を遂げていなかったとする（黒田二〇一五）。一方、荒川氏は、「搓」を「なびかした」と読み、佐野氏は越後上杉方に従属したとしている（荒川二〇一六）。今後検討が必要な問題と思われる。

だが、遅くとも翌四年三月までには同族の桐生佐野氏とともに謙信に従属していることが確認できる（「上杉家文書」『栃』三―一七五、池上一九八二）。従属の際、佐野昌綱は子息（虎房丸か）を「証人」（人質）として謙信に提出したことが知られる（【史料1】）。

同年の謙信の帰国後、佐野氏は十二月九日までに北条氏に従属する（「歴代古案」『栃』三―二二一）。謙信は同五年二月から三月にかけて佐野氏を攻めるが、攻略には至らない（「渋江文書」『栃』三―一五〇・「涌井文書」『栃』一

―六三〇）。さらに同六年四月に再び攻撃し、「佗言最中」「詫言半」という状況になるが、この時も攻略はできない（【史料1】・「楡井文書」『栃』三―一二一）。

永禄七年正月末から、またも謙信が佐野氏を攻撃し（「富岡家古文書」『栃』三―四一八）、二月十七日には、佐野城の攻略に成功している（「越後文書宝翰集」『上』三八六ほか）。このことについて、史料上で両者の認識を確認すると、佐野昌綱は佐竹義昭・宇都宮広綱の意見によって謙信と和睦したと述べていることがわかる（「島津文書」『栃』四―二四二）。一方、謙信の認識によれば、佐野城の「外構」を攻略したところ、さまざまな佗言があったため「随分之証人（人質）数多」を取り「小太郎（昌綱）進退」は許したという（「蕪木文書」『栃』四―四二七）。

その後、上杉氏から佐野城に送り込まれた在番衆が確認できる。佐野城は常陸・下野の軍勢催促をするうえで重要な位置にあり、上野・下野の各方面に向かう道の結節点でもあったことから、謙信は重要視していた（池上一九八八・荒川二〇一六）。永禄九年二月二十一日には五十公野重家、吉江忠景が在番しており、彼らは昌綱の宿老大貫氏とともに佐野城と佐野領支配にあたっている。謙信は、在番衆に対し、文書発給における花押・朱印の使い分けについて規定した。この際、謙信から数種の花押・朱印が押された判紙が与えられたと考えられている。重要拠点の城将に対しては、ある程度、文書発給について独自の裁量権が与えられていたとされる（「吉江文書〈東大影写〉」『上』四八七）。佐野在番衆は、佐野衆に対して独自的に新知行の充行などを行っており、同時にその供給源として城付直轄領が設定されていた（「島津文書」『栃』四―二四二、黒田二〇〇〇）。なお、同年五月の願文では、謙信は佐野を越後・沼田（倉内）・厩橋とならぶ地としてとくに「長久無事」を祈願している（「上杉家文書」『栃』三―一八六）。

このあと、北条氏が佐野城を攻めたが、昌綱らによって撃退されている（「歴代古案」『栃』三―一二一七）。また、詳細は不明だが、同十年四月にも北条氏は佐野城が落城するよう味方の勢力に働きかけている（「原文書」『栃』四―九）。

佐野城では、同年五月以前には譜代家臣の萩原氏が在番衆となっており、五十公野重家が退いて、色部勝長が加わる（【史料2】、「越後文書宝翰集」『上』五六一）。そして、謙信は、かつて昌綱から人質として提出されていた子息虎房丸を佐野城に派遣した（【史料1・2・5】）。【史料2】には「祢りまて打越」とみえるが、これは沼田から赤城山東側山麓を経て佐野を結ぶ「根利通」と呼ばれる道のことである。この頃、上野の由良成繁が「根利通」の通行を妨害していた（齋藤二〇一〇・大貫二〇一四）。

黒田基樹氏は、こうした大幅な在番体制の強化について、前年の下総侵攻失敗を契機とした従属国衆のあいつぐ離叛という事態に対応したものと指摘する。厩橋城（前橋市）の北条氏、新田領の由良氏、舘林領・足利領の長尾氏も離叛しており、佐野領は関東支配の最前線拠点に位置することとなっていた（黒田二〇〇〇）。

六月四日以前に再び北条氏による攻撃をうけ、佐野氏の家臣たちはこれを撃退している（【史料3・4】ほか、松本二〇一六）。十月には、昌綱が離叛して北条方の武蔵・相模の援軍とともに佐野城を攻撃、同城は本城一曲輪のみという状況になる。そのため、謙信は越山して二十七日にこれを破り、昌綱は下野藤岡城に撤退、北条方の援軍も武蔵岩付城まで退くこととなる。だが、謙信は、昌綱からの要求もあって佐野城を昌綱に預け置き、虎房丸を始め、佐野家中の証人三十余人、越後からの在番衆を引き連れて、同城から完全に撤退する（「豊前氏古文書抄」『栃』四―三八六・【史料6】）。北条氏の攻撃を撃退したにもかかわらず謙信が全面的に撤退した理由は、その契機となっているのが佐野氏の離叛であることからみて、佐野氏および佐野衆との対立にあったと考えられている。この佐野城からの撤退ののち、謙信の安定的な支配地域として存続したのは、沼田領のみとなる（黒田二〇〇〇・二〇一五）。

三、御館の乱における佐野清左衛門尉

佐野虎房丸と同一人物の可能性がある佐野清左衛門尉の活動について確認したい。清左衛門尉の活動は、市村清貴氏と木村康裕氏が簡潔にまとめている（市村一九九〇、木村二〇〇六）。清左衛門尉は、御館の乱で景勝方として戦っており、とくに景虎方の通路を分断していることが注目できる。以下、現在知られている史料をもとにその活動を具体的にみていきたい。

御館の乱の発端となった謙信の死去は、天正六年（一五七八）三月十三日である（「上杉家文書」『上』一四七八ほか）。五月五日には大場（上越市）で景勝方と景虎方の合戦があり（「景勝公御書四」『上』一五〇〇）、同十三日には景虎が御館（上越市）に移っている（「歴代古案巻五」『上』一五二三）。

同年十月五日の上杉景勝書状写によれば、景虎方の北条景広が旗持城を攻めたのに対し、佐野清左衛門尉がその防衛に成功していることがわかる。また、旗持城の軍勢が不足していたようで、景勝方から追加の人員が派遣されている（「景勝公御書十二」『上』一六九〇）。

同月二十四日、清左衛門尉は蓼沼友重とともに旗持城を守っている。この日、御館方面の戦いで景勝方が景虎方の北条景広・本庄清七郎を破った。それにともなって敵の移動があったらしく、景勝は「敵夜中米山三十里通路致レ之候間、夜々ニ出二人数一、如何共往行之者討留候様、可二相稼一候」と述べ、「米山三十里」（上・中越を結ぶ道）を通行する敵を討ち取るよう指示している（「林泉寺所蔵文書」『上』一七〇七）。十一月四日、景勝は景虎方の本庄清七郎が琵琶島善七郎のもとへ加勢に向かったのではないかと警戒し、清左衛門尉に琵琶島（柏崎市）方面の様子

を注進するよう指示している。あわせて、「無二申迄一候得共、無二油断一精ニ入尤ニ候、若ゆゑ（故）なくすくとおり（直通）ニ仕候者、通用さいきり（遮）肝要候」と通路の遮断が重要であると述べている（「景勝公御書十二」『上』一七一五）。その後、同年冬に清左衛門尉は「敵数多討二捕之一」という戦功を挙げている（「上杉定勝古案集」『上』一七三四）。

翌天正七年正月六日になると、景勝は斎藤朝信（赤田）・村山慶綱（黒瀧）のもとへの使者左近司伝兵衛尉を「船路」によって送り届けるよう清左衛門尉に指示している（前出『上』一七三四・「景勝公御書九」『上』一七三五）。続いて、二月三日、景勝は清左衛門尉に景虎方の北条景広の死去を伝えている。また、斎藤朝信のもとへ戦況を知らせる飛脚を向かわせたが、上野九兵衛（猿毛）の方で飛脚を送ることができなければ、旗持から舟であっても陸路であっても送るようにと述べている。あわせて、御館から北条景広の家臣たちが逃げていくだろうとして、毎夜待ち伏せの兵を出すように命じている（「上杉定勝古案集」『上』一七五一）。二月十三日の上杉景勝感状写によれば、「去九日、北条之者共数多討二捕之一、殊に大沢頸・生捕共々差遣、乍二毎度一、誠以無二比類一手柄之段、感入候」とあることから、実際に待ち伏せの兵を出したようである（「覚上公御書集巻三」『上』一七六一）。同日、景勝は引き続き旗持方面に逃げていく兵がいるであろうとして、その殺害を指示している（「西沢徳太郎氏所蔵文書〈東大影写〉」『上』一七六二）。

佐野清左衛門尉は水・陸交通の要衝をおさえ、景虎方の逃亡兵を討ち取っていることがわかる。清左衛門がいる旗持城は、御館と中越の景虎方を分断する位置にあった。

二月十四日までに、清左衛門尉は旗持城北東の青海川（柏崎市）を拠点としていたと思われる青海川図書助を景勝方に引き入れることに成功した。図書助からは起請文・書状が提出され、景勝は十四日付けで図書助に「望之地」

を充行うとする朱印状を発給した。また、この頃の清左衛門尉は、青海川のさらに北東、柏崎に近い「鯨浪小屋」（柏崎市）を景勝方にすることを計画している。そのために清左衛門尉は景勝に対して援軍を要請するが、十四日時点の景勝は御館に陣を進める必要があり余裕がないとして断っている。景勝は地下人の動員を指示し、御館方面で十日間戦況が長引けば必ず援軍を送ると述べている（「上杉定勝古案集」『上』一七六三、前嶋敏・村井祐樹・福原圭一「山形県南陽市御殿守所蔵文書」〈『新潟県立歴史博物館研究紀要』第二一号、二〇二〇年三月〉一三号）。

二月二十五日の上杉景勝書状では、再び清左衛門尉のもとに蓼沼友重がいることが確認できる。この頃には清左衛門尉は鯨波を景勝方に引き入れることに成功している。さらに琵琶島への軍事行動を計画しているが、景勝は「雖レ然、無衆ニ而、聊尓之行、能々可レ致二分別一候」と人数が少ないなかでの無思慮な軍事行動について慎重な対応を求めている。あわせて、景勝は下郡（下越）方面の状況を注進するように指示している（「西沢徳太郎氏所蔵文書〈東大影写〉」『上』一七七五）。

続いて、清左衛門尉が海賊と関わりを持っていたことがわかる史料を掲げる。

【史料7】上杉景勝書状（「新潟県立歴史博物館所蔵文書」、『上』一七八四。原本の不読部分を「上杉定勝古案集」で補ったもの。それぞれ東京大学史料編纂所架蔵写真帳六一七一・四一―二八、六一七一・二五―一一―一二）

今度自二琵琶嶋地一館江兵粮入置処ニ、従二其地一賊舟共出、方々江押散、舟共取レ之、殊ニ上乗者、其外舟頭以下数多討捕、頸是迄指登候、誠□〔以〕毎事各拵無二比類一候、然者、館之儀、追日無力、落居可レ為二十日中一候、其内自二下筋一館江兵粮入置儀無レ之様ニ、日夜無二油断一可二相拵一事、専一□〔候〕、随而、鯨波之地江鉄放人数入置之由、是又奇□〔特〕仕様ニ候、吉早重而可二申遣一候、謹言、

（天正七年）
三月三日景勝（花押）

佐野清左衛門尉殿

三月三日までには、清左衛門尉は「賊舟共」を出して琵琶島から上杉景虎が立て籠もる御館への兵粮搬入を阻止するなどしていることがわかる。また、景勝は下郡方面からの兵粮搬入も警戒させている。旗持城が御館への兵粮の供給を断つうえで重要な位置にあったことがうかがわれる。さらに、清左衛門尉が鯨波に鉄炮と軍勢を入れていることも確認できる。福原圭一氏は、右の史料を踏まえつつ、旗持城沖での「海賊船」の活躍が景勝の勝利を導いたと指摘する。また、旗持城の山の麓にある八崎町の人々が「海賊」であったと推測している（福原二〇一〇）。

ちなみに、【史料7】の充所が低い位置に書かれていること、書止文言も「謹言」のみであることから、景勝に対して清左衛門尉の立場が低いことがうかがえる。もしも清左衛門尉が虎房丸と同一人物で良いとすれば、虎房丸が謙信の養子になったという説の反証にもなりうるだろう。謙信の養子となった人物であれば、景勝とは同格に近い関係になるためである。

同月三日には、清左衛門尉は上条（柏崎市）へ軍事行動を起こし、計略によって景勝方に引き入れることに成功、旗持城から上条に援軍を派遣した。一方、景勝は琵琶島についても計略によって景勝方に引き入れるよう清左衛門尉に指示している。琵琶島から御館へ「舟」を送ることが警戒される状況にあったことも読み取れる（前掲「山形県南陽市御殿守所蔵文書」一四号）。

同月十七日、ついに御館が攻め落とされると、上杉景虎は鮫ヶ尾城（妙高市）へ移動、二十四日には自害することとなる（「上杉定勝古案集」『上』一八〇〇）。御館が落ちたのは、先の兵粮搬入阻止が記された書状から十四日後のことであった。

最後に、不明確ながら佐野清左衛門尉の痕跡が確認されるその他の主な史料を確認する。（天正七年）三月二十六日付けの青海川図書助充山崎秀仙書状写では、旗持城の家臣たちと青海川図書助が相談をしていたこと、景勝の御用により琵琶島へ使者が向かったことがわかる（「歴代古案巻十三」『上』一八〇二）。

天正八年ヵとされる六月十一日付け上杉景勝書状では、蓼沼友重に対し、「仍而佐野番替差越候間、帰路候哉、」と述べ、同月二十六日の出馬の供を命じたうえで、「以前佐野召連あしかる（足軽）共きつて（切手）之ことく召連、肝要候、」とあるように、「佐野」の番替えや佐野氏の足軽を引き連れることについて指示している（「蓼沼文書〈東大影写〉」『上』一九七四）。『上越市史　別編2』では、「佐野」を清左衛門尉に比定しているが、詳しいことは分からない。

天正七～九年に比定される五月二十日付け上杉景勝朱印状では、蓼沼友重・佐野清左衛門尉に対し、柏崎の町人たちが「小屋下」をした場合は、早々に還住を申し付けるようにと命じている（「佐藤明徳氏所蔵文書」『上』三七七四）。このほか、年未詳の十二月十二日付け上杉景勝書状写では、甘粕長重に対して人脚徴発の命令を出しており、詳しい事を佐野清左衛門尉が伝えることになっている（「景勝公御書全」『上』三八六三）。

以上のように、佐野清左衛門尉は交通の要衝をおさえ、御館と中越の景虎方を分断している。また、「賊舟共」を出して御館への兵粮搬入を阻止したことがわかる。米山から柏崎、上条にかけての一帯を景勝方がおさえることに寄与し、御館の乱における景勝方の勝利に貢献したといえる。

おわりに

最後に、本稿で述べてきたことをまとめて結びとしたい。下野佐野昌綱の子息佐野虎房丸は、佐野家が上杉謙信に従属した際に、人質として上杉家に出された。その後、昌綱の離叛・従属を経て、先行研究では虎房丸が謙信の養子になったと考えられてきたが、筆者は義絶関係にあった昌綱の養子になったのではないかと考えた。永禄十年（一五六七）五月頃、虎房丸は佐野に戻り、昌綱の継嗣となる。しかし、同年十月、謙信は佐野城の維持が困難になると、同城を昌綱に返還し、虎房丸以下の在城衆を連れて引き上げることとなる。以後の虎房丸の活動は不明だが、越後国旗持城将の佐野清左衛門尉と同一人物である可能性も否定できない。清左衛門尉が登場する史料は、確実なものでは御館の乱頃の数年間のみといえる。清左衛門尉は、御館の乱では景勝方として活動しており、交通の要衝をおさえて景虎方の勢力を分断、御館への兵粮搬入を阻止するなどしたのである。

［参考文献］

荒川善夫「唐沢山城に対する上杉謙信と相模北条氏の思惑」（同著『戦国・近世初期の下野世界』東京堂出版、二〇二一年、初出二〇一六年）
池上裕子「「関東幕注文」をめぐって」（前嶋敏編著『シリーズ・中世関東武士の研究　第三六巻　上杉謙信』戎光祥出版、二〇二四年、初出一九八二年）
同　「上杉輝虎の佐野支配をめぐって」（『戦国史研究』第一六号、一九八八年）
市村清貴「御館の乱」（『柏崎市史　上巻』第三章第六節、一九九〇年）
伊東多三郎「越後上杉氏領国研究の二史料―慶長二年越後国絵図と文禄三年定納員数目録―」（同著『近世史の研究　第五冊　領国・鉱山・貨幣』吉川弘文館、一九八四年、初出一九五九年）
同　「上杉氏文禄三年定納員数目録の真実性」（同著『近世史の研究　第五冊　領国・鉱山・貨幣』吉川弘文館、一九八四年、初出一九六一年）

大貫茂紀「阿久沢氏と境目の成立・維持」（同著『戦国期境目の研究―大名・領主・住人―』高志書院、二〇一八年、初出二〇一四年を補訂）
木村康裕「佐野清左衛門尉」（『戦国人名辞典』吉川弘文館、二〇〇六年）
黒田基樹「上杉謙信の関東侵攻と国衆」（同著『戦国期東国の大名と国衆』岩田書院、二〇〇一年、初出二〇〇〇年）
同　「戦国時代の佐野氏」（同著『古河公方と北条氏』岩田書院、二〇一二年、初出二〇〇五年）
同　「上杉謙信の佐野攻め」（同著『戦国期関東動乱と大名・国衆』戎光祥出版、二〇二〇年、初出二〇一五年）
同　『国衆　戦国時代のもう一つの主役』（平凡社、二〇二二年）
同　「佐野昌綱」（同編『戦国武将列伝3　関東編下』戎光祥出版、二〇二三年）
齋藤慎一『中世を道から読む』（講談社、二〇一〇年）一三五～一四二頁
杉山　博「三つ巴の争乱」（『佐野市史　通史編上巻』第三章第二節、一九七八年）
福原圭一「景勝に味方した越後の「海賊」「御館の乱」の一こま」（田村裕・伊藤充監修、田中聡編集総括『知っておきたい新潟県の歴史』新潟日報事業社、二〇一〇年）
松本一夫「上杉謙信による下野佐野支配の特質」（佐藤博信編『中世東国の政治と経済　中世東国論6』岩田書院、二〇一六年）
簗瀬大輔「上野国からみた上杉謙信の佐野攻め」（『佐野市制10周年記念　唐沢山城跡国指定史跡化記念　第62回企画展　上杉謙信がやってきた』佐野市郷土博物館、二〇一五年）

Column

上杉謙信の養子・養女について
──中条景資室に関する検討

前嶋　敏

はじめに

上杉謙信には実子がおらず、その一方で多くの養子・養女を得ていたことはつとに知られる。片桐昭彦氏は、謙信の養子・養女として、上条弥五郎政繁、上条政繁室、中条景資室（高梨政頼女）、長尾源五、長尾顕景（上杉景勝）、長尾時宗、佐野虎房丸、上杉景虎、上杉景虎室、上条五郎義春の十名が確認できるとして、さらに甥姪や従姉妹のような血縁者だけでなく、他国の名門・名家出身の子を養子としていること、名門・名家出身の養子は、血縁のある養女と結婚させ、分国内の上杉氏一族などの家の後継者としていることを指摘している（片桐二〇〇四、二〇一七）。そしてそのことから、謙信は自らの養子に山内上杉氏や上条上杉氏・山浦上杉氏などを継がせ、自らはその養父として、他の上杉氏一族とは一段階上の家格である上杉諸家の「宗家」的立場として位置づけられることをめざす姿勢が見受けられるとする（片桐二〇〇六など）。謙信の養子・養女の縁組政策は、謙信の家格に対する認識などをうかがううえでも検討すべき課題のひとつといえる。また、当然のことながら養子縁組は家と家とのつながりを生むものでもあり、謙信のみならず、上杉氏（長尾氏）と養子元となった家との関係性を考えるうえでも重視されよう。

さて前述の通り、上杉謙信の養子の多くは、山内上杉氏や上条上杉氏・山浦上杉氏などといった上杉氏一族を継承するなどしているが、そのなかで謙信の配下となる中条氏の妻となった中条景資室（高梨政頼女）は立場がやや異なるように思われる。上杉氏とその家臣中条氏、また高梨氏との関係をうかがううえにおいても、高梨政頼女が謙信養女となり、中条氏に嫁いだとされることについては、注目すべきではなかろうか。また本書では、上記片桐氏の指摘したうち景勝・景虎など男性の多くは、個別にとりあげ、それぞれ言及されている一方で、中条景資室など女性についてはそれほど取り上げられていない。そこで本コラムでは、景資とその室の婚姻について確認し、またそれを踏まえて長尾氏（上杉氏）と中条氏との関係を検討したい。

なお、中条景資については一次史料では確認できず、その動向については議論が分かれ、判然としない（上越市史中世史部会二〇〇二、金子東京大学史料編纂所HPなど）。また高梨政頼女との婚姻に関しては、後述の通り由緒書等の記載によってうかがわれるところが大きい。そこでここでは、複数の由緒書の記載を比較し、この婚姻がどのように伝えられたのか、という点を中心に考察を加えることとしたい。

一、中条氏の由緒書と中条景資・中条景資室

本節では、中条景資と景資室の婚姻がどのように伝えられているのか、という点について考察を加えたい。

『中条氏家譜略記』（山形大学附属図書館）の中条景資の項によれば、景資は享禄五年（一五三二）に生まれ、永禄十一年（一五六八）に父藤資が没したことにより家督を継ぎ、謙信（景虎）の一字を得て景資と名乗ったとされる。そして天正元年（一五七三）に四十二歳で没したという。またその婚姻に関しては、「永禄元年戊午　輝虎公御養女結婚、実高梨刑部少輔政頼女也」という記述があり、永禄元年（一五五八）に上杉謙信の養女（高梨政頼女）

と結婚したとされていることがわかる。

また、同じく中条氏に伝来した『中条越前守藤資伝記』（山形大学附属図書館）では、永禄十一年に没した中条藤資には三人の息子がおり、その嫡子が山城守景資であったとされる。そして、景資は家督相続後に越前守と改めて、本庄繁長の乱などにおいて謙信方として活躍し、謙信より誓紙などを賜ったという。なお同書においても、高梨政頼女を室とし、天正元年に没したとある。

さて、『中条氏家譜略記』は明治初期の中条氏当主清資の事績までを記載するものであり、近代以後に同氏で整理された記録とわかる。また、『中条越前守藤資伝記』も慶応元年（一八六五）までの同氏の動向を記しており、やはり幕末～明治期に整理されたものといえる。このほか、景資の動向を示すものはいずれも由緒書や系図などであり、婚姻のことなどを含めて、景資に関する一次史料は現在のところ確認できない。

では、中条景資と景資室の婚姻について、中条氏ではどの時点から言及されているのであろうか。『中条家由緒書』（山形大学附属図書館）は、寛永二十年（一六四三）頃、当時の中条氏当主知資あるいはその周辺で作成されたものとみられるが（前嶋二〇一一、二〇一四①）、同史料は、景資の父にあたる藤資について、越後揚北衆であること、高梨政頼の聟であること、晴景から景虎への家督交替にあたって景虎方として在府し、以後、川中島合戦などでも活躍したことなどを示している。さらに景資について、天正十九年（一五九一、天正十年〔一五八二〕の誤）に越中国魚津城に籠城するものの、織田信長軍の攻撃を受けて切腹した、などとしている。

ただし、まず中条藤資については、天文四年（一五三五）に没するかあるいは引退するかして、弾正忠に家督を譲渡しており、長尾晴景から景虎への家督交替期には中条氏はすでに当主がかわっていた可能性が高いとみられる（前嶋二〇一四②）。また、天正十年に柴田勝家に魚津城を包囲されて自刃したのは景資の後継とされる中条景泰である。したがって寛永年間の時点においては、中条氏では、戦国期の自家の系譜が正確に継承されておらず、それぞれの歴史的事象の理解において、世代やその事績がきちんと把握されていなかったといえる。

なお、十七世紀前半期までに自家の系譜を失っていた中条氏では、十七世紀後半およびそれ以後、同氏に伝わる古文書の収集・整理を実施するなどして、その再構築を図っていたとされている（前嶋二〇一四①）。さきにみた『中条氏家譜略記』などは、十七世紀後半以後、同氏における系譜認識があらためられた結果として、修正された内容を反映したものとみなされよう。

さて、『中条家由緒書』では、長尾為景の子晴景・景虎は高梨政頼の甥であり、さらに前述のとおり梅波（＝藤資）は政頼の聟であるとして、長尾氏と中条氏のつながりが強調されている。すなわち高梨政頼女が中条氏に嫁いだとすることについては、寛永二十年頃の時点で認識されていたといえる。しかし、その前に長尾氏の養女となっていたことは同史料にはみられない。長尾氏養女として嫁しているのであれば、記述されるべき内容とみられることからすれば、この時点の中条氏では、そのことは認識されていなかったと考えられるのではなかろうか。そして、『中条氏家譜略記』などが十七世紀後半以後のものであることからすると、中条景資室が謙信養女であったとする記述は、中条氏における系譜認識があらためられるなかで付加された情報であったとみなすことができるように思う。なお、それが史実か否かは現時点では判然としない。その意味では、中条景資室が謙信養女として中条氏に嫁いだとすることについては、その後の中条氏側の由緒再構築にあたっての情報収集過程も含めて、さらに検討が必要ではなかろうか。

二、上杉氏（長尾氏）と中条氏の関係と「中条景資室」

前節にみたとおり、寛永二十年（一六四三）の時点では、高梨政頼女が中条氏に嫁いだことは由緒書にも記されるものの、謙信養女となって嫁いだとする情報は確認できない。しかし、その後、中条氏における系譜認識はあらためられ、幕末以後にはこのことが由緒書に記されている。そこで、情報が付加される背景として、戦国期における上杉氏（長尾氏）と中条氏、また高梨氏との関係について確認しておきたい。

大永六年（一五二六）九月五日、越後揚北衆中条氏当主の藤資は、長尾為景に対して、忠誠を誓う旨の起請文を提出している（『新潟』二二三七）。為景は、同年正月に新津氏・黒川氏など、他の揚北衆とも同様の起請文を取り交わしており、この時点において為景と揚北衆が関係性を深めていたことがうかがわれる（『新潟』二二三三～二二三六）。

さて、上記起請文において藤資は、長尾氏と中条氏が縁家となったことから、中条氏が為景の子供（長尾氏）に対して敵対しないことを表明している。すなわちこのときに長尾氏と中条氏は縁戚関係を結んだと考えられる。なお、中条藤資の生年が『中条氏家譜略記』などでは明応元年（一四九二）とされており、おおむね十五世紀末に誕生したとみられることからすると、この縁戚にかかる中条氏側の人物は藤資自身あるいはきょうだい・子女等である可能性も考えられるが、特定できない。

また、中条景資室に連なる高梨氏も長尾氏と縁戚関係にあったことが知られる。弘治二年（一五五六）六月二十八日付の長尾宗心書状では「高梨事者取分有好儀之条」（『上越別』一―一三四）とあり、謙信期あるいはそれ以前から縁戚関係にあったと考えられる。なお『中条氏家譜略記』などにおいて高梨政頼女が謙信の養子となったとされるのはこれ以後のことである。

これらのことからすると、中条景資室が謙信養女となっていたとされることについては、十七世紀以後の中条氏が自らの系譜を再構築していくなかで、上記にみるようなそれ以前からの長尾氏（上杉氏）との関わりを意識して、情報を収集するなどして由緒書の情報を更新した結果と考えることもできるようにも思う。このことは、近世以後の中条氏の側において中世以来の長尾氏（上杉氏）との縁戚関係が重視されていたことを示すものといえよう。

おわりに

以上、本コラムでは、上杉謙信の養子・養女とされるうちの中条景資室と中条景資の婚姻に関して記載のある由緒書や、また戦国期における長尾氏と中条氏の縁戚関係などについて検討を加えた。そして、寛永二十年（一六四三）頃において、中条氏（『中条家由緒書』では藤資とする）の室が高梨政頼女であるという認識はあったものの、謙信養女であったという認識はなく、その情報が更新されるのは十七世紀後半以後のこととみられること、また中条氏は謙信期以前にすでに長尾氏と縁戚関係にあり、また高梨氏も長尾氏と縁戚関係にあったことが、情報更新の背景の一つとなった可能性があることを示した。なおその情報更新については、近世における配下武将の側が長尾氏（上杉氏）との縁戚関係を重視していた結果でもあることが示唆されるように思う。

謙信ならびに上杉氏（長尾氏）と配下諸将との縁戚関係の構築などについては、謙信（上杉氏・長尾氏）と配下諸将との関係を明らかにしていくうえでも、さらに検討を深めていくべきであろう。

[参考文献]

片桐昭彦「上杉謙信の家督相続と家格秩序の創出」（『上越市史研究』一〇、二〇〇四年）

同「上杉謙信と養子たち」（新潟県立歴史博物館講演会（レジュメ）、二〇〇六年）

同「上杉謙信と養子・一族」（福原圭一・前嶋敏編『上杉謙信』高志書院、二〇一七年）

金子拓「大日本史料第十編之二十三編纂ノート」（東京大学史料編纂所ＨＰ、https://www.hi.u-tokyo.ac.jp/chusei/10-23.html）

上越市史中世史部会『上杉家御書集成』Ⅱ（上越市史編さん室、二〇〇二年）

前嶋敏「中条家由緒書」（新潟県立歴史博物館『越後の大名』展示図録、二〇一一年）

同「米沢藩中条氏における系譜認識と文書管理」（『国立歴史民俗博物館研究報告』一八二、二〇一四年①）

同「越後享禄・天文の乱と長尾氏・中条氏」（『中央史学』三七、二〇一四年②）

第三部　越後の長尾・上杉一族

Ⅰ　府内長尾家の人びと

前嶋　敏

はじめに

本稿では、上杉謙信につながる越後の長尾家、また府内長尾家の系譜と当主等の動向について確認する。

上杉謙信は、弘治二年（一五五六）六月、長慶寺天室光育に宛てて送った書状のなかで、自らの系譜に関して、次の点を主張している（『上越別』一―一三四。今福二〇一八②、山田二〇二〇など参照）。

①長尾家は関東から移ってきたこと。

②曩祖魯山（長尾高景）は無双の勇将で、震旦（中国）まで知られていたこと。

③因幡守実景は結城合戦の折には免許された赤漆の御輿で出陣して要害を攻め落としており、頂戴した綸旨などが今も伝わっていること。

④通窓（頼景）、実渓（重景）も関東に出陣し、所々において軍功をあげていること。

⑤祖父正統（能景）も越山して武威を轟かせていること。

また、永禄四年（一五六一）二月二十七日には、関東管領職を継承するにあたって、安房国妙本寺に願文を奉納し、そのなかで自らの系譜について以下の点を示している（『上越別』一―二五八）。

①平安末期の鎌倉権五郎景政（長尾家の始祖）以来の家の出自であること。
②長尾筑前守高景・因幡守実景・能景・為景といった高名の武将の系統をひいていること。

これらの内容からも、謙信が自らにいたる長尾家の系譜、また高景・実景ら同家の先人の事績を強く意識していたことがうかがわれよう（以下本稿では、上記の二通をまとめてあらわす場合、謙信書状と表記する）。謙信の動向を把握するうえにおいても、長尾家の系譜理解についてはあらためて注視すべきものと思われる。

なお後述する通り、系図によっては府内長尾家の始祖を十四世紀末〜十五世紀前半期の当主景房とするものもある。しかし、上記謙信書状にみるとおり、謙信は、十四世紀後半頃に長尾家当主として越後蒲原郡の支配を担っていた高景を嚢祖としている。また高景は、もともと拠点としていた越後国蒲原郡三条の三条島城（『新潟』一三一六）から春日山城に拠点を移して活動するようになり、それ以後この系統が同国守護代を担ったという見解もある（井上一九六六、一九六九、赤沢一九八七、金子一九八三など）。そこで、当主等の動向に関しては、高景以後を検討の対象とする。なお謙信の父為景および兄晴景については、本書第一部所収論文に譲ることとする。

一、越後長尾家と府内長尾家

越後国における長尾家の活動は、上杉家重臣であった長尾景忠からはじまることが知られる。康永二年（一三四三）には鎌倉府執事上杉憲顕が越後守護となっており、また景忠が守護代として活動している（『新潟』一〇四七、一二五六など）。ただし景忠は、貞治二年（一三六二）には上野守護代となっており、以後景忠の系統は関東長尾家として発展する。そして越後では、景忠の後に実弟（養子）の景恒が越後守護代を担い、以後この系統が越後守護代をつとめる長尾家となったとされる（勝守一九八八）。そこで本節では、府内長尾家の系譜を検討するにあたり、景忠以後の越後長尾家の系譜をあわせて確認しておきたい。

越後長尾家の系譜については、「上杉長尾系図」「上杉系図・長尾系図・足利系図」など、米沢市上杉博物館所蔵史料を中心に複数の系図が知られており、それらの検討が求められているが（井上一九六六、今福二〇一八①）、なかでも天文〜弘治年間に作成されたとみられる『越後長尾殿次第』の記述は注目される（『上越別』一―二四五）。まずその系図を確認してみたい。

【史料1】（『上越別』一―二四五、丸数字は引用者）

越後長尾殿次第

○弾正左衛門尉法名春阿弥陀仏於当国初祖息三人　①
嫡子新左衛門尉□□□□省寺開山是也　②
次男豊前守景春古志郡之也　③
三男筑前守高景法名魯山道周息三人　④
嫡子上野守法名徳岩性景息因幡守五郎左衛門尉　⑤
次男淡路守法名益峯息十六人男女共下田之筋　⑥
三男弾正左衛門尉法名忠山云々息二人　⑦
嫡子上総守息下野守顕景総州之筋　⑧
次男信濃守頼景法名正通窓永公　⑨
信濃守重景法名渓実正真　⑩

⑪　信濃守能景法名高岳正統
⑫　信濃守為景法名道七
⑬　弥六郎晴景法名華岳
⑭　弾正少弼景虎

【史料1】は冒頭に「越後長尾殿次第」とあり、弾正左衛門尉法名春阿弥陀仏という人物から長尾景虎（上杉謙信）までの系譜を示したものである。この系図においては、越後国三条にほど近い下田地域に拠点をもって活動した下田長尾家に関わる記述もあり、三条から拠点を移した府内長尾家と下田長尾家との関係をうかがわせるものとしても注目される（前嶋二〇一四）。そこで本史料の記載内容について、丸数字の順に確認してみたい。

まず、①弾正左衛門尉（法名春阿弥陀仏）からみてみたい。弾正左衛門尉は当国初祖であり、息が三人いたとある。ただしこの人物の実名は記されていない。この人物に関して、『越後長尾殿之次第』（市立米沢図書館複写資料、今福二〇一八①。以下『次第』とする）をみると、関東惣祖は嫡子教阿（＝景忠）、越州初祖は次男春阿とある。このことからすると、春阿弥陀仏を称する①弾正左衛門尉については景恒と考えるべきといえる。しかし、米沢藩上杉家に伝来した『長尾氏系図』（『新潟』八三一）では、景恒の存在を否定し、景忠の弟の名を景春としている（木村一九九六、山本隆二〇〇四）。系図によって認識が異なっていることがわかる。また、越後国内における景恒の発給文書は確認されておらず、景忠以降に越後国で活動が確認できるのは景春である。これらのことからすると、系譜等による見解がさまざまであることをあわせて、現時点では①については人物を特定し得ない。

次に、その息となる②～④の三名をみてみたい。まず②嫡子新左衛門尉については、『長尾氏系図』（『新潟』八三一）では「蒲原代官」とされ、小国氏に夜討ちを掛けられて戦死したとある。すなわちこの家が蒲原郡司をつとめていた家である可能性が考えられる。なお『次第』では、【史料1】で判別できていない部分について、「女子一人三省寺開山是也」とする。次に③次男豊前守景春については、その後段に「古志郡之也」と続いており、古志郡司を担った古志長尾家の系譜につながることがうかがわれる。なお、『次第』では景春を「古志上田両家初祖」としており、この系統から上田長尾家が分かれている可能性も考えられる。また『長尾氏系図』では、景春を景忠の弟としていることから、②新左衛門および④高景の兄弟については「某　蔵王堂豊前守」と記す。次に、④三男筑前守高景については、「法名魯山道周」とあり、②〜④の中で唯一法名が記される。また息三人としており、高景がこの家を継承していることがわかる。また、②の新左衛門尉からの系譜がみられないことから、新左衛門尉が没したのち、高景が蒲原郡司の家（三条長尾家）を継承した可能性が考えられている（井上一九六六、一九六九、山本隆二〇〇四、久保田二〇一二などを参照）。なお、貞治六年（一三六七）、越後守護上杉憲顕は、幕府の命を受けて越後豊田庄（新潟県新発田市）を東大寺に渡すように守護代の「長尾筑前入道」に指示している。この「長尾筑前入道」については、高景に比定する見解もみられるが（金子一九八三、『上越』三―一四九・一五〇）、一方で高景は応安元年（一三六八）以後にも弾正左衛門尉を称しており（『新潟』一三〇三、四〇五一、四〇五二）、同一人物ではない可能性が高い。高景以前に筑前入道を称した守護代がおり、これを高景が継承したとも考えられる。したがって、高景への家督および守護代の継承に関しては、筑前入道の存在も含めて、あらためて検討すべき点があるように思う。

また、確定はしないものの、のちに謙信が拠点とする春日山城の築城時期に関して、長尾高景が関東管領上杉憲方の次男龍命丸（房方）を越後守護に迎えて府内の城に住まわせ、自らは鉢ヶ嶺城（春日山城）を築いてここに住んだとする説、また長禄年間（一四五七〜六〇）頃に守護上杉氏の要害として築かれて、守護代長尾氏がこれを守備したとする説などがあるという（平凡社一九八六、井上一九六六、金子ほか二〇〇三など）。このなかで、高景が春日山城に移ったとする説があることについては、府内長尾家に対する認識を考えるうえでも注目すべきことといえよう。

続いて、④高景以降について確認したい。高景には三人の息があったとされており、⑤〜⑦がその三人にあたる。⑤嫡子上野守法名徳岩性景は高景の子邦景を指す。邦景に続く「息因幡守五郎左衛門尉」はその子実景を指すとみてよいであろう。⑥次男淡路守法名益峯は、実名不明であるものの、「息十六人男女共下田之筋」とある。『次第』では、この人物を「下田初祖」とする。これらから、下田長尾家につながる人物であることがうかがわれる。⑦三男弾正左衛門尉法名忠山は景房を指す。なお『次第』では、この人物はのちに信濃守定景と名乗ったとして、さらに「府中之祖」とする。このことからすると、府内長尾家は景房から始まったことになる。この理解については、後述するように高景から越後守護代長尾家を継承した⑤長尾邦景とその子実景が上杉房定によって滅亡し、その家督が邦景の弟景房の系統に移ったことによるものと考えられる。その点で、邦景・実景と景房およびその子頼景との関わりについては注視すべきであろう。

さて、⑦景房には息が二人いるとされる。それが⑧嫡子顕景と⑨次男頼景であり、そして⑨頼景の系譜から、重景━能景━為景━晴景━景虎と継承されていく（府内長尾家）ことが確認できる（山田二〇二〇）。

以上から、越後長尾家においては、南北朝〜室町期には長尾景恒（あるいは景春）の子新左衛門尉が蒲原郡司、その弟（景春か）が古志郡司を担っていたことがわかる。こうして蒲原や古志などに長尾家が分立している背景として、井上鋭夫氏は、上杉家の所領配分事情を指摘している。すなわち越後では、上杉憲房が憲藤と憲顕に国衙領を半分ずつ配分し、さらに国衙領とは別扱いで上田庄を支配下においていたことにより、代官であった長尾家も蒲原郡、魚沼郡と古志郡にそれぞれ併存することになったとする（井上一九六六、一九六九）。

また、この併存状況を踏まえて、越後では郡単位で支配が行われていたという。山本隆志氏は、上杉憲栄が越後守護であった永和二年（一三七六）、高景が越後国加治庄内の所領を鎌倉円覚寺領とする件について打渡しを命じられている一方で、同年に景春が越後鵜川庄安田条上方を丹波安国寺領とする件に関わっていることを指摘し、高景は鎌倉、景春は京都にいて、双方ともに同時期に越後守護代として活動していたとする（山本隆二〇〇四）。

なお、越後国頸城郡内に多く分布する公領は上杉家の知行下に入っており、それを実際に担っていたのは越後守護代の長尾家であったと考えられている。そしてそのことから、蒲原郡司の長尾家が守護代家として頸城郡をもその支配下においたとみられている（井上一九六六、一九六九、山田一九八七、山本隆二〇〇四）。そして、新左衛門尉から弟高景が蒲原郡司の長尾家（三条長尾家）を継承し、この系譜がのちに府内に拠点を移して府内長尾家へとつながったと考えられる。ちなみにその後の蒲原郡の支配については、配下の山吉家がその権限を代行していたとみられる（前嶋二〇一二）。

以上、【史料1】をもとに弾正左衛門尉（景恒あるいは景春）以後の越後長尾家、府内長尾家にいたる系譜について確認してきた。なお【史料1】や『長尾氏系図』のほか、さまざまな系図が上杉家に伝来しており、府内長尾家に関する系譜については、これらを総合するかたちで系譜の復元が試みられている。そして、そのなかでたとえば『新潟県史』では図1のような系譜の復元が行われている（図1、山田一九八七）。この復元では、新左衛門尉を弾正左衛門尉（景恒）の子ではなく景春の子とし、また景春から古志長尾氏と上田長尾氏に系統が分かれるとするなどしている。なお今福匡氏は、『次第』の記述なども踏まえて、あらためて系譜の復元試案を提示している（今福二〇一八①）。

系図史料については、後世の編纂物であるため、慎重な検討が求められるが、また一方で系譜の問題は家や個人の動向を理解するうえでも重要といえる。本節で確認してきたことについては、【史料1】において実名の記されていない部分や、前述した景恒の実在性、一次史料との比較など、さらに検討すべき点は少なくない。さらに精緻な復元的検討が今後も望まれよう。

二、府内長尾家の歴代と越後守護代

前節では、府内長尾家については、長尾景房から始まるとする認識があったことを示したが、一方で謙信が先祖

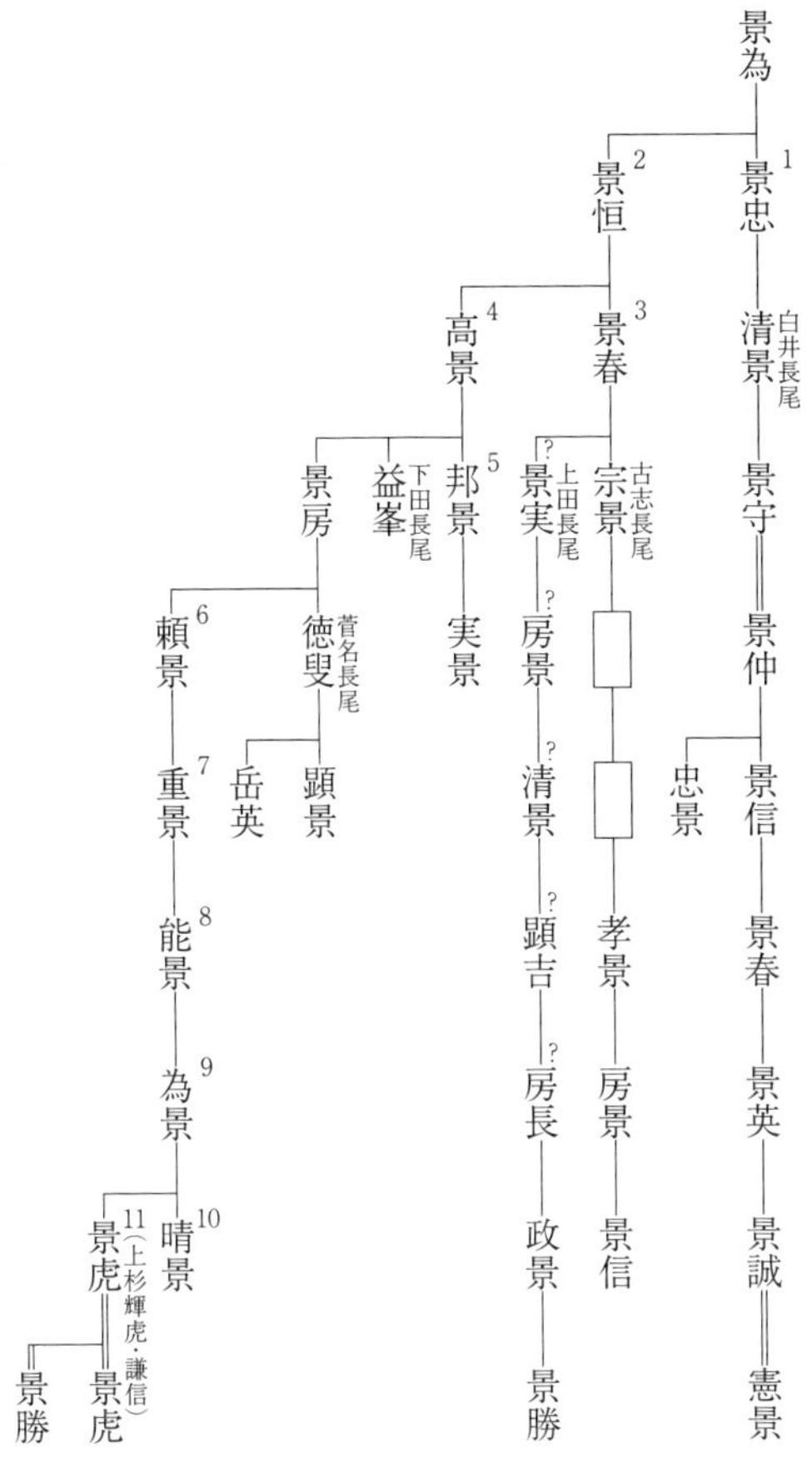

長尾氏系図

の事績に関して記すなかで、高景を曩祖としていること、また高景が府内に拠点を移したとも伝えられてきていることなどを確認した。そこで本節では、とくに前述の謙信書状に基づいて、長尾高景以後の当主等について、（1）長尾高景、（2）長尾邦景・実景、（3）長尾頼景・重景・能景にわけて、その動向および越後国内における権力の変容を確認することとしたい。

（1）長尾高景

長尾高景については、確実なものとして三通の発給文書が知られる。ここからは、揚北地域の武将たちと関わりつつ、会津新宮や佐渡など、多方面へ軍事活動を展開していたことがうかがわれる（『新潟』一三〇三・一三〇四など）。また『次第』によれば、高景は康応元年（一三八九）、佐渡において討死したとされる。なお井上鋭夫氏は、高景が観応二年（一三五一）の薩埵山の戦いにおいて、足利直義方として参戦していたとする（井上一九六六）。ただし、これは『太平記』三十「薩埵山合戦事」に登場する「長尾孫六」を高景に比定した結果と考えられ、一方で発給文書の初出（永和二年（一三七六）頃、『新潟』一三〇三）との時間差を鑑みれば、孫六は高景と別人である可能性が否定できない。また前述のとおり、貞治六年（一三六七）の越後国守護施行状案（『上越』三―一五〇）にみられる「長尾筑前入道」も高景とは別人と考えられる。したがって、ここでは高景の当主としての活動期間については、一三七〇～八〇年代を中心とした時期としておきたい。

さて、新左衛門尉から高景へと長尾家（越後守護代家）の家督が継承されたことについて井上氏は、南北朝～室町期の時点では、長尾一門では特定の家系の長男が世襲するという慣習が明確になっていなかったこと、さらに高景が材幹に恵まれていたことを指摘する。高景は、卓越した軍事的・政治的能力を発揮して越後の国侍の尊敬を集めたことなどによって長尾家の越後における地位を確立し、そのことから高景の家系が長尾一族の間で重きをなすに至ったという（井上一九六六、一九六九）。謙信書状では高景は「無双の勇将」と称えられている。またあわせて謙信は、絶海中津が明に渡海したとき、高景の武功を問い、肖像を所望したという事例を紹介している（『上越別』一―一三四など）。その真偽はともかく、謙信がこうした記述を行っていることは注目すべきであろう。高景は長尾家において高く評価されており、その系譜において重要な位置を占めるものと思われる。

（2）長尾邦景・実景

長尾邦景・実景は、高景の嫡男とその子にあたる。邦景は、高景が没した後に家督を継承し、宝徳二年（一四五〇）に没するまで守護代であったといわれる（山田一九八七）。このことからすると、その期間はかなり長く、生年は判然としないものの、若くして家督を継承したことが想定される。ただし、発給文書の初見は応永三十一年（一四二四）であり（『越佐』二―七六七）、その前半生については不明な点が多い。また実景は、生年は明らかではないが、邦景の子として誕生し、結城合戦などで活躍したことが知られる。実景は守護代を継承していないが、先に見た通り、謙信書状ではその活躍が特記される。また邦景と実景はともに越後守護上杉房定に反旗を翻して征伐された結果として没している。ここでは邦景・実景父子の動向についてあわせて確認したい。

a．越後応永の大乱と長尾邦景

越後国では、十四世紀半ば頃から、上杉氏が一国を制圧して、そのもとで守護代長尾氏が郡司として地域の管轄権限を握るようになったとされる（赤沢一九八七）。ただし一方で山本隆志氏は、郡管轄の長尾家の文書発給は応永

～永享年間にはわずかであることから、応永期（邦景期）頃の長尾家権力は流動的であったと推定しており（山本隆二〇一八）、そのありようについてはあらためて確認する必要があろう。

さて、邦景の動向をめぐっては、応永三十～三十三年（一四二三～二六）頃に越後国で繰り広げられた越後応永の大乱が注目される。この争いは、応永二十八・二十九年（一四二一・二二）に越後守護上杉房方・上杉朝方が相次いで死去したため、朝方の弟頼方が新たな守護となったことから、越後国で頼方側と守護代邦景側に分裂して展開したもので、幕府や鎌倉府をも巻き込む大きな内乱であった（田村二〇〇四など）。この争いでは、上杉家方が揚北衆らとともに長尾方の三条島城を攻撃するなどしており、一方、邦景方としては、弟信濃守定景（景房）と嫡男五郎左衛門実景を両大将として活動していたとみられる（『新潟』一三一六）。そして、上杉家方の攻撃は失敗し、頼方は守護職を罷免され、朝方の子幸龍丸（房朝）が新たに越後守護となった。こうして争いは邦景の勝利におわり、邦景は将軍義教から越後の国政を委任されることとなったとみられている（佐藤一九七六、木村一九九六、田村二〇〇四など）。

なお、大乱以後に邦景は自らの署名によって安堵状を発給している（『新潟』一三九〇）。このことについて木村康裕氏は、争いが長尾家優位に進んだことによるものと評価している（木村二〇一二）。

b．長尾実景と結城館合戦

長尾邦景の嫡男実景は応永九年（一四〇二）からその活動がみられるようになる（『新潟』二二四四）。越後応永の乱にも参戦するなど、応永期には越後を拠点にしていたとみられるが、永享四年（一四三二）には、京都での活動が確認される（『満済准后日記』同年二月一日条）。

さて、実景に関しては、米沢市上杉博物館所蔵『上杉家文書』二之段り印袋入文書のうちに、室町幕府将軍足利義教から長尾因幡守（実景）宛の御感御内書や下知状などが八通収められていることが注目される（『新潟』一九九～二〇六）。これらから、実景が、永享十年（一四三八）に永享の乱に関わって上州に出陣したこと、永享十二年に結城館での合戦において戦功をあげたことなどがわかる。これらが上杉家文書に所収されていることから、山本隆志氏は、実景が上杉家当主近くの存在であったことを指摘し、また守護代ではなかったものの、父を越える位置にあったとしている（山本隆二〇一八）。なお、謙信書状が記す実景の戦功はこのときのものである。すなわち謙信書状における実景の活動は、こうした文書の伝来を踏まえて記述されたものといえる。実景は守護代を継承する立場とはならなかったものの、こうした評価に至ることについては、府内長尾家による系譜認識の形成において、将軍から与えられた感状の伝来が大きな意味を持っていた結果と考えることもできよう。

（3）長尾頼景・重景・能景

宝徳元年（一四四九）、守護上杉房朝が死去し、房定が守護を継承したことにより、邦景とその子実景の立場は大きく変わることとなった。房定は、翌宝徳二年（一四五〇）に本拠を京都から越後に移し、同年に邦景を捕らえて切腹させる。また、このことを経て実景は他国（信州か）に逐われ、反乱をおこすも制圧されたとみられ（『新潟』一三一六・一四一〇など）、守護代職は邦景の甥頼景（景虎の子）に移ることとなった。こうして邦景の系譜は途絶え、長尾家の家督は邦景の弟景房（定景）の家系が継承していくこととなる（府内長尾家）。

上杉謙信は、頼景以後の府内長尾家当主について、いずれも関東に出陣して軍功を挙げていることをたたえている。国外での軍功は、長尾家の系譜において重視されていたものといえよう。そこで、頼景以下三代の動向を確認しておきたい。

長尾頼景については、その前半生は判然としないが、文安二年（一四四五）二月、水原弥太郎が、父が討死し、「国之乱」のときに文書等を紛失したと訴え出たことについて、当時守護代であった長尾邦景に伝えていることが知られる（山田一九八七、『新潟』一五一九・一五二〇）。邦景は応永年間より在京を基本としていたと考えられており（山本隆二〇一八）、そのことから頼景が越後において地域支配の一端を担っていたとみられる。なおこのとき頼景は五十六歳であったという（山田一九八七、『越佐』三―三六）。

そして、宝徳三年（一四五一）四月二十九日には、頼景は飯沼頼泰とともに房定に忠誠を誓っており（『新潟』一九三）、以後房定に従って活動していたと考えられる。なお実景討伐に関わったとみられる村山四郎に父村山越中守の討死を悼む書状を送ったことなども知られるが（『新潟』一七二一）、頼景がその後に守護代となっていることもこれらの動向と無関係ではないように思う。なお頼景は、宝徳三年（一四五一）には信濃守を称しており（『新潟』一九三）、父景房（定景）から官途を継承していることがうかがわれる。

長尾重景は、頼景の嫡子とみられる。文明五年（一四七三）七月十日には、越後揚北地域の武将黒川氏実から二百疋贈られたことに対して御礼を述べ、あわせて「御代官御在陣」について、疎略にしないよう伝えている（『新潟』一四〇〇）。この「御代官御在陣」については判然としないが、この頃守護上杉房定は古河公方足利成氏と争っていた上杉顕定を援助すべく、諸将に出陣を命じていたとされており（『越佐』三―一九八）、これに関わる可能性が考えられる。重景が直接的に出陣したか否かは定かでないが、前述の謙信書状において頼景以下三代が関東において軍功をあげたとしていることについては、こうした状況を示す古文書が伝来していることを背景としているものとみられよう。

なお重景については、山形県米沢市の常慶院に伝わる「長尾政景夫妻像」の画像周辺に記載される戒名の中で、最初に見ることができる。この画像には、府内長尾家ならびに仙洞院を中心とした一族の戒名が書き上げられており（加澤一九九二・二〇一七など）、その系譜に対する江戸期以後の長尾（上杉）家の人びとの認識をうかがうこともできるように思う。この最初に重景の名がみられることについても注視すべきであろう。

長尾能景は、重景の嫡子で、寛正五年（一四六四）に生まれたとみられている（山本信二〇〇四）。長享元年（一四八七）には越後国奥山荘の中条氏と黒川氏の所領境界争いにも関わっている（『新潟』一三一九）。なおこの時点ではまだ重景が存命であり、重景とともに越後国の経営に関わっていたとみられる。また守護上杉房定が明応三年（一四九四）に没したのちには、その子房能のもとで活動している（池・矢田二〇〇七、『新潟』九七など）。そして永正元年（一五〇四）十月には、房能とともに武州に出陣し、河越城（埼玉県川越市）を攻撃するなどしている（『越佐』三―四五九）。前述の謙信書状にみられた能景の関東出陣はこのときのことを指すとみてよいであろう。これらについても発給された書状などが多く伝来しており、謙信書状がこれら伝来文書等の調査のうえで記されていることがうかがわれる。なお、この時の出陣には謙信の父為景も随行していたとみられる（『新潟』一三一六）。

なお能景は、永正三年（一五〇六）、越中守護家の畠山卜山の要請を受け、越中国へも出兵するが、敗れて討死する（久保一九九六、池・矢田二〇〇七など）。そして府内長尾家の家督は謙信の父為景へと継承されることとなる。

なお、上杉房能と能景の関係については、その名前からも注目されている。井上鋭夫氏は、能景が房能擁立の首謀者であるとし、能景の「能」は房能から与えられたものであるとする（井上一九六六）。一方、山田邦明氏は、逆に房定が房能の元服にあたって能景から能の一字を譲り受けたと指摘し、そこに守護上杉家と守護代長尾家との政治的な力関係が表れているとする（山田一九八七）。

(4) 越後長尾家・府内長尾家の権力と発給文書

本節ではここまで、長尾高景以後の(府内)長尾家について、当主などの動向を確認してきた。そして、謙信書状においてたたえられる高景、実景らの事績については、長尾家(上杉家)に伝来した古文書などに基づいて評価されていることを示した。

さて、高景以後の歴代の当主については、それぞれ発給文書が複数伝来しており、そこから越後長尾家・府内長尾家の越後国における立場の変容をうかがうことができる。そこで本項では、ここまでにみた各当主の動向を踏まえて、発給文書にみる長尾家の権力の様相とその変化を確認しておきたい。なお、この点についてはすでに木村康裕氏の指摘するところであり、本項に関しては、氏の指摘に基づくこととしたい(木村二〇一二)。

木村氏は、高景以後の越後守護代発給文書について、それぞれ高景五点(筆者が前記において確実な高景発給文書を三点としたことについては、人物比定が異なることによる)、邦景一〇点、頼景二点、重景二点、能景四四点が確認できるとする。そしてこれらの発給文書から、室町期後半、永正の乱にいたるまでの段階は、郡司の管轄権限は、御料所の財政出納、所領相論などの裁定、遵行状の執行などといった特定の職能に限られていると指摘したうえで、ある程度の時期区分がなされるとする。すなわち長尾高景の時期においては、越後での守護代行という立場での活動が中心であるが、邦景の頃には守護代による安堵状がみられるようになり、また守護代長尾家の意志で発給された文書がみられるようになるという。さらに能景期には、守護代が守護年寄奉書と同様の機能をもつ守護代奉書を発給するようになるとする。

すなわち、守護代長尾家の政治的地位が向上し、文書発給のあり方についても守護―守護年寄―守護代という流れがかわっていくことが想定されている。ただし一方で、能景には房能が袖判を据えた判物もみられ、当時の守護上杉家と守護代長尾家の政治的な力関係がこうした点に示されているものといえる。

以上のように、発給文書の観点からも高景期以後における守護代長尾家の権力の上昇が確認され、これが為景期、さらに上杉謙信期に影響を与えていくものと考えられる。

おわりに

以上、本稿では、上杉謙信が自らの系譜をどのように理解していたのかを踏まえたうえで、越後長尾家からつながる府内長尾家の系譜を確認し、あわせて長尾高景以後の歴代の人物の動向について検討した。そして、その系譜に関しては、越後長尾家初祖の理解は系図によって定かではないこと、長尾高景が三条から府内へと拠点を移したとする理解もみられること、一方、長尾邦景・実景父子が上杉房定によって滅亡して以後、頼景がこの系譜を継承していることから、頼景の実父（邦景の弟）景房を府内長尾家の祖とする場合もみられることなどを指摘した。また歴代の人物の動向については、高景の佐渡出陣や実景の結城館の合戦での活躍、さらに能景の関東出陣などについて確認し、これらが謙信書状にみられる記述に一致すること、とくに実景の動向については長尾家（上杉家）に伝来した室町幕府六代将軍足利義教からの文書などがその根拠になっていることなどを示した。謙信が高景以来の長尾家の系譜を強く意識し、伝来文書等を確認していたことがあわせてうかがわれるものと思う。

謙信につながる系譜ならびに系譜認識の問題は、謙信の動向を理解するうえでも注視すべきものといえる。府内長尾家にかかる系譜の復元的検討については、複数伝わる系図などの総合的な検討と、実際の動向とをあわせて、さらに精緻に検討が進められていくことが今後も望まれよう。

また、ここまでの系譜にみられないなかでも、当該期に越後守護代的な立場で活動していた人物は知られる。山本隆志氏は、越後応永の大乱後に登場する長尾憲景という人物が、守護代的な立場にあったとみられることを指摘する（山本隆二〇一八）。こうした人物と系譜との関係についても、さらに精緻な検討を行う必要があるものと思う。

［参考文献］

赤沢計真「郡司長尾氏」（『新潟県史』通史編2中世、第二章第二節四、一九八七年）
池享・矢田俊文編『上杉氏年表　為景・謙信・景勝　増補改訂版』（高志書院、二〇〇七年）
井上鋭夫『上杉謙信』（人物往来社、一九六六年）
同　「上杉氏と長尾氏」（『小千谷市史』上、第二編第一章第一節、一九六九年）
今福　匡「越後長尾氏と上杉謙信の閨閥―「越後長尾殿之次第」の検討を通して―」（渡邊大門編『戦国・織豊期の諸問題』歴史と文化の研究所、二〇一八年①）
同　『上杉謙信　「義の武将」の激情と苦悩』（星海社、二〇一八年②）
加澤昌人「長尾政景公夫妻画像に記された戒名について」（『温故』一九、一九九二年）
同　「「長尾政景夫妻画像」にみられる信仰と供養のかたち―阿弥陀仏、位牌、列記された法名からの考察―」（『米沢史学』三三、二〇一七年）
勝守すみ『長尾氏の研究』（名著出版、一九八八年）
金子　達「守護領国制の形成」（『三条市史』上、第二編第三章、三条市、一九八三年）
金子拓男・小島幸雄・戸根与八郎「春日山城跡」（上越市史専門委員会考古部会『考古―中・近世資料―』（上越市史叢書八）、上越市、

二〇〇三年）
木村康裕「守護代長尾氏」（『吉川町史』第一巻、第四章第三節三、一九九六年）
同「守護代長尾氏発給文書の分析」（『戦国期越後上杉氏の研究』岩田書院、二〇一二年）
久保尚文「「長尾為景と越中戦国史」再論」（『富山史壇』一一九、一九九六年）
久保田順一『上杉憲顕』（戎光祥出版、二〇一二年）
佐藤博信「越後応永の内乱と長尾邦景」（『新潟史学』九、一九七六年）
田村　裕「越後応永の大乱」（『上越市史』通史編二中世、第一部第五章第三節、上越市、二〇〇四年）
平凡社地方資料センター編『新潟県の地名』（平凡社、一九八六年）
前嶋　敏「長尾景虎政権と山吉氏」（第38回中央史学会大会報告（レジュメ）、二〇一一年）
同「下田長尾氏について」（三条市嵐南公民館講演会（レジュメ）、二〇一四年）
山田邦明「越後の動乱」「応永の大乱」「上杉房定」（『新潟県史』通史編2中世、第二章第一節二、第二章第二節一・二、一九八七年）
同『上杉謙信』（吉川弘文館、二〇二〇年）
山本信吉「八二　延徳三年長尾能景・上杉房定父子等年齢書出（切紙）」同編『正智院文書〈高野山正智院經藏史料集成一〉』（吉川弘文館、二〇〇四年）
山本隆志「守護上杉権力の確立」（『上越市史』通史編2中世、第一部第四章第四節、二〇〇四年）
同「弥彦神社の社会勢力と長尾氏」（『新潟県立歴史博物館研究紀要』一九、二〇一八年）

Ⅱ

古志長尾家の人びと

広井 造

はじめに

新潟県の中央部、中越地方の古志郡（現在の新潟県長岡市域）高波保・大島荘・槌脱荘に拠点を置いた古志郡司長尾氏に関する信頼のおける関連文書は、これまでに一三〇点あまり確認されている。このうちの約九割は、山形県米沢市に国宝「上杉家文書」として伝えられたもので、『越佐史料』（一九二五〜三一年）・『大日本古文書　家わけ十二　上杉家文書』（一九三一〜六三年）・『新潟県史』資料編3〜5（一九八二〜八四年）ですでにほぼすべてが紹介されている。佐藤博信氏が一九七八年に、栃木県鑁阿寺文書の中で「古志栖吉の長尾景信」関連文書と推定した二点の事例はあるが、一九八六年以降、「古志長尾家」に関する史料は、ほとんど確認されていない。古志長尾家の人びとの事績に関する概要を知るうえで、参考となる一般向けの書籍としては、『栃尾市史』通史編上巻（一九七七年）と『長岡市史』通史編上巻（一九九六年）がある。また、かなり専門的なものとして、古志長尾家が古志郡司として対応した具体的な事例について、藤木久志氏が一九六七年に、「近所之義」・「雑務」というキーワードで「あみかき（網鑰）相論」と「逃亡下人・罪人の追捕」を分析している論考があるが、『栃尾市史』の中でわかりやすく説明されているので参照してほしい。

ここでは関連資料の範囲を広げて、古志長尾家に関係する人びとに焦点をあてたい。

一、系譜関係の推定

『長岡市史』以後の研究動向

『長岡市史』では、『新潟県史』等に採録された、信頼度が高い史料をもとに、古志長尾家の系譜関係を図1のように推定している。一方、近年、加澤昌人氏や今福匡氏は、米沢市立米沢図書館の「寛永三丙寅年三月如意日　越後長尾殿之次第　福聚山楞厳禅寺蔵印」に着目して古志長尾家の系譜関係の推定を進めている、また、黒田基樹氏は今福氏の論考を取り上げ、本書二五六・二五七頁掲載の系譜関係を想定している。「古志長尾家」とは、狭義には、古志郡司という性格を色濃くもつ、長尾景春から房景までをいい、広義には、「家格」が意識される長尾景虎（上杉謙信）・上杉景信?・河田長親までと想定していただきたい。

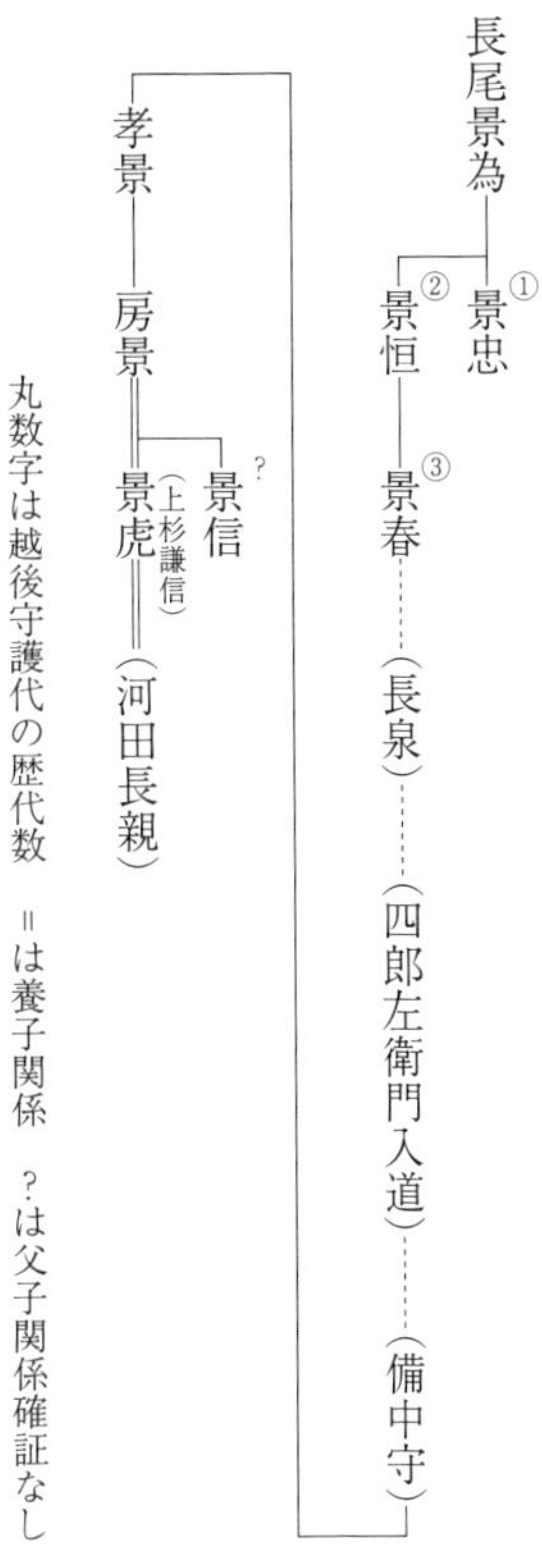

図1　古志長尾氏の系図

次に、加澤氏や今福氏が注目した、楞厳寺「越後長尾殿之次第」を確認しておこう。

古志長尾家の系譜（「古志之次第」図2）を証言したという、河田豊前守長親（一五四三〜八一）の未亡人は、実在し、天正九年（一五八一）の史料に「（河田）岩鶴殿御老母」・「河田（長親）殿後室様」などとみえる女性で、「藤原氏河田家系図」（長岡市立科学博物館所蔵『長岡市史』資料編2　古代・中世三八一号）では「北条安芸守輔広女」とある。没年の記載はない。河田岩鶴丸の出生は天正二年（一五七四）頃で、このとき岩鶴丸の父、河田長親は三十二歳頃。長親の未亡人がこの頃二十歳頃とすると、楞厳寺「越後長尾殿之次第」が作成されたとされる寛永三年（一六二六）に彼女は七十二歳となるので、古志長尾家の系譜を語ることは可能であろう。

一方、彼女の父とされる「北条安芸守輔広」について、史料上の確認は延徳三年（一四九一）〜天文三年（一五三四）頃であるから、彼女の実父とするのは無理がある。史料上、天文三年〜天正十五年（一五八七）頃にみえる北条輔広の孫、北条安芸守高広の方が実父としてふさわしい。「藤原氏河田家系図」では、何かしらの理由で輔広は彼女の養父と位置づけられたのであろうか。

楞厳寺「越後長尾殿之次第」の魅力と評価

「古志之次第」（図2）の魅力は、国宝「上杉家文書」という信頼のおける史料から復元した図1に示した古志長尾家の系譜関係について、「景春」から「孝景」にいたる不鮮明な系譜関係が「きわめて鮮やかに語られている」点である。また、①古志長尾家の拠点が「栖吉」と「蔵王堂」の二カ所が明記されていること、②「房景」の跡が「長尾景虎（上杉謙信）」、「河田（長親）」と継承されたことなども見逃せない。とくに②の点は、井上鋭夫氏や藤木久志氏らが指摘した、なぜ本来、古志長尾家に伝わるべき伝来文書が、今日、国宝「上杉家文書」の一部として伝えられているのか、という大問題にも関わることである。③登場人物のすべてに法名があることも特筆されるが、生没年が不明であることは残念である。

つぎに、「古志之次第」以外で楞厳寺「越後長尾殿之次第」の中に記載されている、古志長尾家に関わる情報をあげておこう。

A「越後之次第」「次男豊前守景春法名阜山道継　古志・上田両家初祖　蔵王堂豊州」

B「上田之次第」「春阿次男　当国初行事　∴長尾豊前守景春　法名阜山道継　息三人列于後古志・上田両家初祖　蔵王殿」

C「（上田之次第）（長尾景春）嫡男　豊前守　法名麟昌徹仙　無御息」

D「（上田之次第）（長尾景春）三男　備中守宗景　法名月映長泉　息二人　舎兄豊州遺跡　古志郡行事」

E「（上田之次第）（麟昌徹仙）嫡子　法名春渓速鑑　依早逝無相続　息一人　四郎左衛門尉　祖父長泉遺跡相続蔵王殿」

F「（上田之次第）（長尾顕吉　実樹永弥）次女　香室妙智大姉（光）　栖吉弥四郎（長尾房景）殿内儀」

G「（上田之次第）（長尾顕吉）長子　右京亮景明　息三人別記」

H「永弥孫裔　右京亮景明　息三人女一人　・嫡子十郎殿名跡景信　先代管領（上杉謙信）ゟ於古志郡被下陽谷院跡称上杉卯寅（天正六年（一五七八））六月十一日於居多浜討死　・次男右京亮景満　息二人出奔女一人　寅（天正六年（一五七八））　夏　於直峰自殺　・三男小四郎景直　越中椎名殿　・女本庄殿（繁長）内儀　法名追而可記　右者先管領（上杉謙信）御従兄弟」

A〜Hの記載事項を反映させたのが二五六・二五七頁掲載の系譜である。B〜Hの情報は、「上田之次第」という、上田長尾家の系譜関係に出てくる。A〜Cは、図2の記載事項に同じ。Dの「古志郡行事」は図2にはない。「行

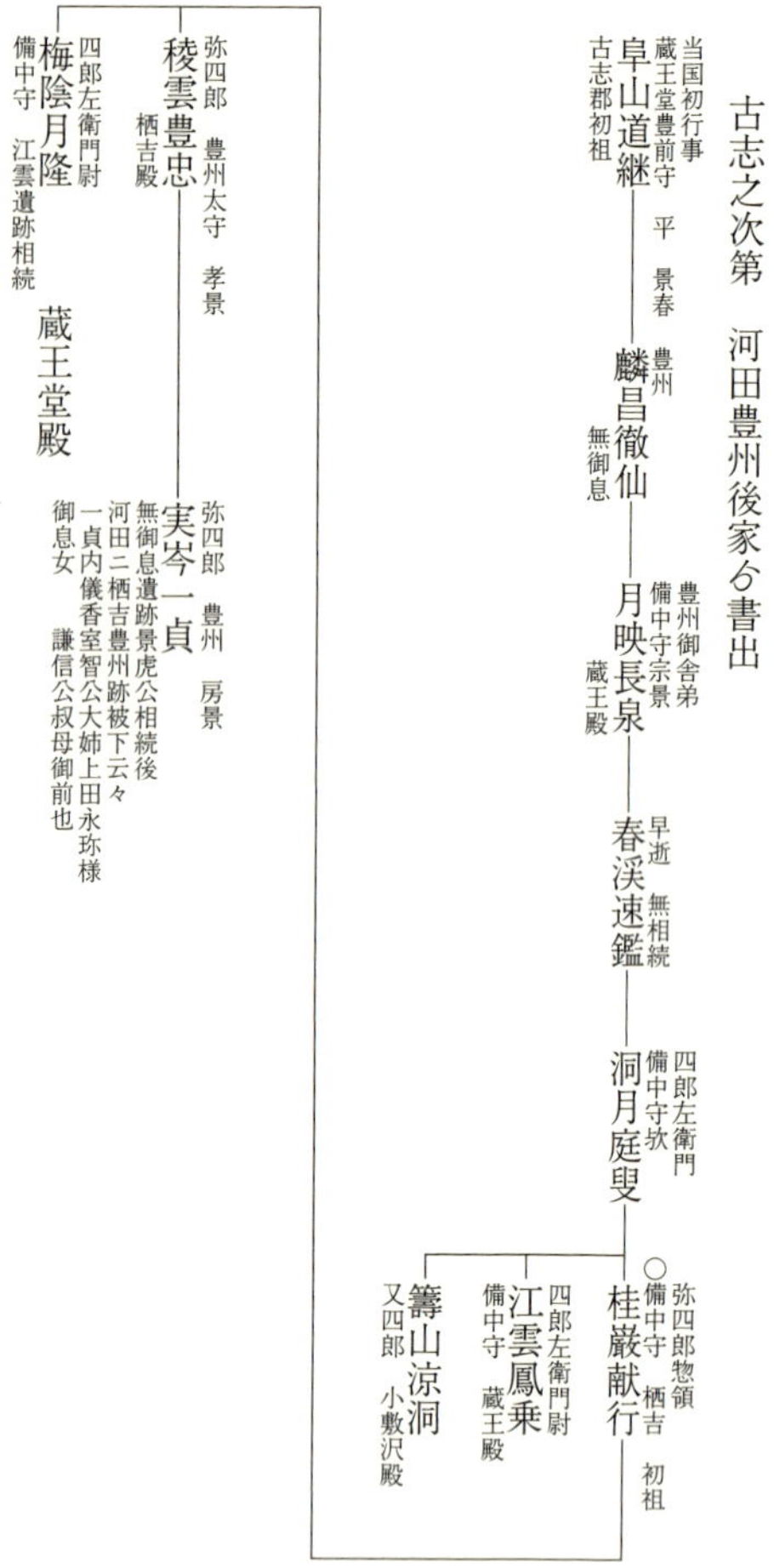

図2　古志長尾氏の系図（「寛永三丙寅年三月如意日越後長尾殿之次第　福聚山楞厳禅寺蔵印」より）

事」は、「郡司」の意味に近いものだろう。Eの「蔵王殿」とFの長尾房景夫人についての記載も図2にはない。G・Hについては後述する。

楞厳寺「越後長尾殿之次第」の史料上の評価について、先に述べておこう。

「洞月庭叟」の傍注「備中守欤」から、記録や記憶のあいまいさや、考証の手が加わり、客観性を欠くとみられる。「桂巌献行」・「江雲鳳乗」兄弟がともに「備中守」というのも不自然である。「長泉」・「豊州（豊前守）」・「備中守」・「四郎左衛門（尉）」・「又四郎」・「弥四郎」・「孝景」・「房景」は、信頼のおける国宝「上杉家文書」の記載が正しく反映されているといえるが、国宝「上杉家文書」をもとに創作という可能性も捨てきれない。「きわめて鮮やかに語られている」ということが逆に不自然なのである。たとえば、国宝「上杉家文書」の影響を受けることなく伝来された、高野山清浄心院所蔵の「越後国供養帳」や「越後過去名簿（写本）」に古志長尾家の人びとに関する記載があり、図1の裏付けがとれたらと悔やまれる。いずれにしても、現段階では楞厳寺「越後長尾殿之次第」は、あくまでも参考資料と位置づけておくことが適当といえるだろう。

国宝「上杉家文書」などとの照合

図1・2や二五六・二五七頁掲載の系譜について、確かな史料と照合しながら考察を進めよう。

図1にある「長尾景為」の実在を示す史料は確認されていない。「景忠」は興国二年（暦応四、一三四一）（『新潟県史』一二七二号。以下『新潟県史』は『〃』と略す）～正平六年（観応二、一三五一）（『〃』一三〇一号）、「景春」は天授二年（永和二、一三七六）（『〃』四二〇八号）～弘和二年（永徳二、一三八二）（『〃』一五三四号）まで確認でき、「景春」は史料上「豊前入道」「沙弥道継」と出てくる。ただし、法名を「阜山道継」とする事例は他に知らない。「景春」は、越後守護上杉憲栄のもと、守護代として土地問題に対応している。「蔵王堂」に拠点を置いたという痕跡は、確認できない。

図2「麟昌徹仙」は確認できない。「備中守宗景」「月映長泉」について、「備中入道長泉」「長泉」は応永三十四年（一四二七）頃の史料（『〃』二二六・二二七号）で確認できる。「長泉」は、東古志郡内の「御料所給分」を四郎左衛門入道に譲渡している。「春渓速鑑」の法名も確認できないが、「四郎左衛門入道」がこの人物に該当する可能性はある。「長泉」が譲渡した「御料所給分」、すなわち、越後守護領高波保（国衙領　公領）を中心に、大島荘・槌脱荘（私領）を加えた関連権益が、古志郡司としての古志長尾家の政治的・経済的基盤であったことがわかる。

図2「洞月庭叟」は一四二七年に「長尾四郎左衛門尉」（『〃』二二七号）に相当するだろうか。この人物は、越

後守護上杉房朝から祖父備中入道長泉跡料所給分の相続を認められている。図1では、「春渓速鑑」（四郎左衛門入道？）と「長泉」孫の「長尾四郎左衛門尉（「洞月庭叟」？）」を同一視（図1では「長尾四郎左衛門尉」を省略）しているが、図2のように解釈することも確かにできそうである。なお、この頃永享五年（一四三三）に「長尾六郎左衛門尉」（『〃』二一三号）、一四三四年に「（長尾カ）備後守」（『〃』四二二号）が古志郡内で土地の所有権を獲得しているが図2には出てこない。古志長尾家との関係も不明。

図2「桂巌献行」・「江雲鳳乗」の法名も確認できない。前述のように、兄弟で「備中守」という受領名を名乗ることはなんとも不自然である。ただし、「備中守」は一四五一年（『〃』一九三号）・一四五五年（『〃』一九四・一九六・一九八号）に確認することはできる。守護上杉房定の重臣長尾頼景・飯沼頼泰から房定宛の起請文を受け取る窓口となったり、享徳の乱で越後勢を率いて関東に在陣した守護房定に従い、上野三宮原合戦で戦功をあげ、房定の注進により足利義政（細川勝元経由）から賞されたりするなど、個性的な活動をしている。図2は、越後に残る「桂巌献行」、関東で軍役につく「江雲鳳乗」と想定しているのだろうか。

長享二年（一四八八）頃に「同名（長尾）又四郎殿」と同じ名前の「又四郎」は、図2に「小敷沢殿」として出てくる。「小敷沢」が「蔵王殿」や「栖吉殿」のように地名に由来するものとすると、文明十五年（一四八三）・同十九年（一四八七）の「甑沢」・「甑沢地蔵堂」（『〃』七七七号）や、明応六年（一四九七）の「甑沢庵」（『〃』一九九二号）で確認できる古志郡内の地名や建物名称との関係が参考となる。さらに、『新潟県史』一七六号には「甑沢分事、此間為闕所御代官候、雖然、御同名又四郎殿へ為御恩被仰出候、其方（長尾弥四郎孝景）御知行と申、彼所少所候間、色々上表御申候へ共、無御領掌候」とあり、人名のような「甑沢」も見られる。「闕所地となっていた甑沢の所有地は、御代官支配となったが、あなた（長尾弥四郎孝景）と御同名の（長尾）又四郎殿に御恩として与えると（越後守護上杉房定様が）おっしゃったのに……」と文意をとれば、「甑沢の所領を継承した長尾又四郎が小敷沢殿と呼ばれた」というストーリーは描けそうである。

「孝景」「房景」は多数の史料で裏付けがとれる。「孝景」は文明二年（一四七〇）（『〃』一六九号）～明応六年（一四九七）（『〃』二一八号）までの間の史料で確認できる。「弥四郎」「豊前守」を名乗り、明応四年（一四九五）（『〃』二一二号）には、当知行分を越後守護上杉房定御判（『〃』一八九）の旨に任せて、料所・御恩とも隠居分二〇〇貫文を除き、小宝士丸（房景）に譲っている。ただし、法名の「稜雲豊忠」は他の史料で確認することはできない。

「孝景」は、「越後検地帳（長尾・飯沼氏等知行検知帳）」を作成するなど、実務能力に長けていたらしい。蒲原郡金津保に一九町一段の土地を領有しているが、これは「房景」時代に古志長尾家最大の領有地と目される「栖吉」の九町九段半をはるかにしのぐ数値であり、領地経営にも実力を発揮したとみられる。一方、御料所・御恩の地の再配分を守護上杉房定からとがめられ、故備州（備中守「桂巌献行」？）のときのようにすることを命じられるなど、権益の拡大にともない、房定との衝突もあったようである。しかし、おおむね房定との関係は良好であったようで、房定から、栖吉の普済寺を上杉家の祈願所とするため、祇樹院（故越後守護上杉頼方？）・常春院（故越後守護上杉房朝）の判旨にまかせて鎧山諏訪本社領・新寄進地の管理を任されるなど、房定から厚い信頼を寄せられていたらしい。「房景」への家督継承後、しばらくして没したらしい。

図３　長尾長泉（上）・孝景（下）の花押

「房景」は明応四年（一四九五）（『〃』二一二一号）

〜大永七年（一五二七）（『〃』五三三号）までの史料で、「小宝士丸（小法師丸・小宝子）」「弥四郎」「豊州」という名乗りを確認できる。「豊州」は「豊前守」と思われるが、「豊前守」と署名した史料は確認できない。また、「房景」が花押を据えた文書の確認例もない。さらに、「無御息遺跡景虎公相続」とあるが、長尾景虎（上杉謙信）が兄晴景の指示で古志郡に向かったのは天文十二年（一五四三）頃（『上越市史』資料編3　七八二号）なので、約一五年あまりの間、古志長尾家の動向に不明の時期が生じたことになる。「河田ニ栖吉豊州跡被下云々」とあるが、河田長親の初見は永禄四年（一五六一）である。

「房景」は当初、房定の跡をついだ房能のもと、たとえば、大島荘の「不入」にともなう「三ヶ条」の遂行権を、若輩のためなどの理由で取り上げられ、長尾景虎（上杉謙信）の祖父長尾能景の代行とされたり、近隣の領主と河浮庭・堰・河狩・堰株抜捨・水落・遠取について相論が発生したりと、苦杯をなめる場面が多々あったようである。しかし、能景を通じて「芳賀大方（守護房能母）」の処遇をまかされるなど、能景を頼りにしていたらしい。

守護定実・守護代為景のもとで「房景」は、いわゆる永正の乱や越中出陣などの戦乱、近隣領主との権利闘争などにまきこまれるが、その対処を通じて「御家風」とよばれた家臣団の結束力が高まっていったようである。「房景」の時代、古志長尾家は絶頂期にあったといってよい。

さて、図2にみえる「房景」の法名「実岑一貞」については、「長尾政景夫妻画像」（山形県米沢市・常慶院所蔵）にみえる「実岑一貞禅定門」と関連付けて、加澤昌人氏は、「房景」に該当するとして注目している。また、「房景」の夫人という「香室智公大姉」も、「長尾政景夫妻画像」に「光室妙智大姉」としてみえ、加澤氏は肯定している。この点、片桐昭彦氏は「実岑一貞禅定門」と同様に、謙信の姉、仙洞院の兄弟かと慎重な姿勢を見せている。「光室妙智大姉」を上杉十郎夫人ではないかと推定する黒田基樹氏の説もある。「光室妙智大姉」は「房景」没後、長尾景虎（上杉謙信）が古志長尾家を継承するまで家を守っていた人物とする、今福匡氏の説もある。いくつかの提言はあるが、図2で「房景」と「房景夫人」とする法名は、系譜類以外の史料で確認することができず、その存在を実証するにはいたっていない。

「孝景」と「房景」の活動時期には、長享二年（一四八八）頃に前述の「同名（長尾）又四郎殿」と「元景」（『〃』一七六号）、明応六年（一四九七）に「ゑもんのすけ」（『〃』二二八号）、同七年に「四郎左衛門尉」（『〃』二二六・二二七号）、永正十六年（一五一九）に「長尾備中守」（『〃』一九五・一九七号）、年未詳「（長尾）備中守宗景」（『〃』四三七号）という、古志長尾家の者と考えられる者の名前が見られる。「元景」と「ゑもんのすけ」は図2には出てこない。「四郎左衛門尉」・「長尾備中守」は図2の「梅陰月隆」に相当するだろうか。永正十年（一五一三）、守護定実と守護代為景の抗争期、為景方の「房景」は、為景からたびたび「此趣備中殿へ同前申候」と、「備中守」との連携強化を求められている。「房景」と「備中守」が並存したことは確実であり、図2のように「房景」の叔父とするのも一案であろう。

ところで、「（長尾）備中守宗景」の名がみえる『新潟県史』四三七号は欠年で、宛名は「四郎殿」。年次がはっきりしない。宛名が「四郎殿」とある史料は他に『〃』四三八号があり、差出は「（三宅）政家」。三宅政家は『〃』四五六号で弟を「房景様之御家風同前に可走廻」扱ってほしいと古志長尾家に依頼しているので、少なくとも三宅の活動時期は「房景」期と考えてよい。とすれば、「梅陰月隆」は、「（長尾）備中守宗景」といえるかもしれない。なお、『大日本古文書　家わけ十二　上杉家文書』以来、「長泉」の実名を「宗景」としているが、『新潟県史』二一六号の注で指摘しているとおり、「長泉」＝「宗景」する積極的な根拠は不明である。『大日本古文書　家わけ十二　上杉家文書』の編者は、『〃』四三七号を「長泉」の活動期に比定したのであろうか。

以上のことから、古志長尾家の主たる系譜はおおむね図1で変わらず、途中、図2でいえば「桂巌献行」・「江雲鳳乗」と「実岑一貞」（房景）の時期に、「備中守」という人物の陰がちらほらみえるということになるだろう。

二、古志長尾家の関係者

「蔵王殿」と「栖吉殿」

『長岡市史』は、藤木久志氏・井上慶隆氏監修のもと、阿部洋輔氏・金子　達氏・鈴木昭英氏・大谷内礼子氏・広井　造で編集を進めた。その編集会議で、栖吉城を拠点とする「古志（栖吉）長尾」と蔵王堂城を拠点とする「蔵王堂長尾」が並存したのではないかという議題があがったことを記憶している。加えて、前者は上杉謙信・河田長親が継承し、後者は上杉十郎が継承したという目論見であった。

長尾家の家譜類は多種類あるが、本書二五六・二五七頁掲載の系譜にもあるように、「長尾景春」を「蔵王堂豊前守」と記したものがあることから、古志長尾家は当初、大島荘蔵王堂を拠点にしたとみられている。「時宗過去帳」の永享元年（一四二九）九月十六日に逆修仏事を行った女性、「大一房」の裏書に、「長尾大方逆修蔵王堂」とある（『長岡市史』資料編2　古代・中世一三八号）。図2でいえば、「洞月庭叟」の夫人に相当するかもしれない。大永末年、享禄三年（一五三〇）以前とみられる文書（『新潟県史』五八七号）で「殿様（長尾房景?）」の命令で「栖吉ニ可致祇候義」とあるので、少なくとも「房景」期には古志長尾家は栖吉を拠点としていたと考えられる。この間、文明末年、文明十九年（一四八七）頃に作成された「長尾・飯沼氏等知行検地帳」（『新潟県史』七七七号）で蔵王堂が位置する大島荘に「長尾弾正左衛門尉（能景）方分大嶋庄」と記載されていることに注目すれば、この頃蔵王堂の拠点は、古志長尾家を離れ、「府中長尾家」の「能景」に移ったと考えることができるかもしれない。とすると、図2でいえば、一四五〇年代に活動の痕跡がうかがわれる「備中守」（「桂巌献行」・「江雲鳳乗」）のあたりで、蔵王堂から栖吉へと拠点を移したとすれば、「桂巌献行」に「栖吉初祖」という注記があることも参考となる。時代が下り、慶長元年（一五九六）には「蔵王堂東西町」がみえる（『〃』三六四一号）。古志長尾家が栖吉を拠点化した以後も、栖吉と蔵王はともに古志郡の拠点として機能していた可能性が高い。図2を参考とした検討、そして、「景春」や「河田長親」が「豊前守」を受領名としていることに注目すると、古志長尾家の嫡流「古志（栖吉）長尾」（豊前守系）と「蔵王堂長尾」（備中守系）とおおまかに整理できるかもしれない。

上杉謙信の母親

『上杉家御年譜　一　謙信公』には「御母ハ古志郡栖吉城主長尾肥前守房景ノ女也」と記されている。謙信の出生年、一五三〇年から考えると、実母は一五一〇年頃の誕生。仮に実母の実父が「古志郡栖吉城主長尾房景」とすると、実母の出生年はまさに「房景」の活動期と重なる。図2の「香室智公大姉」に比定する説が出るのも当然である。しかし、「房景」の受領名は「豊前守」で「肥前守」ではない。「長尾　平姓・栖吉」（『上杉家御年譜』一三）にいたっては、「謙信公御実母」の父を「長尾肥前守顕吉」としており、さらには「（長尾）前肥前守顕吉」という人物が実在することから、山田邦明氏や片桐昭彦氏なども、謙信の実母＝「房景」の娘説を採っていない。古志長尾家に伝わるべき伝来文書が、今日、国宝「上杉家文書」の一部として伝えられている理由として、謙信の古志長尾家継承に加えて、謙信実母が古志長尾家の出身という説まではいまだ確定していないのである。先ほどあげた「四郎（長尾房景）」宛「（長尾）備中守宗景」書状（『新潟県史』四三七号）の追而書に「返々、御意おいくよりもゑへく

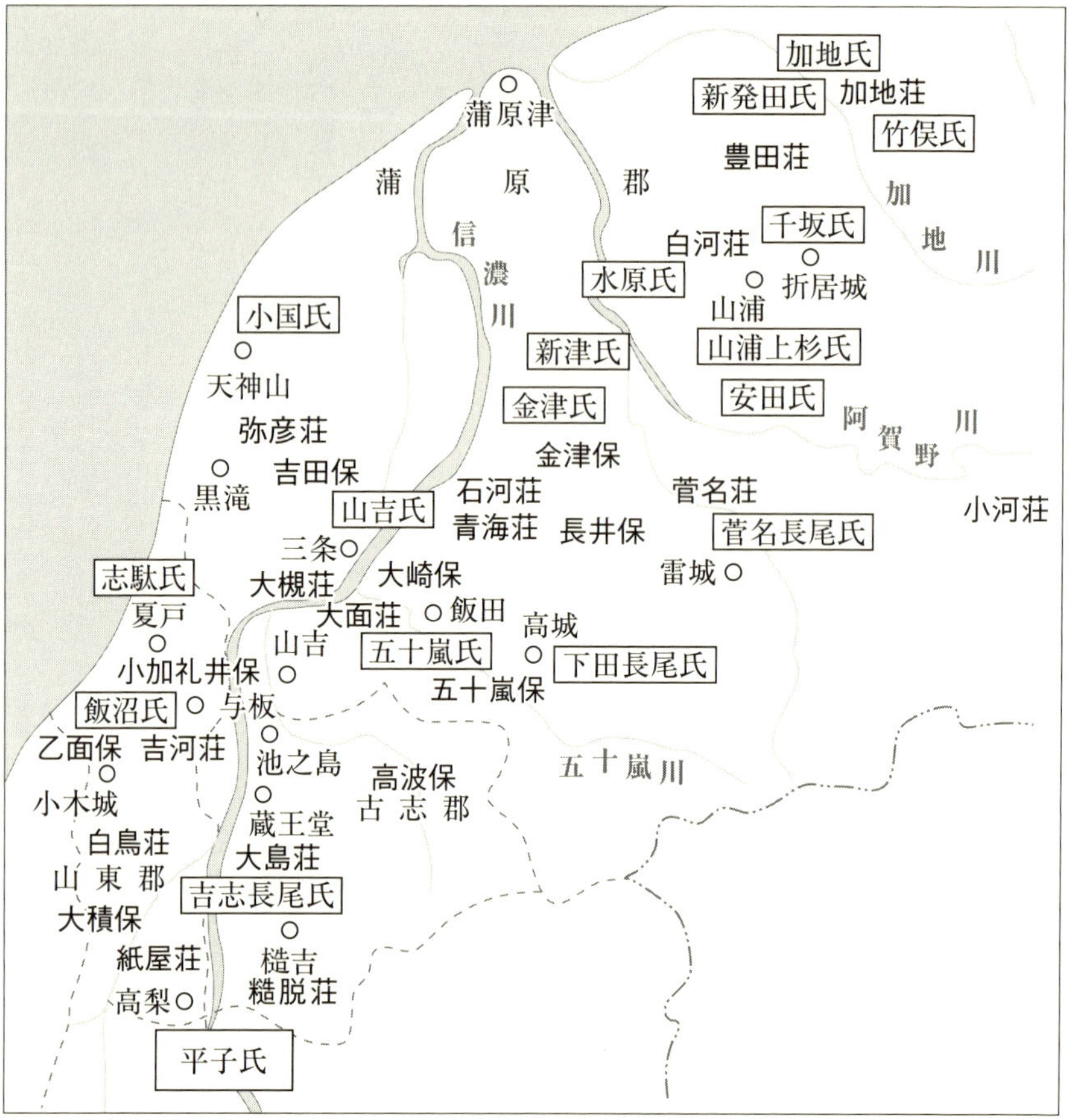

図4　古志長尾家の拠点

候ためニ、せいちん仕女子をくい取、何方へも定不申候、ちくんかし出可申候」とあり、「せいちん仕女子」が案外この問題を解く鍵となっているかもしれない。

古志の十郎

永禄二年（一五五九）、謙信上洛の祝意を示して太刀を贈ったという越後諸将の中に「越ノ十良殿」という人物が記されている（『新潟県史』八三二号）。これまで「越」＝「古志郡」と理解し、「十郎」を古志長尾家の一員として位置づけたのが図1である。「房景」以後の古志長尾家の関連文書が今日、伝わっていない理由として、関連文書を残す立場にあった、謙信とは別に古志長尾家のある種の権益を継承した「十郎殿」が、御館の乱で戦死したため、というストーリーが何となく描かれてきたことがあげられる。しかし、「十郎」や「景信」、あるいは前述の楞厳寺「越後長尾殿之次第」でG・Hとしてあげた「景信」・「景満」などの人物については、天正九年（一五八一）の「右京亮」（『新潟県史』三九九六号）と佐藤博信氏が「景信」と指摘した永禄四年（一五六一）の二点（『栃木県史』史料編　中世一　鑁阿寺文書　一三二一・五六五号）を除き、これまで発給・受給文書等、たしかな史料が一点も確認されていない謎の人物である。

一方、「十郎」という人物を取り上げて諸論を展開している森田真一氏は、早くからこれまで何となく「古志長尾家の上杉十郎殿」とされてきた「十郎」を上条上杉家の「十郎家」と正しく位置づけ、近年は「上杉十郎定明」・「古志郡を拠点とした上条上杉家の十郎殿」というキーワードを創出している。しかし、森田氏が「上杉定明」とする人物は、「十郎」（『新潟県史』二六九号）とあるだけで、「定明」の署名もなければ「花押」も据えていない、実在を証明できない人物である。さらに、森田氏が注目する「長岡市定明町」や「定明寺」（三条市）の近辺で、刈羽郡の上条城（新潟県柏崎市）に匹敵するような城館跡を確認することはできないし、栖吉を上回る、豊富な中世遺物の採集地もみあたらない。そもそも上条上杉家の「十郎」家がなぜ刈羽ではなく古志に関わりをもつのか、くわしい説明が欲しい。謙信期の永禄十一年（一五六八）、「十郎」とともに軍事動員された「栃尾衆」や「下田衆」という事例はあるが、「十郎」の関連地が「栃尾衆」や「下田衆」ゆかりの古志郡およびその近辺と関連付ける積極的な証拠はない。もし、仮に「十郎」ゆかりの関係地を古志郡内で求めるとすれば、現在の「長岡市定明町」ではなく、「栖吉」か「蔵王堂」が適当ではないか。

長尾（椎名）景直と下田長尾家

同じく前述の楞厳寺「越後長尾殿之次第」でG・Hとしてあげた「景明」の三男という「（長尾　椎名）小四郎景直」は、永禄三年（一五六〇）～天正九年（一五八一）の間の史料で実在が確認できる。天正六年（一五七八）、謙信から古志長尾家の家格を継承する「河田長親」と行動をともにし、越中国新川郡（富山市）で織田信長軍と抗争する。「河田長親」との関係や、古志長尾家ゆかりの「四郎」を名乗りに用いていることなどの点を黒田基樹氏は注目している。

永禄二年（一五五九）～天正五年（一五七七）の間の史料にみえる「長尾遠江守藤景」は、一時期、「長尾小四郎（景直）」を養子としている（『新潟県史』三二八〇号）。「景直」が越中国の有力国人椎名氏の養子となる（『〃』二八一五号）永禄七年（一五六四）以前のことである。

楞厳寺「越後長尾殿之次第」と史料名がよく似ていて、たいへんややこしいが、これまで越後長尾氏の系譜を考察するうえでよりどころとなってきた国宝『上杉家文書』の「越後長尾殿次第」（『新潟県史』二一九号）には、図1「景春」の弟「高景」の次男が「淡路守法名益峯息十六人男女共下田之筋」とみえる人物がいる。楞厳寺「越後長尾殿之次第」にもみえるが、たしかな史料では確認できない。『下田村史』以来、下田長尾家は「高景」の弟「因幡守豊景」を祖として以後、「遠江守景久」……「遠江守藤景」と伝えられているが、もとより伝承の域を出ない。『下田村史』には、確かな史料にみえる「長尾小四郎」の名前もみえず、また、永正十六年（一五一九）、古志長尾家の「房景」と五十嵐豊六との間でおきた「あみかき（網鑰）相論」に関与する「長尾平三郎景行」の名前もみえない。しかし、もし「長尾藤景」が「下田之筋」の系譜を引く人物であったと仮定した場合、古志長尾家と関係地域が近接していること、「長尾小四郎」と関係をもつこと、「河田長親」と「長尾小四郎」が行動をともにしたことなどを強引に関連付けて、「景行」と「藤景」の活動時期のタイムラグの間に、古志長尾家と下田長尾家が密接な関係をもったと想像できるかもしれない。

さらに、結果として天正七年（一五七九）、「長尾（椎名）小四郎景直」が上杉景勝から離反したのち、その「一跡」（家格・権益）が本庄顕長に与えられ（『上越市史』別編2　一八三三号）、天正十一年（一五八三）、「上杉十郎」の「幕之紋」・「座席」が顕長の父本庄繁長に与えられるなど、近年、古志長尾家との関係が推定されている「長尾（椎名）小四郎景直」・「上杉十郎」の権益が本庄家に集約されることを偶然とみるか、あるいは楞厳寺「越後長尾殿之次第」の記載Hにあるように、「景信（右京亮景満と同一人物？）」「景直」と兄妹の「本庄（繁長）殿内儀」と関連付けてみるか、たいへん興味深いところである。

古志郡ゆかりの長尾家

「房景」以降、古志長尾家の血筋は断絶してしまったのだろうか。

慶長二年（一五九七）、かつて古志長尾家が古志郡司として権益を行使した古志郡に領地をもつ長尾姓の者が何人かいる。「長尾筑後守」・「長尾摂津守」（「古志郡槌貫庄村松村御検地帳」個人蔵）と「長尾紀伊守」（「古志郡桂沢村検地帳　直江（兼続）分」『長岡市史』五三六号）、「長尾平七」（「古志郡二頃（荷頃）村検地帳」『新潟県史』二四六一号・「古志郡桂沢村検地帳　直江（兼続）分」『長岡市史』五三六号）の四人である。このうち「長尾筑後守」は天正六・七年（一五七八・七九）の史料でも確認できる（『上越市史』一五四〇・一五九九・一七四〇号）。また、「長尾紀伊守」は永禄十二年（一五六九）の史料（『上越市史』別編1　八一四号）にもみえ、長岡市立科学博物館所蔵の河田家文書には「謙信様御譜代古志侍衆」とある。また、天正五年（一五七七）の史料（『上越市史』別編1　一三四九号）にみえる「長尾和泉守」は、同じく河田家文書に「謙信様御譜代古志侍衆」とあり、さらに「御家中諸士略系譜」『上杉家御年譜』

二三には「古志衆」「謙信公御譜ニテ越後古志郡ニ勤仕ス　御旗本ニ被召仕」とある。信頼度の高い史料では確認できないが、他に、「長尾左馬頭」（河田文書「謙信様御譜代古志侍衆」）、「長尾市右衛門」（「御家中諸士略系譜」に「謙信公御代越後下田城主市右衛門長男」、「古代史籍」『新潟県史』別編3に「柄谷（栖吉カ）旗下（長尾）左馬助殿孫」）、「長尾平七郎」（「御家中諸士略系譜」に「古志郡ニテ勤仕父（和泉守）之如シ　謙信公御書所持之ヨシ　天正年中卒ス」）、「長

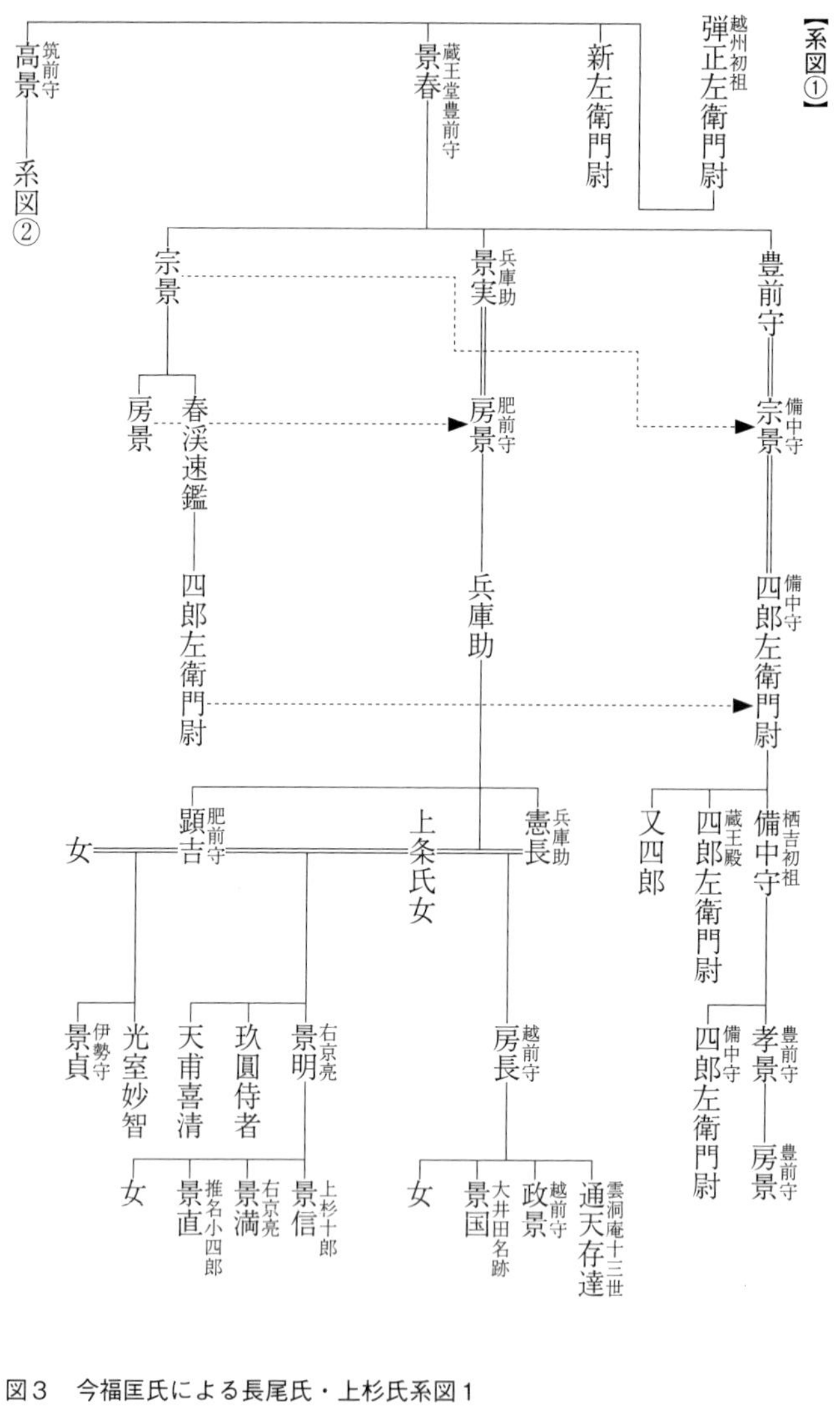

図3　今福匡氏による長尾氏・上杉氏系図1

【系図②】

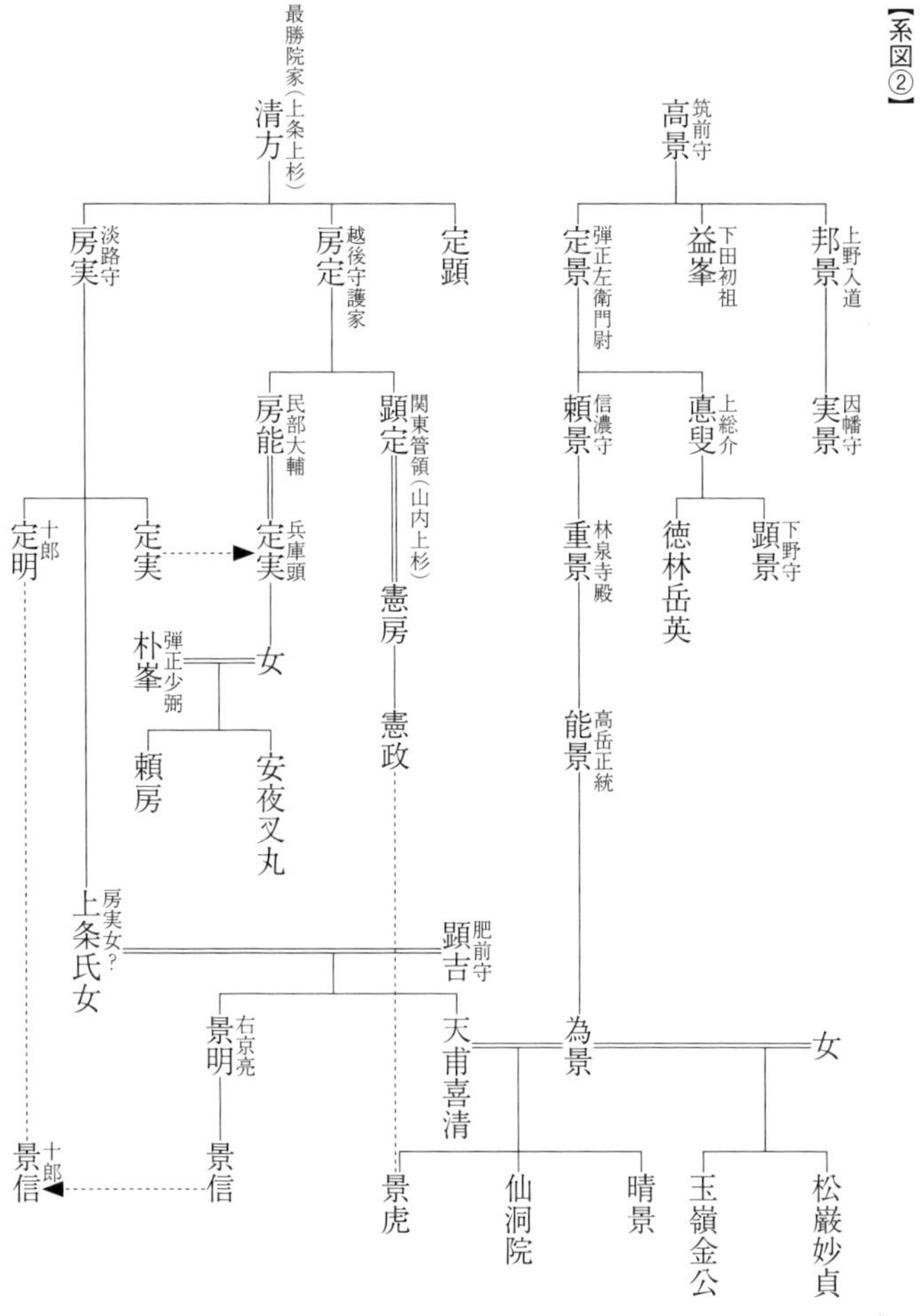

図４　今福匡氏による長尾氏・上杉氏系図２

尾伝兵衛」（「御家中諸士略系譜」に「始平拾郎　越後ニオイテ幼少ニテ家督」、「古代史籍」『新潟県史』別編3に「柄谷（栖吉カ）旗下（長尾）和泉殿孫」）、「長尾平次」（「古代史籍」『新潟県史』別編3に「須吉長尾」）も確認できる。文禄三年（一五九四）とされる「定納員数目録」（『新潟県史』別編3）には「栖吉衆」として、「長尾紀伊守」・「長尾平七」（「右（長尾）和泉守子」）が記載されている。いずれも確証はないが、古志長尾家との関係の解明が期待される。古志長尾家の血筋は何らかのかたちで古志郡にのこったのではないか。

おわりに

松谷時太郎氏は、上杉伯爵所蔵本「平姓長尾氏系図」などにみえる、図1の「景忠」「景恒」兄弟の注記、「僧普済寺　古志郡之内」に注目している。栖吉の普済寺は、五山・十刹とは別個に認定された「諸山」の格式をもった名刹であり、「孝景」・「房景」期には越後守護上杉家の祈願所として整備されたことは前述した。古志長尾家の関係地には、ほかに、蔵王権現を祀る蔵王堂や、椿沢寺・常安寺・円融寺・洞照寺など、多数の寺社が存在したとみられる。一族の入寺など、古志長尾家がそれらの宗教権力とどのように向き合ったのかなど、古志長尾家の人びとをめぐる謎解きは、まだまだ楽しめそうである。

たびたび触れてきたように、古志長尾家の人びとゆかりの文書は、ほとんどすべて、今日、国宝「上杉家文書」として伝わっている。その数は、謙信の父、為景などの府中長尾家関連文書につぎ、景勝の実家、上田長尾家関連文書をはるかにしのぐ。このような状況は、おそらく、謙信の意志が反映され、また、景勝以降の上杉家・米沢藩も古志長尾家の記憶を尊重したものによると考えられる。分国法の制定にはあまり熱心でなく、「家どうしのきずな」

を一族経営や家臣団統制、領国統治をおこなううえで重視した、謙信の個性を背景として想定したい。また、謙信を継いだ景勝が、実家、上田長尾家の系譜をよく伝えていないことも同様に、景勝の個性のあらわれとみたい。古志長尾家研究の今後のさらなる広がりを期待したい。

［参考文献］

阿部洋輔・伊藤正一・金子達ほか『栃尾市史』通史編上巻（栃尾市、一九七七年）
阿部洋輔編『上杉氏の研究』（戦国大名論集9）（吉川弘文館、一九八四年）
阿部洋輔「越佐関係中世史料（一）・（二）」（『新潟県立文書館研究紀要』一・三、一九九四・九六年）
阿部洋輔・金子達・広井造ほか『長岡市史』通史編上巻（長岡市、一九九六年）
井上鋭夫『上杉謙信』（新人物往来社、一九六六年）
今枝愛真『禅宗の歴史』（至文堂、一九六六年）
今福　匡「越後長尾氏と上杉謙信の閨閥―「越後長尾殿之次第」の検討を通して―」（渡邊大門編『戦国・織豊期の諸問題』歴史と文化の研究所　二〇一七年）
同　『図説 上杉謙信　クロニクルでたどる〝越後の龍〟』（戎光祥出版、二〇二二年）
岡村智紀「永正期越後国における戦乱と長尾長景」（『新潟史学』第四八号、二〇〇二年）
加澤昌人「「長尾政景夫妻画像」にみられる信仰と供養のかたち―阿弥陀仏、位牌、列記された法名からの考察―」（『米沢史学』第三三号、二〇一七年）
同　『上杉謙信の崇敬と祭祀』（清文堂、二〇二三年）
片桐昭彦「山内上杉氏・越後守護上杉氏の系図と系譜―米沢上杉家本の基礎的考察―」（『中世武家系図の史料論』下巻、高志書院、

二〇〇七年）
同　「越後守護上杉家年寄の領主的展開―越後・信濃の市川氏を中心に―」（『新潟史学』第六三号、二〇一〇年）
同　「謙信の家族・一族と養子たち」（福原圭一・前嶋敏編『上杉謙信』高志書院、二〇一七年）
黒田基樹編著『長尾為景』（シリーズ・中世関東武士の研究第三四巻、戎光祥出版、二〇二三年）
佐藤博信「越後上杉謙信と関東進出―関東戦国史の一齣―」（杉山博先生還暦記念会編『戦国の兵士と農民』角川書店、一九七八年）
下田村史刊行委員会『下田村史』（一九七一年）
上越市『上越市史』資料編3（二〇〇二年）
上越市史編さん委員会編『上越市史』別編1上杉氏文書集一（二〇〇三年）
同　『上越市史』別編2上杉氏文書集二（二〇〇四年）
同　『上越市史』通史編2中世（二〇〇四年）
戦国人名辞典編集委員会編『戦国人名辞典』（吉川弘文館、二〇〇六年）
高橋義彦編『越佐史料』巻一～六（一九二五～三一年）
東京帝国大学『大日本古文書　家わけ十二　上杉家文書之一～三』（一九三一～六三年）
栃木県『栃木県史』史料編中世一（一九七三年）
長岡市『長岡市史』資料編2古代・中世（一九九三年）
新潟県『新潟県史』資料編3（中世一）～5（中世三）（一九八二～八四年）
同　『新潟県史』資料編中世補遺（一）～（五）（『新潟県史研究』一九～二四・二八、一九八六～八八・九〇年）
同　『新潟県史』通史編2中世（一九八七年）
同　『新潟県史』別編3人物編（一九八七年）
馬場　透「戦国期越後国守護代長尾氏権力の画期と家格秩序」（『新潟史学』第五一号、二〇〇四年）

藩政史研究会編『藩制成立史の綜合研究　米沢藩』（一九六三年）
藤木久志「戦国法形成過程の一考察―非分国法系大名法について―」（『歴史学研究』三二三、一九六七年）
松谷時太郎「古志長尾氏について（一）」（『長岡郷土史』第三号、一九六二年）
同　「栖吉山普済寺の寺歴の考察」（『長岡郷土史』第九号、一九七〇年）
同　「遺稿　栖吉城と長尾氏」（『長岡郷土史』第一五号、一九七七年）
森田真一「上条上杉定憲と享禄・天文の乱」（『新潟史学』第四六号、二〇〇一年）
同　『上杉顕定　古河公方との対立と関東の大乱』（中世武士選書第二四巻、戎光祥出版、二〇一四年）
山田邦明『上杉謙信』（吉川弘文館、二〇二〇年）
山本隆志・皆川義孝「高野山清浄心院蔵「越後国供養帳」」（『上越市史研究』九号、二〇〇四年）
山本隆志「高野山清浄心院「越後過去名簿」（写本）」（『新潟県立歴史博物館研究紀要』九号、二〇〇八年）
米沢温故会『上杉家御年譜　一　謙信公』（一九七六年）
同　『上杉家御年譜　二三　上杉氏系図・外姻譜略・御家中諸士略系譜（一）』（一九八六年）

Ⅲ　上田長尾家の人びと

森田真一

はじめに

上田長尾家とは越後長尾氏一族の中で、上田荘に拠点があった系統と考えられている。ここでは上田長尾家の当主の動向が具体的にわかるようになる、十五世紀半ばの長尾房景以降について述べていきたい。

近年の『六日町史』などの自治体史の成果や上村知温氏の長尾顕吉の花押についての研究によって（上村二〇二二）、上田長尾氏の当主は、房景→顕景→清景→顕吉（顕景）→房長→政景→顕景（のちの上杉景勝）と整理できるようになってきた。歴代の当主がようやく確定してきたのだが、それが現在の研究状況といえよう。

ところで、上田長尾氏を考えるうえで重要なのは、上田荘の地理的・政治的な位置である。すなわち、越後国魚沼郡に位置する上田荘は三国峠あるいは清水峠を越えれば関東に到ることができるように、関東との結び付きが強かった。康永三年（一三四四）に足利直義から上杉憲顕へ上田荘が与えられて以降、紆余曲折を経ながらも上田荘は越後国にありながら、関東管領の山内上杉氏がその所領を継承していった。そのため、上田長尾氏は山内上杉氏の上田荘における代官であったと考えられている。

以下ではこのような上田長尾氏の特徴を踏まえながら、歴代の当主の動向を中心に述べていきたい。なお、最後の長尾顕景はのちに改名して上杉景勝となって謙信の跡を継いでおり、本書においては別に章を設けて取り上げられている。そのため、本章ではおもに長尾政景までの上田長尾家の当主を中心に取り上げていきたい。

一、長尾房景と顕景・清景

(1) 房景と関東

長尾房景が確認できる初見史料は、享徳四年(一四五五)三月に房景が少輔房祐栄へ浦佐(新潟県南魚沼市)の普光寺別当職を安堵したものである(普光寺文書)。このような史料があるのは、上田荘の北に浦佐保が位置し、上田長尾氏が上田荘から浦佐保にかけての領主であったためのようだ(山田二〇一九)。房景は「兵庫助」の官途を称しており、先代と考えられる景実も同じ官途であったので、景実の跡を継いだのであろう。

ところで、ちょうどこの頃に東国では、鎌倉公方(のちの古河公方)の足利氏方と関東管領の上杉氏方とに分かれて争う享徳の乱が勃発していた。そのため、上田長尾氏は山内上杉氏方として享徳の乱に参戦していた。たとえば、康正二年(一四五六)二月に上野国の深巣(深津、前橋市)で行われた合戦では、長尾房景と沼田上野守とが古河公方足利方の赤堀氏と懸け合ったと史料に記されている(赤堀文書)。上田長尾氏と沼田氏は、その支配領域とした越後国上田荘と上野国沼田荘とが国境を境として隣接していたらしく、いずれも山内上杉氏によって動員され、一体的に活動したようだ。また、長禄三年(一四五九)十月には上野国海老瀬口(群馬県板倉町)と羽継原(同館林市)で合戦があったが、それにも房景は参戦し、将軍の足利義政によって戦功を認められていた(御内書案)。

同年三月には、京都の聖護院の院家である乗々院が上野国大蔵坊(同高崎市)に対して、越後国千屋郡上田庄の長尾肥前守方の熊野参詣先達職を認めていた（内山文書）。ここに記された長尾肥前守は房景と考えられ、上田長尾房景の熊野参詣先達職が認められたのは、越後国における修験の拠点ではなく、上野国の大蔵坊であった。先にも記したように、同年十月に上野国で行われた海老瀬口・羽継原合戦に房景は参戦していたことから、関東に長く在陣していたと想定される。そうしたこともあって、上田長尾氏の熊野参詣先達職は上野国の大蔵坊に認められたようだ（森田二〇〇八）。

（2）房景と顕景・清景

続いて寛正二年（一四六一）十一月に房景が浦佐の普光寺に宛てた制札、文明五年（一四七三）十月には同じく普光寺に宛てた文書があるが、注目されるのは同七年に房景が慈清祐円に普光寺の別当職を安堵した判物である（普光寺文書）。本文書には裏書があり、近年の研究によって、新たに「兵庫助顕景（花押）」と署名が読み直された（上村二〇二二）。この顕景は房景の跡を継ぐ人物であり、以前の房景と同じ兵庫助を称していた。裏書があるのは、普光寺が文書の効力を高めるために顕景に裏書を求めた結果であろう。したがって、文明七年の時点では上田長尾家の当主は房景であったけれども、裏書に署判のある顕景も政務に関与していたようだ。

その後、文明十七年（一四八五）には顕景が普光寺に宛てた禁制があるので、その頃までに顕景が上田長尾家の家督を継承したらしい（普光寺文書）。ところが、同十九年（長享元年、一四八七）二月には長尾清景が普光寺へ宛てた禁制があるため、早ければそのわずか二年後に顕景から清景に上田長尾家の家督は替わったようだ。さらに清景の次の顕吉は、年次の確実な初見文書が文明十九年からわずか四年後の延徳三年（一四九一）にあり、それよりも前に顕吉が上田長尾家の家督を継承していたようだ。

以上の房景から顕景、清景、顕吉に至る系譜を顕吉の初見文書の文言に基づいて整理すると、顕吉の祖父が房景、父が顕景、そして兄が清景という系譜が推測されている（上村二〇一二、系図1参照）。なお、清景の清字については、ほぼ同時期に魚沼郡にも拠点があって山内上杉顕定の近臣として活動していた尻高景清とも共通しており、何らかの関りがあるのかもしれない（森田二〇一四）。

（3）上田長尾家の家督の継承

（2）でみてきた房景から顕吉までの系譜であらためて確認しておきたいのは、それぞれが家督であった期間である。すなわち、享徳四年（一四五五）頃から家督であったらしい房景であるが、文明七年～同十七年（一四七五～八五）のいずれかの時期に顕景が房景の後継者となり、文明十九年（一四八七）には顕景は清景に家督を譲っていた。さらに、その清景も遅くとも延徳三年（一四九一）には、家督を顕吉に譲っていた。したがって、二十年以上にわたって上田長尾家の当主であった房景の後に家督を継承した顕景、さらに顕景の家督を継承した清景のいずれも家督であった期間が短かったようだ。逆に言えば、房景が家督であった期間が長く、上田長尾氏の政治も安定していたことがうかがえる。

この点については、連歌師の発句集によって確認しておきたい。発句集を用いるのは、連歌会の主催者がその地域の有力者であり、連歌会の開催場所はその地域の文化の中心とみなすことができるからである（矢田一九九九）。

系図1

十五世紀後半から十六世紀初頭に越後を訪れ、連歌会を開催した連歌師の発句集には、宗祇の「老葉（初編本）」（文明十三年夏頃成立）、「老葉（再編本）」（文明十七年八月成立）、「下草」（明応元年秋～明応二年春頃成立）、「宇良葉」（明応七年十二月頃成立）、兼載の「園塵 第三」（明応三年〜文亀元年頃の作品）、宗長の「壁草」（永正二〜九年に成立）がある。これらの発句集の中で上田長尾氏が主催した連歌会において宗祇が詠んだ句は、次の二つである。

【史料1】

長尾肥前守許にて、花を

花にきてなを雲ゐ路のみ山かな

長尾肥前守もとにて、時雨を、

しくれより心は染ぬ山もなし

最初の詞書と句は文明十三年夏頃成立の「老葉（初編本）」にあり、次の詞書と句は文明十七年八月成立の「老葉（再編本）」にある。国文学の研究によって、前者の詞書と句は文明十一年、後者の詞書と句は前年の文明十年に宗祇が越後に下った際、長尾肥前守（房景）主催の連歌会に参会した宗祇が詠んだ句であると指摘されている（金子一九九九）。

先に挙げた複数の句集において、上田長尾家の人物で句があるのは、長尾房景だけである。この点は、房景が長年にわたって上田長尾家の家督であったこととも符合する。

二、長尾顕吉（顕景）と房長

（1）顕吉（顕景）と魚沼郡の小領主

従来、顕吉は途中で顕景に実名を改めたと考えられてきた。しかしながら、近年の研究によって、それとは逆に最初に顕景を称し、途中で顕吉に実名を改めていたことが明らかになった（上村二〇二二）。そのため、上田長尾家の家督を継いだ顕吉の最初の状況を知るには、実名で顕景と記された史料を確認する必要がある。現状では、それらの史料はすべて顕景が魚沼郡広瀬郷（新潟県魚沼市）を拠点とした穴沢氏に宛てた穴沢文書である。

顕景が穴沢氏に宛てた穴沢文書はすべて無年号であり、穴沢氏が軍事活動に際して顕景から指示を受けた書状が多い。したがって、上田長尾顕景の配下の領主として、穴沢氏が軍事活動をしていたことがうかがえる。このように顕吉（顕景）の段階になると、顕吉（顕景）の配下の領主の動向についても具体的に確認できるようになる。

たとえば穴沢文書の中には、宛所が裁断されているが、おそらく関東管領の山内上杉顕定が穴沢氏に宛てた文書もある。十一月九日付で「初鱈到来、喜び入り候、謹言」とのみ記されており、穴沢氏が鱈の旬である冬に初鱈を贈呈したことに対する顕定の返礼である。簡潔な文面から判断して、恒例のやりとりであったのではないだろうか。それだけ穴沢氏は、上田長尾氏が屋形と位置付ける関東管領と密接なつながりがあったのだろう。

また、広瀬郷の近辺の薮神郷（新潟県魚沼市）には、同地を拠点とした薮神発智氏も存在した。発智氏の本貫地は上野国利根郡発知（群馬県沼田市）であるが、薮神を拠点とする系統もあった。現在、越後文書宝翰集　発智氏文書（新潟県立歴史博物館蔵）として伝来しているのは、薮神発智氏が受給した文書群である。この薮神発智氏とは別に、本貫地の上野国利根郡を拠点とした利根発智氏ともいうべき系統も存在した。

十五世紀後半の享徳の乱（一四五四～一四八二）では、薮神発智氏は越後上杉氏の軍勢催促に従って関東へ出兵していた。その際に薮神発智氏は利根発智氏とも連携しながら出兵していたことがうかがえ、国境を越えて発智一族のつながりがあったことがわかる（森田二〇一一、二〇一三）。

以上のように、魚沼郡内の穴沢氏や発智氏のような数郷規模と想定される領主は、関東や関東管領とも結びついていたことがうかがえる。その前提として、上田荘や浦佐保などを含む郡規模の領主であった上田長尾氏が山内上杉氏の代官であった影響が大きかったのだろう。

(1)ではおもに上田長尾氏や穴沢氏、発智氏といった氏族と関東管領との関わりが確認できた。その一方で彼らは越後国の領主でもあったので、当然、越後守護上杉氏とも関わりがあった。ここでは顕吉(顕景)と越後守護との関係についてみていきたい。

(2)顕吉(顕景)と越後守護

顕景と署判した五月十四日付で穴沢次郎右衛門尉に宛てた書状(穴沢文書)とその後に改名して顕吉と署判した四月十八日付で江口式部丞に宛てた書状がある(江口文書)。前者の内容は、顕景が穴沢氏に対して、「府中様」から の返事が来ていないことを伝えたものである。後者の内容は、顕吉が江口氏に対して孫太郎が討ち死にした忠節を「府中様」に申し上げるので、きっと感状が発給されるであろうと述べたものである。

ここで注目したいのは、「府中様」の記載である。越後の府中(新潟県上越市)で政治を行っている人物としては、守護か守護代、守護重臣などが想定されるが、後者では「府中様」が感状を発給すると記され、前者では「府中様」の前に闕字がみられる。したがって、文中で「府中様」は感状を発給する主体として丁重に記されていることから、両文書の「府中様」は越後守護上杉氏と考えられる。これにより、顕吉は府中の守護上杉氏と感状の発給について遣り取りしていたことが知られる。(1)では上田長尾氏と関東との関係をみてきたが、顕吉は配下の江口氏への感状を越後守護上杉氏へ求める取次役でもあった。

とはいえ、上田長尾氏の立場を考えるうえであらためて確認しておきたいのは、一般的に越後国内の領主は守護上杉氏のことを「御屋形様」「御屋形」などとは記すものの、「府中様」と記す例はほとんど確認できないという点である。上田荘は山内上杉氏の所領である一方で越後国に属するため、顕吉は越後守護を「御屋形様」とは峻別して「府中様」と記したのではなかろうか（森田二〇〇八）。

（3）北野社家領上田荘関郷

十五世紀末の越後には京都の幕府や権門寺社の所領が存在しており、越後守護上杉氏の近辺にいた長尾氏一族などがそうした所領の代官を務めていた。たとえば幕府政所執事の伊勢氏の一族である伊勢盛種は頸城郡松山保（新潟県十日町市）を所領としており、守護上杉氏の重臣であった長尾輔景（存胤）が松山保の代官であった。また、京都の以言院領であった蒲原郡浜郷（新潟市西蒲区）の代官は、長尾中務丞（長景か）であった。同じように長尾顕吉は、京都の北野社家の所領であった上田荘関郷（新潟県南魚沼市）の代官でもあった。そのため、北野社家領の上田荘関郷と長尾顕吉との関わりをみていきたい。

顕吉が関郷の代官となる前の長享二年（一四八八）～明応二年（一四九三）にかけて、北野社家領の越後国大積郷（新潟県長岡市）と上田荘関郷の代官は、山内上杉氏の在京雑掌である判門田氏であった。その後、明応二年（一四九三）九月に北野社家では、越後上杉氏雑掌の神余氏を通じて、上田荘関郷の年貢未納を越後守護上杉房定に伝えていた。と同時に、北野社家では判門田氏を通じて関東管領山内上杉顕定に対しても、関郷のことを伝えていた。なぜならば、上田荘が山内上杉氏の所領であったためと考えられる（佐藤一九九六）。

こうした状況の後、上田長尾顕吉が関郷の代官になったようである。顕吉が関郷代官として請け負った内容は、毎年九月・十月中に年貢二千疋（二十貫文）を京都の北野社家に納めるというものであった。おそらく、以前のように山内上杉氏の在京雑掌の判門田氏が関郷の代官を務めても年貢が徴収できないため、上田荘現地の有力な領主であった顕吉に関郷の代官が替わったのだろう（北野社家文書　北野社家日記）。

では、北野社家領の代官としての立場以外にも顕吉は関郷と関わりがあったのだろうか。その点をうかがえるのが十五世紀末に魚沼郡の雲洞庵（新潟県南魚沼市）において作成された、上葺萱注文という史料である。本注文は雲洞庵の堂宇の萱葺きを葺き替える際に作成されたらしく、これによって、長尾肥前守顕吉が関郷の領主であったことがうかがえる（雲洞庵文書）。先に確認したように、顕吉が北野社家領の関郷の代官を務めていたことと整合しよう。したがって、顕吉は関郷を領有し、在地では雲洞庵の萱葺に応じつつ、北野社家領の代官も務めていたようだ。なお、雲洞庵は室町期に関東管領の上杉憲実が復興したと伝えられるように、山内上杉氏と関わりの深い禅宗寺院であった（遠藤二〇二二）。

（4）顕吉から房長へ

永正四年（一五〇七）八月、守護代の長尾為景が守護の上杉房能を殺害し、上杉定実を新たな守護として擁立した。その後、同六年七月に関東管領上杉顕定が越後に軍事介入した。翌七年四月、関東管領の上杉顕定と同じく関東から越後に出兵した上杉憲房が薮神の発智六郎右衛門尉に対して感状を発給しており、発智氏の戦功が長尾顕吉の注進によって憲房のもとに届けられていた（発智氏文書）。これにより永正七年の上杉顕定の越後介入に際して、顕吉は越後上杉方ではなく関東管領の山内上杉方として活動していたことがわかる。

従来、前年の同六年十月にやはり上杉憲房が発智六郎右衛門尉に感状を発給したと捉え、発智氏の戦功が「長尾新六」すなわち顕吉の次の当主・房長の注進によって憲房のもとに届けられていたと考えられてきた（歴代古案）。

しかしながら、近年の研究によって、同文書が永正八年に比定し直されたので（山田二〇一九）、顕定の越後介入の頃まで上田長尾家では一貫して顕吉が当主であり、山内上杉氏への取次役を果たしていたと捉えられよう。

次に顕吉・房長の両者の動向を示す次の史料を確認したい。

【史料2】

就新六殿御下向、慮外儀出来、誠口惜存候、此上毎篇御遠慮簡要候、為景事、奉対貴所吉凶共不可有疎簓候、長景事同意候、八幡大菩薩、春日大明神、諏方上下大明神、可有照覧候、全不存別心候、只自幾も御思惟専一候、委曲景明へ申候間、抛筆候、恐々謹言、

十一月三日　　中務少輔長景（花押）

謹上　長尾肥前守殿

【史料2】は、長尾長景が長尾肥前守顕吉に宛てた誓書である（上杉家文書）。長景が顕吉に対して別心のないことを誓約している。具体的には、前半において長尾長景が長尾顕吉に対して新六殿の下向に関して慮外の儀が起きたことを伝え、後半において為景や長景は顕吉に疎意がないということを八幡大菩薩等に誓っている。冒頭にある「新六殿」は、顕吉の後に上田長尾家の家督となる長尾房長である。したがって、本文書では長尾長景が長尾顕吉に対して、その子息と考えられる房長の動向を伝えている。

近年の研究によって、本文書の年次が永正八年に比定された（山田二〇一九）。また、発給者である長尾長景についても研究が進められ、永正九年正月に守護の上杉定実・守護代の長尾為景に対して挙兵をして、為景に討たれたと推測されている（岡村二〇二三）。永正四〜同五年にかけて、長景は守護上杉定実・守護代長尾為景とともに守護権力の中枢にいた。それ以前の明応年間に京都以言院領の越後国の浜郷代官を務めていた「長尾中務丞」も長景の

可能性が高く、近年に中世浜郷の重要性が指摘されているように、長景は経済的に重要な浜郷と密接な関係があったようだ。

その長景が【史料2】の文中において、為景とともに自身も顕吉に対して疎意がないことを誓願していること、宛所において長景が顕吉に対して丁寧に「謹上」と記していることから、長景と為景、そして顕吉は同時期の越後において高い政治的立場にあったと考えられる（森田二〇〇八）。

(5) 享禄・天文の乱の勃発

関東管領上杉顕定が越後介入に失敗した、永正七年（一五一〇）前後の動向から確認しておこう。(4)でみたように、同四〜五年にかけて守護・上杉定実のもとで守護代・長尾為景とともに権力の中枢に長尾長景がいた。長尾長景は長尾平六と推測され、その後の同九年に長景は上杉定実・長尾為景方によって討ち取られた（岡村二〇一三）。長景が討ち取られた際に、上田長尾房長は上杉定実・長尾為景方であった。この頃の房長は出家して月洲と称した時期もあり、やはり時期によって桃渓庵宗弘とも称した長尾為景と類似していた。

長景が上杉定実の権力中枢からいなくなった後、為景は定実に対して「慮外之刷（あつかい）」（伊達文書）と糾弾されるような政治を始めたようである。このような状況を見かねて、永正十〜十一年にかけて定実自身をはじめとする守護方が為景らの守護代方と対立した。この抗争の際、上田長尾房長は長尾為景と連絡を取っていたように、守護代方であった（江口文書など）。抗争が収束した後、越後国では守護不在の政治が始まった。

翌永正十二年から大永三年（一五二三）にかけて、長尾為景は越中守護の畠山氏の要請に基づき越中国に出兵した。その結果、為景は越中国新川郡の守護代職を得ている。つづいて大永四年以降に小田原の北条氏綱が扇谷・山内両上杉氏の分国に対して本格的に軍事行動を開始すると、北条氏綱や扇谷上杉朝興は、為景へしきりに接近を図った（山田二〇〇二）。しかしながら、為景は関東へは出兵しなかったようである。とはいえ、為景が越中国へ出兵していた時期から大永末年にかけて、越後国内では目立った争乱もなく、ひとまず政治的には安定していた。為景が外征を行うことによって、国内の領主の関心を外に向けることができたのではないか。

ところが、大永六年（一五二六）正月十一日、長尾為景は蒲原郡の新津景資・豊島資義・千田憲次に対して起請文を提出させた。同月には揚河北の色部昌長や本庄房長・黒川盛実に対して、同年九月には同じく揚河北の中条藤資に対しても為景は起請文を提出させた（上杉家文書）。これらは為景に対する恭順を強いたものではあるが、わざわざこうした文書を提出させていることから、為景の政治には不安定な兆しがあった。

こうした段階を経た後の享禄三年（一五三〇）十一月、上杉一族の上条定憲と長尾為景の二勢力に分かれて争いが始まった。いわゆる、享禄・天文の乱の勃発である（森田二〇一八）。乱の契機には、守護上杉氏の財務機構であった公銭方の大熊政秀が深く関わっていたようである。政秀が定憲と為景との間を色々と「申し妨げた」ために、両者の間で抗争が生じたという（山内文書）。

同年十二月、揚河北の本庄房長が色部憲長へ起請文を提出して、為景に背かないことを誓った。そのため、翌享禄四年正月には、山浦家・山本寺家・十郎などの上杉一族や桃井氏を中心に揚河北の領主が「軍陣壁書」を作成し、とりあえず反為景方の動きは収まった。しかしながら、この年の八月にも本庄房長等が再び色部氏へ起請文を提出したように、政治情勢はなお流動的であった（色部氏文書）。そのため為景は、享禄三年から同四年にかけて幕府との交渉を頻繁に行い、国内の領主に対しては判物を発給した（上杉家文書など）。

(6) 享禄・天文の乱の構造と展開

天文二年(一五三三)六月、定憲と為景との間で再乱が生じた。同年十月に為景が居多神社(新潟県上越市)や鵜川神社(同柏崎市)に宛てた願文によって、為景は自らの敵が「上条播磨守」と「同名越前守」であると記している。すなわち、為景にとって敵の中心は享禄三〜四年と同様に上条定憲であり、それに続いて上田長尾房長が位置づけられていた。したがって、天文二年になって長尾房長は定憲方に加わって長尾為景方と争ったと考えられる。

その二年後の天文四年頃から、享禄・天文の乱における上田長尾房長や上田荘との関わりが史料によって確認できるようになる。すなわち、正月には広瀬郷の穴沢新右兵衛尉に対して上条定憲が宛てた感状があり、長尾房長の配下の領主もこの争乱に定憲方として参戦していたことがわかる(大石文書)。また、五月には房長が浦佐の普光寺別当職を安堵しており(普光寺文書)、引き続き房長が上田長尾家の家督であったことがうかがえる。

七月には、長尾房長が五十沢口における古藤清雲軒の戦功を賞している。古藤清雲軒については複数の史料があり(歴代古案、別本歴代古案)、もともとは上野国利根郡の藤原(群馬県みなかみ町)にいて、越後国魚沼郡の薮神にやってきたと指摘されている(羽下二〇一六)。のちの永禄七年(一五六四)に上杉輝虎が長尾時宗に宛てた感状によって、古藤氏には中間がいたことが確認できる(登坂文書)。したがって、古藤氏は中間を抱えるような領主であったことがわかる。

六月頃には、上条定兼(定憲)は蒲原津(新潟市)に下向し、それに呼応するように「奥山・瀬波」の多くの領主が定兼(定憲)に同調した。八月になると、八月十二日付で揚河北の本庄房長・鮎川清長・黒川清実・中条藤資、八月十四日付で上田長尾房長、八月十七日付で上条定兼(定憲)が平子弥三郎に対して味方になるように書状を出している。この三通の文書の日付と署判者のあり方から、この段階においても上条方は定兼を中心として、長尾房長はそれに次ぐような立場にあったことがうかがえる（武州文書）。

翌九月には、会津（福島県）の蘆名氏が上条方として菅名荘（五泉市など）へ軍を進めた。同月には出羽の砂越氏に対して、揚河北の上条方の領主が助勢を依頼していた。定兼（定憲）は、国外の勢力をも味方につけていったのである。そのため、勢いを得た定兼方は翌天文五年四月十日に頸城郡夷守郷三分一原（上越市）で為景方と決戦を行ったが、敗れてしまった。そのわずか後の四月二十三日には上条定兼が死去しているため（越後過去名簿）、三分一原での合戦で負傷した可能性も指摘されている（山田二〇一九）。

反為景方の中心人物であった上条定兼が死去したことにより、長尾房長をはじめとした反為景方は求心力を失ったようだ。そのため、天文五〜六年においても上田荘では軍事的な衝突があったが、享禄・天文の乱は終息していったようである。

以上、十六世紀初頭から享禄・天文の乱までの上田長尾氏の政治的立場を整理すると、次のようになる。すなわち、永正六〜七年（一五〇九〜一〇）の関東管領上杉顕定の越後介入に際しては関東管領方、同九年に長尾長景が討ち取られた際は長景と対立した越後守護・守護代方、同十〜十一年の越後守護方と守護代方との争いでは守護代方、享禄・天文の乱では守護代方ではなく上条定憲方であった。

したがって、この後に長尾為景から晴景、景虎へと続く越後守護代の系統が越後国の統治者となっていくが、この段階まで上田長尾氏は守護代長尾氏方として一貫して活動したわけではなかったのである。そのときどきの政治情勢によって、上田長尾氏は山内上杉氏方、越後守護代方、上条定憲方と立場を変えていた。そして、このような上田長尾氏の政治的立場は、次代の長尾政景にも引き継がれていくことになる。

三、長尾政景から時宗・顕景へ

（1）長尾政景の政治的立場

長尾為景は天文十年（一五四一）に死去し、子息の晴景が跡を継いだ。晴景は病弱であったとも伝えられており、わずか七年後の同十七年に家督は弟の景虎に譲られた。このように越後守護代長尾家の家督が安定していなかったこともあり、この頃に上田長尾家の当主であった政景は、景虎とは対立していたようだ。その頃の両者の関係をうかがえるのが次の【史料3】（平子文書）・【史料4】（武州文書）である。

【史料3】

「平子孫太郎殿　長尾」

就御領地宇賀地之義、御切紙令披見候、彼地之事、別而自余へ申合義無之候、如前々御知行簡要候、恐々謹言、

天文十八　　　　　　　　　　長尾平三

卯月十九日　　　　　　　　　景虎（花押）

平子孫太郎殿

【史料4】

如示給、未申通候処、御懇書令披閲候、乃宇加地之儀、被仰越、既春以来府内へ無為被申刻、所帯方以下互ニ被申定、其上今度正印被遂出府之上者、兎角承事、覚外至極候、何ケ度承候共、此趣可及御返事候、恐々謹言、

金子勘解由左衛門尉

拾月十四日　　　　　　　　　　尚綱（花押影）

平子孫太郎殿

【史料3】は天文十八年（一五四九）に長尾景虎が平子孫太郎へ宇賀（新潟県魚沼市）の所領を認めた文書である。書止文言は「恐々謹言」で書状形式のようではあるが、実質的には景虎の判物であろう。【史料3】には関連して十月十四日付で長尾政景の側近である金子尚綱が同じく平子孫太郎に宛てた【史料4】があり、年号はないが同年のものと推測される。そこでは、景虎が宇加（宇賀）の地を平子氏に認めたことは「覚外至極」で承認できない、という政景の意向が平子氏に伝えられている。【史料4】のような書状が金子氏から平子氏に宛てられた背景には、長尾政景と長尾景虎の政治対立があった。若年で政治基盤の弱い景虎に対して、上田長尾氏は前代と同様に対立したのであった。

こうした状況に大きな転機が訪れるのは、天文二十一年（一五五二）になってからである。同年三月、関東管領の山内上杉憲政は小田原の北条氏康に攻められて上野国を追われ、長尾景虎を頼って越後国に逃れてきた。一や二でみたように、山内上杉氏の上田荘代官であった上田長尾氏にとって、屋形である山内上杉氏は重要である。もちろんこの頃の山内上杉氏は小田原北条氏や甲斐武田氏から圧迫を受けて勢力を落としており、同氏と上田長尾氏や上田荘との繋がりはあまりなかったであろう。それでも、これまで上田長尾氏が越後府中の守護方や守護代方と対立した際には、関東管領の山内上杉氏や越後上杉一族の上条上杉氏は重要な存在であった。たとえば永正六～七年の関東管領の越後介入の際には上田長尾顕吉は関東管領方になり、享禄・天文の乱の際には上田長尾房長は上条定憲方になっていた。

このように、これまで上田長尾氏が越後府中の政権と対立した際に拠り所としてきた関東の山内上杉氏であったが、天文二十一年には自らの対立の当事者である長尾景虎を頼って、上杉憲政が越後府中に逃れてしまった。このような情勢になると、上田長尾政景は表立って長尾景虎には反発しにくくなったはずである。なぜならば、景虎のもとには上田長尾氏の本来の屋形である上杉憲政がいたからだ。したがって、長尾景虎と対立していた長尾政景が天文年間末に景虎方として行動するようになる転機として、越後に逃れた山内上杉憲政は重要であった。

（2）留守居役・長尾政景

天文二十一年（一五五二）に関東管領の上杉憲政が越後に逃れて来て以降、上田長尾政景は上杉憲政や長尾景虎と関東に関することで遣り取りしていた。その背景には、前述のように、上田荘の地理的な位置や前代からの上田長尾家と山内上杉家との繋がりが影響していた。とはいえ、この時期の政景は関東のことについてのみ関与していたわけではない。

そもそもこの頃の長尾景虎は関東にはもちろん、信濃や越中にも出兵しており、越後を不在にすることが多くなっていた。景虎の国外への出兵というと出兵先での戦果が注目されがちであるが、本拠地である越後国、とりわけ府中や春日をしっかりと守ることも重要であった。このように景虎が府中・春日を不在の際、同地を守る留守居役であったのが政景である。

留守居となる少し前から政景について確認しておくと、弘治二年（一五五六）に長尾宗心（景虎）が隠遁の意思を示したため、景虎に翻意を促し、最終的に景虎が政景に誓書を提出するという出来事があった（上杉家文書）。景虎が自らの進退について記した誓書の宛所に記されるほど、長尾政景は重要であった。

これ以降の政景に関する史料は、景虎が政景を政治的に配慮したものや越後の留守居として政景が重視されていたことを示すものが多い。たとえば、弘治三年と推測される八月四日付で景虎が政景に宛てた書状では、政景に対して決して疎意のないことを伝えており、疑わしいならば誓書（起請文）を提出するとも述べている（上杉家文書）。永禄四年（一五六一）に比定される八月二十九日付で上杉政虎（もと長尾景虎、以降は上杉輝虎と表記する）が長尾政景に宛てた書状では、信濃出陣に当たり、越後府内の留守居としての内容を指示している。そこでは会津衆（蘆名氏）などの軍勢が府中・春日に攻めてきた際の対処についても記されており、政景には同地を守るための軍事指揮権が与えられていたのだろう（上杉家文書）。

また、この頃に関東に出陣中の須田栄定が関東の情勢を越後へ伝えている書状の宛所も政景であり（上杉家文書）、永禄五年十一月に府内の横目を命じられた政景は、輝虎側近の河田長親に起請文を提出していた（伊佐早文書）。その内容をみると、公平にまつりごとを行うことを複数箇条にわたって誓約している。もちろん、同時期に輝虎は府中や春日にいた蔵田五郎左衛門尉や萩原伊賀守とも遣り取りしていたが、内容が細々としたものが多く、両者の政治的な立場は明らかに政景よりも低かった。

以上のように永禄七年に死去するまでの政景の立場を端的にまとめると、上田長尾家の当主でありつつ、上杉輝虎が不在の際の越後府中・春日の留守居であったと言えよう。留守居としての権限は軍事に関することのみではなく、まつりごと一般にも及んでいた。したがって、輝虎が不在の際には、政景は輝虎のいわば分身として大きな権限を持っていたと言えよう。だからこそ政景は起請文の提出を求められ、実際に輝虎側近の河田長親へ起請文を提出していた。もともと長尾景虎と称した上杉輝虎と政景は同族であり、このような役割を果たせたのは、政治的にも高い立場にあった政景であったのだろう。

（3）長尾政景の一族

永禄七年（一五六四）七月、長尾政景は地元の上田の野尻池において急死した。この政景の死については近年に詳細に検討されており、上田荘の近辺にいた宇佐美氏や下平氏が集まって遊宴をした際に喧嘩になり、政景も命を落としたと推測されている（山田二〇一九）。政景の死そのものについてはさらに深めることが難しいので、同年二月に関東の佐野（栃木県佐野市）へ出兵していた政景の子息らしい時宗とのかかわりから、政景についても若干触れておきたい。あわせて、ここでは上田長尾氏の一族について述べていきたい。

永禄七年二月、関東に出兵していた輝虎は常陸から下野に移動して佐野城（栃木県佐野市）を攻め、合戦の後には戦功を挙げた武士に感状を発給していた。輝虎が発給した感状には長尾時宗宛てのものがあり、長尾時宗が上田衆に宛てた感状もある。そのため、この時宗は政景の長男で顕景（のちの上杉景勝）の兄である義景と推測されている（片桐二〇〇五、山田二〇一九）。時宗は義景の幼名であり（時宗丸）、この頃に政景に代わって上田衆を率いて関東に出兵していたようだ。幼名で記される時宗は元服前であったらしく、のちの永禄十三年にも「時宗」と署名した文書を発給していた（井上文書など）。永禄七年二月の時点で時宗が元服前であるならば、通常は上田長尾家の家督は政景から譲られていないだろう。あくまでも政景の代理ということで、元服前にも関わらず時宗は佐野城攻めを行ったことになるが、詳細は今後の課題である。その後の同年七月に政景は死去した、という流れとなる。

最後に政景の親兄弟や妻、息子について確認しておきたい。

長尾房長の子息であった政景には、大井田藤七郎と長尾伊勢守という弟がいたらしい。上田長尾系図によると、藤七郎の実名は景国で、のちに大井田次郎左衛門入道延隆の養子となったらしい（系図2参照）。大井田氏は南北朝期に南朝方であった新田氏の系統と伝えられる名門で、拠点は上田荘とは山を隔てた信濃川沿岸の波多岐荘（新潟県十日町市など）にあった。政景は弟に大井田家を継がせることで、勢力の拡張をねらったのではないかと指摘されている（片桐二〇一九）。天文二十年（一五五一）頃に「政景御舎弟」が出府したと記されており、藤七郎の可能性が指摘されている（武州文書、大貫二〇一八）。なお、上田長尾系図によると長尾伊勢守の実名は景貞で、直峰城主（同上越市）と記されている。

また、長尾越前守房長の娘らしい人物が天文十二年八月二十一日に死去したと越後過去名簿には記されている（山田二〇一九）。房長の娘ということは、政景の姉妹に当たるであろう。したがって、政景との血の繋がりは不明ながら、政景には姉妹もいたようだ。

政景の妻は上杉輝虎の姉・仙桃院であり、仙桃院が政景のもとに嫁いだのは天文二十年（一五五一）に輝虎と政景との間に和睦が成立した後であったらしい。そうであれば、弘治元年（一五五五）に喜平次が誕生したこととも整合するようだ。二人の間に生まれた長男が先にみた幼名・時宗で、元服した後に義景と称したらしい。義景の弟が幼名・卯松で、元服して喜平次顕景を称した（のちの上杉景勝）。春日山城にいる叔父の輝虎に引き取られて養子となる喜平次顕景であるが、輝虎に引き取られた時期ははっきりしないようだ。

上田長尾系図によると、政景には娘もいたと伝えられており、一人はのちに謙信の養子となる三郎景虎の妻となり、もう一人は上杉一族の上条義春の妻となったらしい（片桐二〇一九）。したがって、長尾政景の息子や娘はいずれも政治的に重要な役割を果たしたとも言えよう。

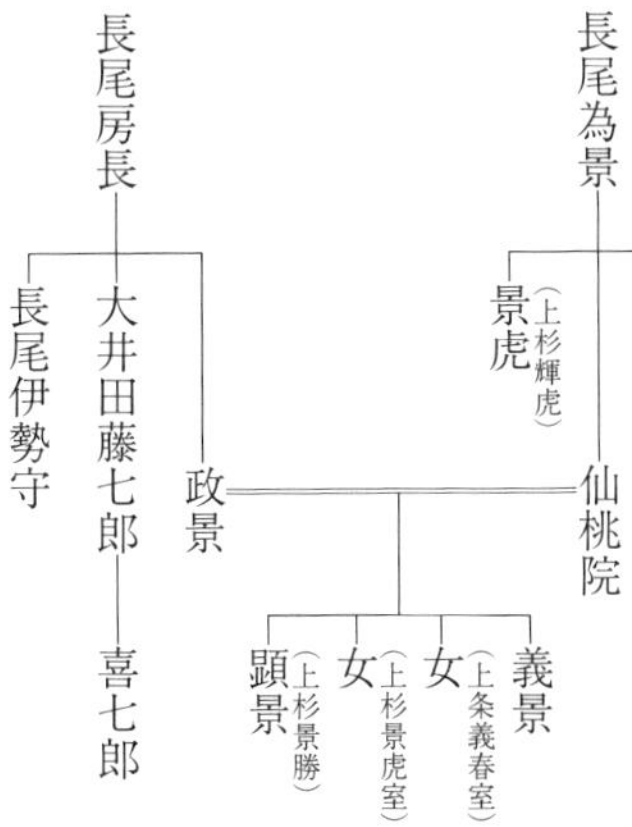

系図２

おわりに

上田長尾氏にとって越後守護上杉氏は府中様であり、関東管領の山内上杉氏は御屋形様であった。上田長尾氏がこのような政治的立場であったのは、上田荘が越後守護上杉氏の管轄する越後国に属しながら、関東管領の山内上杉氏の所領であったためである。

では、上田長尾氏の活動の拠点は、一貫して上田荘であったのだろうか。この点に関連して、十五世紀後半〜十六世紀初頭の連歌師の発句集によって、越後守護や守護代・守護重臣が連歌会を行っていたことを知ることができる。すなわち、守護重臣の場合、彼らが守護家の年寄奉書の署判者であったことから、守護と同じく越後府中で連歌会を行ったと考えられている（矢田一九九九）。同様に上田長尾家でも房景が連歌会を催していたが、上田長尾氏が署判者になっている守護家の年寄奉書は確認できない。したがって、上田長尾氏と越後府中との結び付きは、あまり認められないのである（森田二〇〇八）。

他方で山内上杉氏が文書を発給する際に上田長尾氏が関与していたことを示す史料は、現状では確認できていない。たとえば同じ上田荘にも拠点があった尻高景清は、関東管領の山内上杉顕定の文書に副状を出すほど顕定の文書の発給に携わっていた（森田二〇一四）。同じく上田荘が重要であった上田長尾氏であるが、尻高景清ほど上杉顕定の権力の中枢にいたわけではないようだ。

以上から、上田長尾氏は原則的には上田荘の現地にいて、山内上杉氏の代官という立場にあったのではなかろうか。山内・越後両上杉氏ともに主君と仰ぎながら、いずれかの権力の中枢にはおらず、政治的・地理的に両者と同じように距離があったため、上田長尾氏は越後でも有力な戦国領主として活動していくことができたのではないか。上田長尾氏や上田衆が自立性を失うのは、長尾政景が死去した後である。永禄七年（一五六四）の長尾政景の死と政景の子息・喜平次顕景が自らの養子になるという二つの条件が整うことで、上杉輝虎はようやく上田衆を統御できるようになったのである。

〔参考文献〕

遠藤廣昭『中世曹洞宗の地域展開と輪住制』（吉川弘文館、二〇二二年）
大貫茂紀「越後国上田衆栗林氏と上杉氏権力」（同『戦国期境目の研究』高志書院、二〇一八年、初出二〇一六年）
岡村智紀「永正期越後国における戦乱と長尾長景」（黒田基樹編著『シリーズ・中世関東武士の研究第三四巻　長尾為景』戎光祥出版、二〇二三年、初出二〇〇二年）
片桐昭彦「長尾景虎（上杉輝虎）の感状とその展開」（同『戦国期発給文書の研究』高志書院、二〇〇五年）
同　「長尾喜平次の時代」（『六日町史　通史編　第一巻　自然・先史・古代・中世』中世編第五章、南魚沼市教育委員会、二〇一九年）
金子金治郎『連歌師宗祇の実像』（角川書店、一九九九年）
上村知温「長尾顕吉の実名と花押の変遷―上田長尾氏の系譜に関する一考察―」（『駒澤大学大学院史学論集』五二号、二〇二二年）
佐藤博信「上杉氏家臣判門田氏の歴史的位置」（『続中世東国の支配構造』思文閣出版、一九九六年、初出一九九〇年）
羽下徳彦「古藤清雲軒宛文書の伝来」（『国史談話会雑誌』五七号、二〇一六年）
森田真一「戦国前期の上田長尾氏」（『2008年上杉氏史料研究会講演要旨集』（新潟大学、二〇〇八年）
同　「武州五十子陣」（峰岸純夫ほか校訂『松陰私語』八木書店、二〇一一年）

同　「十五世紀後半の上越国境領主」（『武尊通信』一三三号、二〇一三年）
同　「尻高左京亮についての覚書」（黒田基樹編著『シリーズ・中世関東武士の研究第一二巻　山内上杉氏』戎光祥出版、二〇一四年、初出二〇〇四年）
同　「上条上杉定憲と享禄・天文の乱」（黒田基樹編著『シリーズ・中世関東武士の研究第二一巻　関東上杉氏一族』戎光祥出版、二〇一八年、初出二〇〇一年）
矢田俊文「戦国期越後の守護と守護代」（田村裕ほか編『中世の越後と佐渡』高志書院、一九九九年）
山田邦明『戦国のコミュニケーション』（吉川弘文館、二〇〇二年）
同　「上田荘と長尾氏」「長尾房長の時代」「長尾政景の時代」（『六日町史　通史編　第一巻　自然・先史・古代・中世』中世編第一章・三章・四章、南魚沼市教育委員会、二〇一九年）

Ⅳ

上条上杉氏一族と長尾景虎（上杉謙信）

片桐昭彦

はじめに

上条上杉氏とは、越後国刈羽郡鵜河庄上条を拠点とした上杉氏の一族であり、越後守護上杉房方の子清方が興したとされる（山田一九八七など）。越後における上杉氏一族の諸家については、森田真一氏が越後の享禄・天文の内乱における上杉氏の血族相剋の観点から注目し（森田二〇〇一・二〇〇四）、その後に上越市史の編纂等により研究が進み（上越市二〇〇二・二〇〇四、谷合二〇〇四など）、『越後過去名簿』（山本二〇〇八）などの過去帳・供養帳が紹介され、上杉・長尾氏の系図・系譜類の検討（片桐二〇〇七・二〇一七、今福二〇一八など）などによりその存在が少しずつ明らかにされてきた。なかでも上条上杉氏については、森田真一氏が網羅的に取り上げて概説しており（森田二〇一四）、その後黒田基樹氏がより詳細な検討を加えている（黒田二〇二三）。

森田・黒田両氏の成果をまとめてみると、①上条上杉氏は主として清方の子孫からなること、②清方の子には、越後守護上杉家を継いだ房定以外に、定顕（兵庫頭）・房実（淡路守）・播磨守がいること、③房実の跡をつぐ定明（十郎）―某（安夜叉丸）―頼房（惣五郎）の系統が上条上杉家の嫡流とみられること、④播磨守の跡に定憲（播磨守）―弥五郎の系統があったこと、⑤上条上杉氏の一族には安夜叉丸・頼房や長尾為景の妻（天甫喜清大姉）の実父朴峰（弾

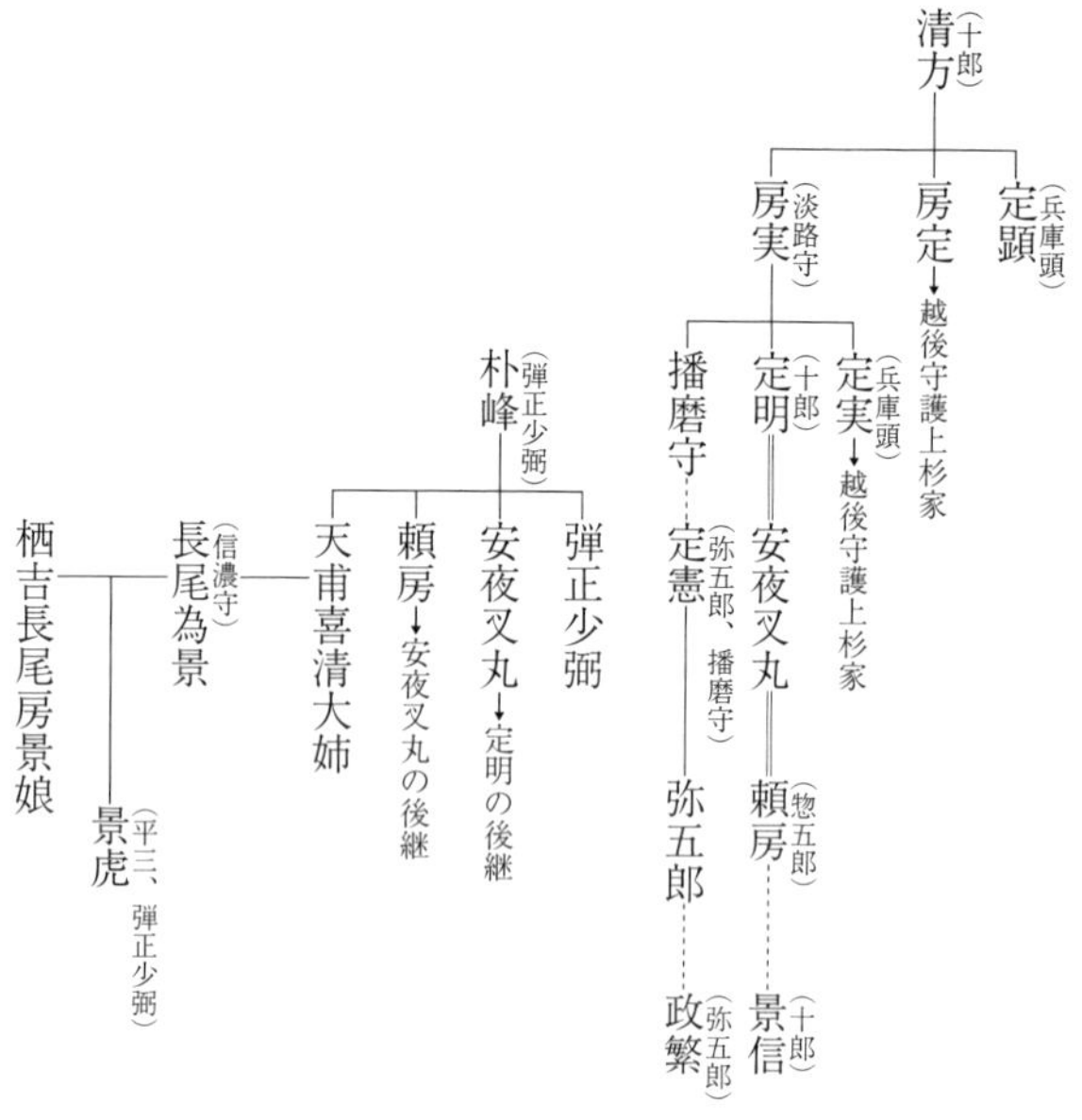

上条上杉氏一族略系図

正少弼入道）がいたことがあげられる。さらに黒田氏は、清方の子には定俊（掃部頭）もいたこと、朴峰には自身が没する天文四年（一五三五）十月七日以前に死去した嫡子弾正少弼がいたことも指摘している（黒田二〇二三）。

しかし、限られた史料による分析には限界があり、まだまだ不明なことは多い。

本稿では、謙信の時代において上条上杉氏一族の系統がどのように存在し、謙信がどのように認識し位置づけていたのか考えてみたい。ただし、謙信は越後守護代長尾家から関東管領山内上杉家を継ぎ、名乗りも長尾景虎・宗心、上杉政虎・輝虎・謙信と変わるので、それらの推移とともに当然謙信の認識や立ち位置も変化するという点には注意が必要である。

一、上杉十郎と上条上杉氏一族

本節では、すなわち長尾景虎・宗心を称した時期において謙信が上条上杉家の一族をどのように認識し位置づけていたのかについて検討する。

米沢上杉家には謙信が長尾景虎・宗心と称した時期に長尾家で作成されたと考えられる「御当方御継図」（天文上杉長尾系図）がある（米沢市上杉博物館所蔵・片桐二〇〇七）。私は以前「御当方御継図」の成立は、上杉定実が天文十九年（一五五〇）二月二十六日に死去して間もない同二十年前後とした（片桐二〇〇七）。しかし、『越後過去名簿』により頼房の死去が天文二十二年十月十二日であることが判明したため、同年月日から永禄四年（一五六一）三月までの間と改めておきたい。さて、この系譜には「当国太守次第」として越後守護上杉家の憲顕から定実までの代々の法名等が記されたあと、丁を改め、「最勝院殿御家」として清方・房実・定明・安夜叉丸・頼房の五代の法名等が記される。この家は前述した上条上杉家の嫡流とされる家である。したがって、景虎（宗心）あるいは長尾家では、越後においては守護上杉家に次いで、「最勝院殿御家」すなわち清方の跡を継ぐ上杉家を重要視していたことがわかる。

【史料1】

長福院トノ齢仙永寿大禅定門　宇佐ミ平八良殿立

大永二　三月十三日

【史料2】

天祥祖晃　上条上杉十郎トノ

天文三　八月九日

【史料3】

上相頼房御菩提　春日山　平三立之

天文廿二　十月十二日

【史料４】

蘭室慈芳大禅定尼　越後鵜河上条上杉ミノ、守
　　　　　　　　　御上サマ　ウサミ平八良トリツキ

【史料５】

明印月窓　鵜河庄上条上サマ逆修
　　天文廿一　二月十五日

右の【史料１〜５】は『越後過去名簿』の抜粋記載である（山本二〇〇八）。『越後過去名簿』は高野山清浄心院に残る供養帳の写本であり、被供養者とその没年月日あるいは依頼年月日、戒名・法名や供養依頼者が記される。さて、【史料１】の被供養者は安夜叉丸、【史料２】は定明、【史料３】は頼房であり、いずれも「最勝院殿御家」の当主である。

【史料１】の大永二年（一五二二）三月に死去した安夜叉丸を供養するのは宇佐美平八郎である。そして、【史料４】では宇佐美平八郎は越後鵜河庄の上条上杉美濃守の御上様（妻）の供養も取り次いでいる。勘案すると、安夜叉丸と上条上杉美濃守の妻は越後鵜河庄上条におり、宇佐美平八郎は両人、すなわち「最勝院殿御家」に仕えていたとみられる。美濃守は安夜叉丸と同人である可能性もあるが、少なくとも近親・同族以上の者であろう。

いっぽう安夜叉丸の跡を継いだ実弟頼房は、【史料３】のとおり春日山で長尾平三景虎が供養している。天文十九年（一五五〇）二月に上杉定実が死去して越後守護上杉家は途絶えたが、守護代長尾家の景虎は、守護上杉家に次ぐ主筋の「最勝院殿御家」の当主頼房を本拠の鵜河庄上条から春日山に招き寄せていたのではなかろうか。頼房は前掲「御当方御継図」で「定実ノ御孫子」と記されるように、定実の孫（定実の娘の子）であったことも関係

しているだろう。また頼房の姉は景虎の父為景の正妻であり、頼房は景虎の義理の叔父にもあたる。しかし、その頼房が天文二十二年（一五五三）十月十二日に死去し、越後守護上杉家に続いて「最勝院殿御家」も途絶えた。ただ、【史料5】のとおり頼房が死去する前年二月、鵜河庄にいる上条上杉家の当主の上様（妻）が逆修供養を依頼している。この上条上杉家と「最勝院殿御家」は同じ家であろうか。

【史料6】

　　越後上杉十郎殿優婆
仟穏賢公大姉
　永禄三庚申二月廿二日
　越後上杉十郎殿優婆逆修
天室玄仲大姉
　　○年月日記載なし

右の【史料6】も『越後過去名簿』の抜粋記載である（山本二〇〇八）。前者では永禄三年（一五六〇）二月に死去したとみられる越後の上杉十郎の優婆（乳母）が供養され、後者では年月日未詳ながら十郎の乳母が逆修供養している。少なくとも永禄三年に上杉十郎がいたことがわかる。

さて、この前年永禄二年に二度目の上洛から帰国した長尾景虎に対し、越後国内の侍衆が祝賀として進上した太刀について書き上げた「侍衆御太刀之次第」の写しがある（上杉家文書『上越市史別編2上杉氏文書集二』三五四二号、以下『上越』別編二—三五四二のように略す）。この史料は文禄二年（一五九三）に渡辺甚九郎が「宇梶殿」から借りて書写したものであり、前半に永正三年（一五〇六）の「御太刀ノ次第」、後半に永禄二・三年の太刀次第が記される。宇梶氏が所蔵した原本自体どのように作成されたものか不明であるため、扱いには注意が必要であるが参考にはなろう。この永禄二年の太刀次第に記された侍が当時長尾景虎に従った者たちであったと考えてよいだろう。これによれば、十月二十八日に進上した侍衆筆頭の「直大刀之衆」として「越ノ十良（十郎）殿」「桃井殿」「三本寺殿」の三人が記される。この越ノ十郎は栖吉城に本拠をおく古志（栖吉）長尾景信とされることが多く（阿部一九九七七、赤澤一九八七、長岡市一九九三、金子一九九六など）、同人である可能性は高いと思われる。しかし、「侍衆御大刀之次第」には「披露太刀ノ衆」として「長尾越前殿」「長尾遠江守殿」「長尾源五良」「長尾右衛門殿」のように長尾の者にはいずれも長尾姓が記されるのに対し、「越ノ十良」には名字が記されない。また筆頭最初に記されることから、越ノ十郎とは上杉十郎であり、永禄二年（一五五九）段階にはすでに長尾ではなく上杉を称していたと考えられる。したがって、【史料6】の上杉十郎の乳母とはこの十郎のことであろう。

森田・黒田両氏も述べるように、「最勝院殿御家」の清方・定明は十郎を称しており、越ノ十郎はこの家を継いだと考えられる。永禄二年に存在が確認されることから、天文二十二年（一五五三）十月の頼房死後、早い段階で継承したことになる。景虎は実母の出身である栖吉長尾氏（片桐二〇一七）の近親者景信を抜擢して継がせたとみられる。また前掲【史料3】で頼房には上条を冠せず「上椙頼房」のみ記されているように、定実の死後、頼房は上条上杉を脱して上杉のみを称し、その後継である十郎景信も上杉十郎を称したのではなかろうか。

一方、同じく「侍衆御大刀之次第」によれば、霜月一日に太刀を献上した侍衆として「上条入道殿」「山浦入道殿」「直江入道殿」「大国入道殿」「山岸入道殿」「小嶋入道」が記される（このうち「山浦入道殿」「小嶋入道」は異筆で補筆とされるが、校訂によるものか、後世の加筆なのか判然としない）。この日には出家者が太刀を献上したとみられるが、この冒頭に上条入道が記される。上杉十郎とは別に上条入道がいたことがわかる。したがって、永禄二年当時、上条上杉家の流れをくむ家には「最勝院殿御家」を継ぐ上杉十郎の家と、上条上杉家がそれぞれ並立していたことになる。すなわち前掲【史料5】の上条上杉家当主の妻とはこの上条入道の妻と考えられ、上条入道の拠点は鵜河庄上条であったとみられる。では上条入道とは誰か。

二、上条弥五郎と上条上杉氏一族

本節では、元亀元年（一五七〇）末以降の謙信を称した時期において、謙信が上条上杉家の一族をどのように認識し位置づけていたのかについて考えたい。山内上杉家を継いだ謙信は、本来主筋であった上杉家に対する認識は変わり、さらに上杉諸家の上位（本宗家）に位置づけられようとしたと考えられる（片桐二〇〇四・二〇一五）。

【史料7】

御書之写とアリ

急度以飛脚申候、様々各々異見候間、当地糸井河江昨晩令着馬候、信州諸口如何ニも無事ニ候、可心安候、小野主計助山中ニ鉄炮之音一つ鳴候とて、信玄打出候由申、諸軍江為恐怖候、此鉄炮者狩人之鉄炮之由申候、少も案間布候、今日も爰許ニ人数不散滞留申候ハ、為如何ニも其地ニ各指置安知候間、一左右之内ハ、思候て身之事も滞留申候、従十八日今日迄之仕合、其地ニ有之時ヨリ猶々安知候て、夜目ヲくわす候、委返事ニ敵之模様可申越候、随而番手之衆人数可帰候間、人留ヲ申候、柿崎・清七郎・織部約束之判お為三人庄田隼人かたへ被越候者、其判にて可通由可申付候、万吉重而可申候、謹言、

—本書ノ通御判なし

四月廿日巳刻　　謙信

上条弥五郎殿

琵琶嶋弥七郎殿

柿崎和泉守殿

新津大膳亮殿

平賀左京亮殿

船見宮内少輔殿

吉江織部佐殿

本庄清七郎殿

賀地藤次郎殿

斎藤下野守殿

石川中務少輔殿

山本寺伊予守殿

十郎殿

松本代板屋修理との

本庄弥二郎代

【史料8】

南衆出張候由、只今午刻自厩橋之注進候間、最前ニ如申付候、早々其地塩沢ヲ打立、至于倉内着城簡心ニ候、畏入

事者、明日出馬候、弥儀待入候、以上、
八月三日　　謙信
上条殿
十郎殿
本庄清七郎殿
松本代

右の【史料7】は元亀四年（一五七三）、【史料8】は翌天正二年に上杉謙信が出した書状の写しである（『上越』別編一―一一四九・一二二二）。両書状の宛所には「上条弥五郎殿」「上条殿」と「十郎殿」とが併記され、上条と十郎が別人で別の家の者であり、十郎は上条上杉ではないことがわかる。【史料7】の「上条弥五郎」と【史料8】の「上条」は同人と考えられるが、出家入道していないことから、前述した永禄二年（一五五九）時の「上条入道」とは別人である。上条弥五郎は政繁で、能登守護畠山氏の出身とされ、天文二十二年（一五五三）に越後に人質として来て謙信の養子となり、上条上杉家を継いだとされる（片桐二〇一七）。詳細は本書別章に譲るが、限られた史料を勘案すれば、この弥五郎が少なくとも元亀四年までに「上条入道」の後継として上条上杉家を継いだとみられる。

では、この上条入道とは何者であろうか。管見の限り上条を名乗る上杉家は、前述のように清方の子である定顕（兵庫頭）・房実（淡路守）・播磨守の各系統、および朴峰（弾正少弼入道）の系統が知られている。このなかで弥五郎を称した家としては、黒田氏が指摘するように、播磨守の後継とみられる定憲（弥五郎・播磨守）―弥五郎の系統があげられる（上杉家文書『新潟県史資料編3中世一』五七七号。黒田二〇二三）。

前述のように長尾景虎は、近親の景信に「最勝院殿御家」を継がせ上杉十郎を名乗らせた。しかし、「最勝院殿御家」

の清方―房実―定明―安夜叉丸―頼房のうち、十郎を名乗ったことが明らかなのは清方と定明のみであり、少なくとも世代的に景信直近の安夜叉丸・頼房は十郎を名乗っていない。すなわち景虎による景信の十郎名乗りは、清方―定明の代まで遡及し「最勝院殿御家」を十郎家として復活させたことになろう。この十郎家のケースを考慮すると、永禄二年の「上条入道」が播磨守系統の者かどうかは不明ながら、少なくとも謙信は政繁に上条家を継がせる際、上条定憲―弥五郎の代を意識して弥五郎を名乗らせたと思われる。

さて、永禄四年閏三月に長尾景虎は山内上杉家を継ぎ、上杉政虎・輝虎を名乗り、元亀元年（一五七〇）末頃には再出家し謙信を称する。謙信の分国内には十郎家・上条家をはじめ複数の上杉家が存在したため、分国を支配するには本来主筋の家である彼らの上位に立つ必要があった。謙信が上杉十郎・上条弥五郎らに対し上位から臨んでいたことは、【史料7】・【史料8】の書止文言や宛所を書き出す位置などの書札礼からもうかがえよう。一方で【史料8】の宛所のように上条・十郎の上杉と本庄清七郎・松本代とは別格であることも示している（なお、謙信の発給文書における上条家・十郎家などの上杉諸家への書札礼や敬称・呼称については片桐二〇一七参照）。

そのようななか謙信が天正三年（一五七五）に作成した軍役帳（上杉家文書『上越』別編一―一二四六・一二四七）に当時の上杉諸家の序列の一端を垣間見ることができる。軍役帳に示された上杉諸家の序列は「御中城様（上杉景勝）」、「山浦殿（国清）」、「十郎殿」、「上条殿（弥五郎）」、「弥七郎殿」、「山本寺殿」の順である。景勝はこの年正月に上杉となり、謙信の後継候補として謙信の「御実城様」表記と同じく敬称「御」「様」の付く別格筆頭となるが、その下位に「殿」の付く上杉一門が並記される。「殿」の付く上杉一族では上杉十郎・上条弥五郎は、山浦国清に次いで二番目・三番目に位置づけられている。

おわりに

本稿では、謙信の時代に上条上杉氏一族の系統がどのように存在し、謙信がどのように認識し位置づけていたのか考えてみた。その結果をまとめておくと、長尾景虎は少なくとも永禄二年（一五五九）十月以前に、守護上杉家に次いで重要視した十郎清方の系統「最勝院殿御家」を近親景信に継がせ上杉十郎を名乗らせた。また、「最勝院殿御家」の頼房は、少なくとも母方の祖父定実が死去した天文十九年（一五五〇）二月以降には本拠の鵜河庄上条から景虎のいる春日山城に移り、上条を冠せず上杉を称した。それゆえ頼房の後継の十郎は上条ではなく上杉を称した。一方、鵜河庄に別家として存在した上条入道の後継が上条政繁であり、入道が上条定憲―弥五郎の系統の者であるかどうかは不明ながら、謙信はそれを意識して弥五郎を名乗らせたと考えられる。以上である。

前述のとおり、上条上杉の一族には安夜叉丸・頼房や長尾為景の妻（天甫喜清大姉）の実父朴峰がいた。朴峰は前掲「御当方御継図」に「上条少弼入道御事也」と注記される（米沢市上杉博物館所蔵・片桐二〇〇七）。そして黒田氏が述べるように『越後過去名簿』では嫡子とみられる上杉弾正少弼の妻（「上杉弾正少弼御新造」）が朴峰の供養依頼をしている（山本二〇〇八）。すなわち朴峰（弾正少弼入道）―弾正少弼という弾正少弼を名乗る系統であったと考えられる。長尾景虎は天文二十一年（一五五二）五月、弾正少弼の官途と従五位下の位階を得て（上杉家文書（『上越』別編一―七一・七三・七四・七六・八八・八九・九〇など）、父祖が代々称した信濃守ではなく弾正少弼を名乗った。当時景虎のもとには「最勝院殿御家」の上杉頼房がいた。景虎は頼房の実父であり景虎の義理の祖父でもある朴峰が称した弾正少弼を名乗ることにより、頼房や主家上杉家との関係に新たな姿勢を示そうとしたのではなかろうか。

〔参考文献〕

赤澤計眞「古志郡司長尾氏」（『新潟県史通史編2中世』第二章第二節四項、新潟県、一九八七年）
阿部洋輔「古志長尾氏の郡司支配」（同編『戦国大名論集9上杉氏の研究』吉川弘文館、一九八四年、初出一九七七年）
今福　匡「越後長尾氏と上杉謙信の閨閥―「越後長尾殿之次第」の検討を通して―」（渡邊大門編『戦国・織豊期の諸問題』歴史と文化の研究所、二〇一八年）
片桐昭彦「上杉謙信の家督継承と家格秩序の創出」（『上越市史研究』一〇号、二〇〇四年）
同「山内上杉氏・越後守護上杉氏の系図と系譜」（峰岸純夫・入間田宣夫・白根靖大編『中世武家系図の史料論』下巻、高志書院、二〇〇七年）
同「上杉景虎」（黒田基樹・浅倉直美編『北条氏康の子供たち』宮帯出版社、二〇一五年）
同「謙信の家族・一族と養子たち」（福原圭一・前嶋敏編『上杉謙信』高志書院、二〇一七年）
金子　達「上杉十郎景信」（『長岡市史通史編上巻』第六章第二節一項、長岡市、一九九六年）
黒田基樹「総論　長尾為景の研究」（同編著『シリーズ・中世関東武士の研究第三四巻　長尾為景』戎光祥出版、二〇二三年）
上越市史編さん委員会編『上越市史資料編3古代・中世』（上越市、二〇〇二年）
同編『上越市史通史編2中世』（上越市、二〇〇四年）
谷合伸介「八条上杉氏・四条上杉氏の基礎的研究」（『新潟史学』五一号、二〇〇四年）
長岡市『長岡市史資料編2古代・中世・近世一』（長岡市、一九九三年）
森田真一「上条上杉定憲と享禄・天文の乱」（『新潟史学』四六号、二〇〇一年）
同「戦国の動乱」（『笹神村史通史編』中世第四章、新潟県笹神村、二〇〇四年）
同『中世武士選書第二四巻 上杉顕定　古河公方との対立と関東の大乱』（戎光祥出版、二〇一四年）

山田邦明「応永の大乱」（『新潟県史通史編2中世』第二章第二節、新潟県、一九八七年）
山本隆志「高野山清浄心院「越後過去名簿」（写本）」（『新潟県立歴史博物館研究紀要』九号、二〇〇八年）

V 琵琶島上杉氏の人びと

伊藤啓雄

はじめに

十六世紀の史料には「苅羽郡琵琶嶋」や「琵琶嶋弥七郎」など、現在の新潟県柏崎市枇杷島地区や琵琶島氏の記載がみられる。天正三年（一五七五）の「上杉家軍役帳」（上越一二四六号。以下、「軍役帳」と略）にある「弥七郎殿」が琵琶島弥七郎に比定されることにより、この琵琶島氏は上杉氏の一門と考えられている。

一九六〇年代、藤木久志氏・井上鋭夫氏は、この「弥七郎殿」を長尾景通に比定していた（藤木一九六三、井上一九六四）。しかし、一九七〇年代以降に刊行された『越佐史料』（五巻二九二頁）や『新潟県史』（八四〇号）では琵琶島が註されており（高橋編一九七一A、新潟県一九八二、池一九八七）、これ以降の研究では「軍役帳」の「弥七郎殿」は琵琶島氏としたものが多くなっている。

一方で、本拠である琵琶島城の城主を宇佐美氏とする通説がある（新沢一九七〇、市村一九九〇など）。井上鋭夫氏は、「御館」の地名が琵琶島にもあったとし、「琵琶島は京都の八条にいた上杉持房を奉じて宇佐美氏が居住したもの」としている（井上一九六六B）。また、新沢佳大氏は、近世成立の「北越軍記」と関連資料を分析して宇佐美氏を考察する中で琵琶島弥七郎にも触れている（新沢一九七二）。さらに、琵琶島と宇佐美氏を結びつける確証は意外に少ないとし、琵琶島城の北側にある鵜川神社が所蔵する「政勝（姓欠ク）宛行状」（上越一二九六号）の政勝が琵琶島弥七郎を継承したと推測している（新沢一九八六）。さらに、西澤睦郎氏は、井上氏の見解を踏襲しながらも、所見や疑問点を提示しており、宇佐美氏・琵琶島氏の解明は今後の課題としている（西澤二〇〇〇）。

そして、近年では上杉氏に関する研究が盛んになっている。森田真一氏は、「おおよそ十六世紀初頭を境に八条家は拠点を越後枇杷島に移し、十六世紀半ば頃から枇杷島家を確認し得る」とし（森田二〇〇一）、鵜川神社所蔵「正藤（姓欠ク）寄進状」（新潟二二六九号）の「正藤」は八条上杉氏（あるいは琵琶島氏）を継承した人物と推測した（森田二〇〇四）。また、矢田俊文氏は、「軍役帳」の弥七郎殿を琵琶島氏とし、もとは刈羽郡鵜川荘を本領とした八条上杉氏とした（矢田二〇〇五）。そして、今福匡氏は、上杉謙信は長尾一族に没落した上杉諸家の名跡を継承させたという観点から各氏を検証し、弥七郎殿・琵琶島殿についても同時代史料からの考察を行っている（今福二〇一一）。

このように、琵琶島氏については琵琶島城以外でも「軍役帳」や上杉氏の研究からも触れられてきた。本稿ではこれらを参考にしながら、琵琶島氏に関する史料や研究状況を整理するものとしたい。

なお、人名・地名の「琵琶島」は、中世では「琵琶嶋」「びわ嶋」、近世以降には「枇杷島」といったさまざまな表記がある。本稿では史料や現在の地名等から引用する場合などを除き、自治体史などでも用いられている「琵琶島」で統一しておきたい。また、本文中における史料の引用等では、『上越市史』別編1・2（上越市史編さん委員会編二〇〇三・同二〇〇四）は「上越」、『新潟県史』（新潟県一九八二・同一九八三）は「新潟」、『越佐史料』（高橋編一九七一A・同B）は「越佐」と略している。

一、上杉氏家臣団における琵琶島氏

冒頭で触れた「軍役帳」のほか、「祝儀太刀次第」や「文禄三年定納員数目録」は上杉氏家臣団の究明に必要な資料として分析されている（藤木一九六三、井上一九六四、池一九八七、広井二〇〇〇ほか）。まずはこれらの史料から琵琶島氏を確認しておきたい。

（1）「上杉家軍役帳」

【史料1】上杉家軍役帳（上越一二四六号）※一部抜粋

弥七郎殿

百六丁　　鑓
拾五人　甲　籠手・打物　腰指　　手明
拾丁　笠・腰指　　鉄炮
拾本　　大小旗
拾五騎　甲　籠手・打物　腰指　　馬上
以上、

【史料1】とは別に「天正初年」の題箋が後に付されたものもあるが、該当部分の差異としては一部の漢数字表記や「腰指」が「こしさし」となっているのみである（上越一二四七号）。「軍役帳」について、片桐昭彦氏が「春日山城から関東へ出陣できる軍勢の人数を把握するためのもの」と評価しているように（片桐二〇〇四）、当時の上杉氏家臣団を網羅したものではないが、この史料における弥七郎殿について確認しておきたい。

弥七郎殿は、御中城様・山浦殿・十郎殿・上条殿に次ぐ第五位の位置にあり、山本寺殿・中条与次以下が続く。藤木久志氏・井上鋭夫氏は、筆頭の御中城様から第六位の山本寺殿までを第一群とし、様・殿の敬称がつけられた上杉氏一門や有力客将に分類した。第二群は奥郡の国衆、第三群は上・中郡の国衆、第四群は旗本老臣である。そして、この弥七郎殿は上杉氏・長尾氏一門とみられる長尾景通に比定された（藤木一九六三、井上一九六四）。これは、「上杉家御年譜」の天正三年春三月十六日（米沢温故会一九七七①）に「御一族並越府ノ大家ニ軍役ヲ定ラル」とあり、弥七郎殿の位置に「長尾弥七郎景通」が記されていることによるものであろう。しかし、前述のとおり『越佐史料』（五巻二九二頁）や『新潟県史』（八四〇号等）では「琵琶嶋」「琵琶島」が註されるようになった（高橋一九七一A、新潟県一九八二、池一九八七）。前後の史料をみると、「軍役帳」の前々年にあたる天正元年（一五七三）四月二十日に比定される上杉謙信書状（上越一一四九号）では上条政繁など十五名宛に越中での指示がなされており、上条政繁の次に「琵琶嶋弥七郎殿」が記載されている。また、翌々年にあたる天正五年（一五七七）の「上杉家家中名字尽手本」（上越一三六九号）には「琵琶嶋　弥七郎」とある。長尾景通は中世史料では明らかにできず、同時代史料を重視すれば、「軍役帳」の弥七郎殿は琵琶島弥七郎に比定できる蓋然性が高い。

また、鵜川神社所蔵の天正四年（一五七六）七月二日「政勝（姓欠ク）宛行状」（上越一二九六号）は、軍役を課された政勝が八幡田の地をめぐり千日大夫に発給したものである。冒頭に「就軍役過上」とあり、政勝が軍役によって困窮している状況がうかがえる（池上二〇〇九）。新沢佳大氏は、政勝が琵琶島の領主であり、琵琶島弥七郎を襲名したと推測している（新沢一九八六）。

なお、弥七郎殿に課せられた軍役人数の合計は一五六人で、記載された全四一名中、十二番目となる。全体を軍役人数で分類すると、三七〇人超の二名、二〇〇～三〇〇人前後の七名、一二〇～一六〇人の九名、一一〇人以下の二三名のグループに大別できるが、弥七郎殿は一二〇～一六〇人のグループで、平均の一三三・七人を若干上回る人数となる。第一群内で比較すると、筆頭の御中城様は三七五人、第二位の山浦殿は二五〇人で弥七郎殿を大幅に上回る。その一方で、第三位の十郎殿は八一人、第四位の上条殿は九六人、第六位の山本寺殿は七一人で、弥七郎殿の五～六割程度である。全体としても第一群内においても弥七郎殿は中間的な軍役人数といえる。しかし、同じ刈羽郡を拠点とし、越後守護家にも近い立場にある上条殿よりも弥七郎殿の軍役人数が多い。先行研究でも順位と軍役人数との相関関係はないとされているので十分な検証はできないが、一門における軍事動員力に関する謙信からの期待度をうかがえるようである。

(2)「祝儀太刀次第」

次に、「祝儀太刀次第」（上越三五四二号。以下、「太刀次第」と略）を確認したい。この史料は、文禄二年（一五九三）に記されたものであるが、永禄二年（一五五九）四月に上洛を果たして帰国した長尾景虎に祝儀太刀を献じた諸将の交名である。三十年以上を経た後に記された史料なので、当時の細かな情報が反映されているのか筆者には検証できないが、やはり藤木氏による考察がある（藤木一九六三）。これによれば、「軍役帳」にみられる一門・国衆・譜代とした家臣団の区別方式が永禄初年の段階ですでに侍衆（直太刀之衆・披露太刀之衆）・馬廻年寄分之衆の呼称をもって存在したという。すなわち、「太刀次第」の直太刀之衆（越ノ十郎殿・三本寺殿など）や披露太刀之衆の「各別之方」（上条入道殿・山浦入道殿など）は「軍役帳」第一群の上杉一門、披露太刀之衆（中条殿・本庄弥次良殿など）

は「軍役帳」第二・三群の国衆に分類される。このうち、披露之太刀衆の第十二位に「びわ嶋殿」とあり、琵琶島氏に比定される。長尾遠江守殿・柿崎和泉殿に次ぎ、長尾源五良殿・にい津殿が続く位置である。

井上鋭夫氏はこの「びわ嶋殿」を宇佐美定満としているが（井上一九六六①）、新沢佳大氏はその場合に「宇佐美（駿河守）殿」と記述しない点が疑問とする（新沢一九七一）。披露之太刀衆は名字＋殿あるいは名字＋仮名・官途名＋殿で記載されているので、この史料の「びわ嶋殿」はやはり琵琶島氏と考えられる。たしかに宇佐美定満の父房忠は弥七郎を名乗っているが（新潟一七一〇号）、宇佐美弥七郎であれば「軍役帳」で上杉氏一門に位置付けられる弥七郎殿には結びつかないであろう。「太刀次第」から三〇年前後遡るが、「越後過去名簿」（山本二〇〇八）には大永期～天文初期に供養の実務者として宇佐美平八郎の名がみられ、上条氏の側近的立場にあったと推測されているので（前嶋二〇一七）、刈羽郡に関わった宇佐美氏の存在も考えられる。しかし、宇佐美房忠・定満が琵琶島に関わった同時代史料はなく、地域領主としては現在の上越市柿崎区を拠点としていたとみられる（高橋一九九七、矢田一九九九）。これらのことから、「太刀次第」の「びわ嶋殿」は宇佐美氏ではなく、琵琶島氏といえる。

そして、その場合、天正三年（一五七五）の「軍役帳」では一門等に位置付けられていたと考えられる琵琶島氏は、永禄二年（一五五九）の「太刀次第」では属する衆や前後の家臣をみても、一門ではなく国衆の地位・待遇であったことになる。

（3）「文禄三年定納員数目録」

【史料2】文禄三年定納員数目録（矢田ほか編二〇〇八　以下、「目録」と略）※一部抜粋

西浜郷幷琵琶島保

一 六拾二人 千六拾石　山本寺九郎兵衛
右ハ兄又四郎長定一跡被下候、此九郎兵衛ハ琵琶島助兵衛ト云、
同心衆
一 八人 百三拾二石　佐藤玄蕃
一 同　松木将監
右ハ内匠秀朝弟也、忠秀ト云、子ノ代瀬下氏ニ成ル、
一 同　馬場与捻
一 四人 六拾七石三斗　富井市右衛門
一 同　同　次郎兵衛
一 二人 三拾二石　猪股新兵衛
一 同　将監弟　松木大学

「西浜」は、「にしはま」であれば西浜（現在の新潟県糸魚川市から上越市西部）、「さいはま」であれば犀浜（現在の新潟県上越市柿崎区周辺）が考えられる。琵琶島と地理的に近いのは後者であるが、「兄又四郎長定一跡被下候」とあるので、ここでは山本寺氏がもともと支配していた前者であろう。そして、「此九郎兵衛ハ琵琶島助兵衛ト云」とあるので、山本寺九郎兵衛は琵琶島氏を継承した者とみられる。

藤木氏は、「目録」に記載された家臣団は侍中・五十騎衆と地方在番衆に区分されており、地方在番衆は（イ）旧来の在地での主従関係を基本とした本領在番と（ロ）新たに編成された統属関係にある上田在番衆に分けられると分析した。そして、中郡では前代以来、その居城にある荻の松本氏、伝統的な本領在城を維持する安田の安田氏

が本領在番となるが、全体としては（ロ）による直臣団支配政策で上杉景勝の領国統制が強化されたと考察しており、山本寺九郎兵衛は上杉氏一門であるが、新任の城将とされている（藤木一九六三）。ただし、たしかに山本寺九郎兵衛は（ロ）ではないが、城将名＋同心・抱で記載される（イ）とも異なった表現となっている。御館の乱後の天正十二年（一五八四）二月十四日に上杉景勝は上田衆の桐沢具繁に琵琶島在城を申し付けており（上越二八九一号）、これは（ロ）に近い状況といえる。しかし、頸城に拠点のあった山本寺九郎兵衛としてはその後の新任となるものの、名跡を継承した琵琶島助兵衛としては旧来の在地での主従関係を復活させたものといえよう。

なお、同心衆七名のうち二名が松木氏兄弟である。今福匡氏は上杉景虎朱印状（上越三八七一号）の宛所にある松木加賀守はこの一族と推測している（今福二〇一一）。

（4）小結

以上のことから、「軍役帳」（史料1）の弥七郎殿が琵琶島弥七郎に比定されることを前提とすれば、琵琶島氏は上杉氏一門とすることができる。そして、「目録」（史料2）によれば、文禄三年（一五九四）段階では同じ上杉氏一門の山本寺氏から琵琶島助兵衛が養子としてこれを継承していた。

ただし、琵琶島氏の存在は永禄二年（一五五九）段階にもみられるが、一門ではなく一般の国衆の待遇であった。この違いは系譜における何らかの変化が想定される。実際に「太刀次第」が記されたのは文禄二年（一五九三）なので注意が必要であるが、琵琶島助兵衛の記載がある「目録」（史料2）がこの翌年の史料であることを考えれば、さほど不正確な情報が記載されたとは考えにくい。ここでは、永禄期から天正期へ至る段階における系譜の不連続性を考えておきたい。

二、琵琶島関連の中世史料にみられる琵琶島氏

次に、人名や地名の琵琶島がみられる中世史料から、琵琶島氏を確認していきたい。

琵琶島の初見は、今のところ永正五年（一五〇八）八月十七日の長尾為景寄進状写（新潟二二六八号）に「苅羽郷琵琶嶋之八幡宮」、同日の正藤（姓欠ク）寄進状（新潟二二六九号）に「苅羽郡琵琶嶋之八社宮」とみられる。いずれも琵琶島城の北側に鎮座する鵜川神社の所蔵文書である。時期としては、永正の乱において為景方と八条氏方との抗争が終結した段階といえる。森田真一氏が後者の正藤について八条氏・琵琶島氏と関連付けて推測しているのは前述のとおりである（森田二〇〇四）。

その後、琵琶島は天文の乱（一五三二〜三六年）に関する史料にみられる。天文二年（一五三三）の長尾為景願文写には、鵜川神社は「凶徒」・「当敵」の上条氏方による乱入・放火などがあり、「社頭如元造営」などが誓われている（新潟二二七〇号）。また、天文四年（一五三五）八月二日の上条定憲感状（新潟三五七九号）に「於琵琶嶋西之口、別而被相荷責」、同日の長尾為景書状（歴代古案（続群書類従完成会二〇〇〇）一三四九）に「河東江凶徒等相集、琵琶嶋へ及行候間」とあり、琵琶島は上条氏方など反為景側からの攻撃を受けたことがわかる。これらの史料のみでは琵琶島の領主を知ることはできないが、永正期や天文期の抗争では為景方の立場であったことがうかがえる。

【史料3】高野山清浄心院「越後過去名簿」（山本二〇〇八）※一部抜粋

妙宥尼　　カリハ郡ヒワシマ女房　　逆

天文廿三　四月十五日　円順トリ次

人名の琵琶島を知ることができるのは、今のところ【史料3】からであろう。刈羽郡琵琶島の女房である妙宥尼の逆修供養を天文二十三年（一五五四）四月十五日に円順が取り次いでいる。そして、妙宥尼は琵琶島の領主の妻という立場が考えられる。その場合、領主の特定は困難であるが、前述の「太刀次第」はこの五年後なので、妙宥尼は「太刀次第」に記載された「びわ嶋殿」の母（先代の妻・未亡人）などが想定される。

天文二十四年（一五五五）一月十四日、「柿中」が上条に在陣に及んだ際、長尾宗心（上杉謙信）は安田景元に「上条・琵琶嶋其外被加御意見」とし、上条・琵琶島ほかの意見を加えること、様子を注進することを求めている（上越一二一号）。琵琶島は上条と同じ鵜川流域でその下流に位置する要地であり、上条での変事に対して琵琶島も重視されていることがうかがえる。ただし、史料にあるのは地名の「琵琶嶋」であるが、「被加御意見」とあるので、意味としては琵琶島の領主とすべきであろう。

天正期になると、前項で述べたとおり、天正元年比定の上杉謙信書状（上越一一四九号）、天正五年の「上杉家家中名字尽手本」（上越一三六九号）で琵琶島弥七郎が確認でき、天正三年の「軍役帳」（史料1）にみられる弥七郎が琵琶島氏とされる。また、琵琶島は、天正六〜七年（一五七八〜七九）の御館の乱に関する史料にも複数みられる（上越一五五三号ほか）。御館と魚沼地域との中継上にあるなど、越後国中郡では戦略上の要地でもあったことがわかる。琵琶島氏は景虎方であり、天正六年十一月三日に景虎は琵琶島善次郎に対し、今後の備えが大切であることと、小笠原殿が向かうこと、本庄清七郎が向かうので談合することなどを指示している（上越一七一三号）。これについては景勝方も反応しており、「第一其地用心、并ひわしまへ念を入」などが佐野清左衛門尉に指示されている（上越一七一五号）。これ以後も琵琶島に触れた史料は残されているが、ほとんどは景勝方が発給した文書であることから、以後は琵琶島氏に関する記事は確認されない。天正七年二月二十九日に景虎は前嶋修理亮に対して兵粮に関する指示を出している（上越一七七八号）。前嶋修理亮はどのような人物か明らかではないが、兵粮に関わる重要な指示が出される点から、琵琶島側の将としては中心に近い立場にあったものとみられる。

御館の乱後、琵琶島氏の動向は明らかではない。天正十二年（一五八四）に上杉景勝は桐沢具繁に琵琶島在城を申し付けており（上越二八九一号）。文禄三年（一五九四）段階では「目録」（史料2）のとおりとなった。

そのほか、鵜川神社文書には、政藤（新潟二二七二号）・弾正少弼藤（上越三四三三号）が発給した文書があるが、本稿では検討することはできなかった。

三、近世史料にみられる琵琶島氏

琵琶島氏を確認できる中世史料は限られているので、近世史料からも琵琶島氏を抽出し、編纂年代順に確認していきたい。

吉江系譜（越佐六巻二二二頁）　この史料に記載された最新の年号は正保四年（一六四七）である。吉信の項に、「永正二年生（中略）母琵琶島日向守春綱女」とある。

吉江吉信が永正二年（一五〇五）生まれであれば、その母の生年は一四八〇年代頃、その父琵琶島春綱は一四六〇年代頃が想定される。一七世紀中頃までに記載された史料であり、春綱は後述する日向守広行と受領名が一致する。しかし、中世史料では十六世紀前半以前に琵琶島氏は確認できないため、春綱の検討については留保したい。

村上城攻防記録写（『村上市史』（村上市一九九三）二一一号）　延宝二年（一六七四）五月十四日に写された「永禄年中北越村上城軍認書」で、五月九日の「敵ノ殿衆」、十一月十五日の「南陣取ノ衆」に枇杷嶋がある。そして、村上城攻撃武将名付写（『村上市史』（村上市一九九三）二一〇号）には「永禄年中瀬浪ノ城ヲ責ル武将共」として、枇杷嶋弥七郎広員の名がある。

これらの史料は、永禄十一年（一五六八）に起きた本庄繁長の乱を記録したもので、中世史料でも琵琶島氏を確認できる時期の記事である。そして、琵琶島氏の実名として広員を知ることができる。

先祖由緒帳（https://www.library.yonezawa.yamagata.jp/dg/KG014.html）　原本は延宝五年（一六七七）の編集で、元禄二～四年（一六八九～九一）頃の写本が米沢市立米沢図書館に所蔵されている。記載内容は今後の検討課題としつつも、編集段階での歴史認識という観点で分析されている（山田二〇〇四・金子二〇一一）。

琵琶島に関連する記事としては、「富所八郎兵衛由緒」に「一、曽祖父富所伯耆、枇杷島之城主上条殿ニ相付罷在候処、謙信様より上意ニ付而春日山江罷越、御奉公仕候、上条殿御逝去之後、枇杷島鍛錬之者ニ候とて伯耆ニ同心数多御付被成、枇杷島江被遣候（後略）」、「福嶋久左衛門由緒」に「一、祖父福嶋杢右衛門ハ福嶋大炊之助弟ニ御座候、越後琵琶嶋ニ罷在御奉公申上候（後略）」とある。「枇杷島之城主上条殿」といった表現もあるが、富所氏・福嶋氏は琵琶島に属した人物とされている。

中世史料では琵琶島氏と両氏との関係を確認できなかった。ただし、富所氏は永禄十二年（一五六九）の上杉輝虎書状（上越六三九号）で富所隼人佑・松木内匠助が宛所に含まれており、年次未詳の上杉輝虎書状（上越九八二号）

でも冨所・松木が宛所となっているなど、松木氏と近い立場にあった場面がある。松木氏は、文禄三年（一五九四）の「目録」（史料2）に琵琶島の同心衆として将監・大学兄弟が名を連ねている。二十年以上の年代差があるが、松木氏を通じて冨所氏と琵琶島氏との関わりを考えることができよう。

上杉家御年譜（米沢温故会一九七七A・一九七七B）　謙信公は元禄九年（一六九六）、覚山公は同十六年（一七〇四）に完成している。

永禄二年（一五五九）十月二十八日、京から帰国した謙信に祝儀を献じた際、「先御一族ニハ長尾越前守政景」に始まり七番目に「枇杷島弥七郎」がみえる。同四年（一五六一）三月十二日、小田原への出兵に関する記事で御一族以外に「此外相随フ士ニハ（中略）柏崎日向守広行　同弥七郎広員（後略）」とある。また、同年七月五日、第四次川中島合戦に関する記事で旗本左備の五人中四番目に「琵琶嶋弥七郎広員」とある。そして、同十二年（一五六九）十二月、「枇杷島弥七郎病死ス　嫡子ナキニ付テ名字断絶ス」とある。しかし、天正六年（一五七八）四月、謙信没後に「越国ノ諸士三郎景虎ニ志ヲ通スル者多シ」として、「琵琶嶋城主琵琶嶋弥七郎」も名がある。

永禄四年三月の記事では、弥七郎広員は琵琶島氏ではなく、柏崎氏とされている。短期間のうちで仮名＋実名が共通しているので、同一人物としてよいであろう。当時は町であった柏崎（矢田一九九七など）と琵琶島が一括された認識の下でこの史料が編纂された可能性が考えられる。そして、琵琶島氏が記載された記事の時期は永禄二年〜天正六年であり、前項のとおり中世史料で確認された琵琶島氏の活動時期と齟齬はない。しかし、永禄二年十月の記事は第一項で述べた「太刀次第」に該当するが、「太刀次第」の「びわ嶋殿」とは記載の位置が異なる。また、同四年三月・七月の記事も中世史料での裏付けはできない。ただし、弥七郎の実名として広員やその父か兄とみられる日向守広行が記載されていること、永禄十二年に断絶するが、天正六年には再興されていることなどが注目される。

なお、「御家中諸士略系譜」（米沢温故会一九八六）では、松木石見（貞吉）の項に「越後ノ豪枇杷島家ニ属シ武功之士ナリ永禄十二年十二月枇杷島弥七郎広員卒ス于時嗣子無之断絶ス依テ枇杷島カ属士能州甲ノ城与力ニ附」、その弟に大学（秀保）・将監があり、将監の項に「越後ニテ古志郡ニ罷在後枇杷島ニ居ル由枇杷島足軽御預之由外不相見」とある。また、山本寺伊豆守（景良）とその子である伊予守（景定）の項に柏崎在城とある。景定は天正期に活動がみられる定長とされる（今福二〇一一）。しかし、景定の子の伊予守（勝長）には「山本寺家ヨリ書上ニハ伊予守勝長又九郎兵衛定方」とあり、文禄三年に改易後浪人したとある。詳細が不明な部分もあるが、勝長は「目録」（史料2）の山本寺九郎兵衛（琵琶島助兵衛）とされており（今福二〇一一）、松木石見の弟である大学・将監は、「目録」で九郎兵衛の同心衆七名のうちの二名となっている。

越後三条山吉家伝記之写（三条市史編修委員会一九七九）「米沢上杉家之藩山吉家伝記之写」にあり、元禄十六年（一七〇三）に書写され、その後も転写されたといわれる。史料の引用や記載内容に豊富さがあり、山吉豊守以後の記事は信頼度も高いという。

山吉系図において、豊守の跡を相続した景長の項に「（前略）後妻ハ琵琶島越中守娘也、男子一人、女子弐人有り、（中略）又琵琶島ハ在名、本名ハ長尾也、白井長尾ハヒワシマ長尾ゟ分ル、御当家江御一家なるト云、板倉周防守殿ト琵琶島ゟ発ル」、その女子二人の項に姉が妻となった小島宮内長次は「越中守直筆之あたちと云草紙三冊持来候由、世ニ類なき事、表紙ハ唐織なり」とある。さらに、「為景公御聟は、上田正景・琵琶島越中守・上条入道宜順ト云々」

とある。

この史料の記述から、今福匡氏は琵琶島氏と長尾氏の関係に注目している（今福二〇一一）。また、為景の聟として上田正景・琵琶島越中守・上条入道宜順の名がある。黒田基樹氏によれば、為景の子は正室である天甫喜清大姉との間に二男三女、他の側室との間に謙信を含めた二男一女の合計四男四女で、娘は松巌明貞大姉・光室妙智大姉（上条氏室）・仙洞院殿（長尾政景室）と庶出の道五とする。そして、史料にある聟三名のうち上田正景は長尾政景であり、光室妙智大姉は宜順（宜順＝政繁）には特定できないが上条氏へ嫁している（黒田二〇一三）。しかし、琵琶島越中守については明らかではない。関連する人物では宇佐美孝忠が越中守を名乗っているが、為景とは永正期に敵対しており、時期やその立場から可能性は低い。為景の聟であるため、晴景・謙信と同じ世代の人物が想定され、自身ゆかりの品物が孫娘の婿である小島長次に伝わっているといった記事などは信憑性を高めているが、今のところ中世史料から手掛かりを得ることはできなかった。事実関係の裏付けは難しいが、この史料が編纂された時期に琵琶島氏は白井長尾氏や為景と関係があったと認識されていたようである。

白川風土記（今泉ほか編一九八〇）　白河藩領の村々の状況を詳しい調査に基づいて記したもので、文化元年（一八〇四）の成立と考えられている。

柏崎町に「永正六年　長尾為景越中ニテ戦ノ時　柏崎右衛門大夫是光討死ス　天文二十三年　川中島合戦ニ　柏崎日向守見ヘ　永禄四年　月所ノ戦ニモ宇佐美ノ手ニ柏崎弥七郎時員ト云者アリ　別ニ考証ハ無レトモ　柏崎ヲ名ノルコトハ　宇佐美ノ旗シタニテ　此地ヲ領シテ　カク名ノリシニヤ」とある。そして、枇杷島村に「上杉ノ臣宇佐美左馬助ヨリ駿河守定行マテ四代ヲ経テ　定行忠死シテ其家絶テ後　上杉政勝　此村ノ墟ニ居ル。」とある。同村の鵜川神社の項に「天正四年七月二日　上杉七郎政勝　按　北越軍記　上杉左衛門尉政勝ト云人アリ　同人ナルヘシ　参詣。」、古城墟の項に「昔ハ三島郡ノ御館ト唱ヘ　弘仁ノ頃ハ八条ト云フ人　此所ニ住セシト云フ。」、農夫代右衛門の項には先祖は武田信玄に仕えた関ノ屋氏（のち武田氏など）で、「其弟善次郎　武田勝頼断絶ノ後　越後へ来リ宇佐美家へ寓シテ　琵琶島善次郎ト名乗ル。　按スルニ　宇佐美家ハ永禄七年ニ絶ヘ　勝頼ハ天正十年ニ亡ヒタレハ　勝頼亡テ越后へ来テハ宇佐美家へ寓スルノ理ナシ　其上　宇佐美家猶存セハ　琵琶嶋ヲ名乗ルハ無礼ナレハ　其事有ヘカラス　恐クハ宇佐美絶タル後ニ　善次郎越后へ来リ　此琵琶島ヲ領知ニ玉ハルナルヘシ」とある。そして、景勝移封後は浪人・農夫になったという。

近世後半になると「北越軍記」も流布したためか、琵琶島の領主として宇佐美氏が記されるようになる。琵琶島氏は宇佐美氏に属していたが、実は宇佐美氏断絶後に琵琶島善次郎が琵琶島を領したと考察しているほか、柏崎（琵琶島）弥七郎の実名が「上杉家御年譜」の内容と異なっている。

また、天正四年（一五七六）の政勝（上越一二九六号）を上杉七郎政勝としている。他にも天正二年に大久保鋳物師へ発給した判物（上越一二一〇号）もあったとされており、琵琶島氏が中世史料にみられる時期にあたるので、新沢佳大氏が指摘するように、政勝は琵琶島弥七郎の候補に考えられる（新沢一九八六）。ただし、「白川風土記」で同神社文書の信吉等三名連署状（上越三一三一号）の信吉を藤田能登守としているためか、同神社の由緒では政勝も「藤田能登守政勝」と伝わっており（新潟県神社庁柏崎支部一九七八）、この点は注意が必要である。

越国諸士（柏崎市史編さん委員会編一九八七）　米沢市上杉博物館所蔵の「越国諸士記」は、嘉永四年（一八五一年）に米沢藩御記録所で写されたものである。後述の「市川九良五郎由緒書」とともに御館の乱後を探るヒントとして新沢佳大氏は注目している（新沢二〇一〇）。

琵琶島氏に関連する人物を抽出すると、枇杷島弥七郎（柏崎城主枇杷島入道二男、実ハ能州人、兄続八郎）、柏崎右衛門尉（為景臣）、柏崎弥七郎、枇杷島弥八郎（越後柏崎城主、元ハ能州田城主也、弟ヲ弥七郎ト云、或説景勝御代子細候而本庄越前守宅ニ而乍兄弟御討取と）がある。

柏崎氏も琵琶島氏と同じ弥七郎が記載されているが、「柏崎城主枇杷島入道」などのように、琵琶島氏と柏崎氏は「上杉家御年譜」と同じ認識による表現であろう。枇杷島弥八郎にある「本庄越前守宅ニ而乍兄弟御討取」は内容を明らかにできなかった。また、山本寺伊予守の項には、「次男藤蔵家督タリ、元服九郎兵衛ト号ス、又号勝長但馬又改伊予」とある。これは「目録」の琵琶島九郎兵衛と内容が近い。

なお、柏崎弥七郎については、安政六年（一八五九）の「市川九良五郎由緒書」（柏崎市立図書館蔵中村文庫「玉川遺韻」）に先祖の平左衛門尉がその介添役となった旨が記載されている。天正十六年（一五八八）に上杉民部太輔（上条政繁のことか）が出奔した後、柏崎氏・市川氏は浪人となって当地に住むようになったという（ただし、『柏崎市史資料集』では「柏崎弥五郎」とする（柏崎市編さん委員会編一九八五）。）

＊

以上、近世史料にみられた琵琶島氏を確認してきた。中世史料では、弥七郎・善次郎・助兵衛の名がみられるのみであったが、「村上城攻防記録写」や「上杉家御年譜」から日向守広行・弥七郎広員を知ることができた。広行・広員は中世史料で確認できないが、可能性としてとらえておきたい。また、「越後三条山吉家伝記之写」には異なる側面から琵琶島氏が記載されており、検証は難しいものの、長尾氏との関係が記載されていることは注目される。近世後期の「白川風土記」・「越国諸士」は検証すべきことがさらに多くなるが、政勝の活動や山本寺氏との関わりなどは参考になろう。

おわりに

本稿では、中世史料で確認できる琵琶島氏、近世史料でうかがうことのできる琵琶島氏を提示してきた。最後に、琵琶島氏が史料にあらわれる時期を画期として大きく三期にまとめながら、概観してみたい。

第一期（十六世紀前半）　中世史料で琵琶島の地名を確認できるが、琵琶島氏は不明確な時期である。永正期・天文期の史料があり、いずれも長尾為景方とみられる内容なので、琵琶島の領主の政治的な立場がわかる。しかし、琵琶島からのアプローチでは具体的な人物を見出すことはできなかった。

第二期（一五五〇〜七〇年代）　琵琶島の領主あるいは琵琶島氏を確認できる史料が比較的集中する時期である。上杉氏家臣団における琵琶島氏の位置付けにより、第二a期・第二b期に細分した。

第二a期（一五五〇〜六〇年代）は、「ヒワシマ女房」（「過去名簿」）、「びわ嶋殿」（「太刀次第」）など、琵琶島の領主をうかがうことができる時期である。ただし、「太刀次第」の記載から、当期の琵琶島氏は上杉氏一門ではなく、一般の国衆の待遇であったと考えられる。中世史料では実名はわからないが、「上杉家御年譜」などの近世史料では合戦の記録などで琵琶島（柏崎）弥七郎広員やその先代とみられる柏崎日向守広行を知ることができる。そして、永禄十二年（一五六九）に広員の病死によって琵琶島氏は断絶したとされる。

第二b期（一五七〇年代）は、中世史料に琵琶島氏が確認できる時期で、御館の乱前には琵琶島弥七郎、乱の時期には上杉景虎方となった琵琶島善次郎がいる。「軍役帳」で上杉氏一門に位置付けられている弥七郎殿が琵琶島氏であれば、当期は琵琶島上杉氏の時期である。弥七郎については、課題もあるが、鵜川神社文書の政勝（上越一二九六号）が候補となろう。

なお、第二a期で琵琶島氏が国衆であったとすれば、系譜が不連続となる。そして、途絶えた国衆の琵琶島氏がすぐに上杉氏一門によって継承されたことになる。上杉謙信は自身の血縁者や他国の名門・名家出身者を養子とし、血縁のある養女との婚姻により分国内の上杉氏一門などの家の後継者としていたという（片桐二〇一七）。この例とは必ずしも合致しないが、「越後三条山吉家伝記之写」からは長尾氏との関係もうかがえられ、琵琶島氏の継承もこのような政策や方針の下で行われた可能性が考えられる。しかし、継承した者の具体的な出自、どのような養子・婚姻関係があったのかなど、いずれも明らかにできなかった。

第三期（一五八〇～九〇年代）　御館の乱後、琵琶島氏の史料が希薄になる時期である。琵琶島氏が史料にみられる状況から、第三a期・第三b期に細分した。

第三a期（一五八〇年代）は、琵琶島氏の空白期である。琵琶島には天正十二年（一五八四）から桐沢具繁が在城した。

第三b期（一五九〇年代）は、「目録」に記載のとおり山本寺九郎兵衛が琵琶島助兵衛として在番した時期である。上杉氏一門からの養子が琵琶島氏を継承した形となっており、当期も琵琶島上杉氏の時期といえよう。

なお、「白川風土記」「市川九良五郎由緒書」といった近世後期の史料では、その後の琵琶島氏は浪人・農夫となったことが伝えられている。

以上、刈羽郡琵琶島を本拠とした琵琶島氏を確認してきた。時期は一五五〇～九〇年代であり、このうち一五七〇年代・九〇年代には上杉氏一門（琵琶島上杉氏）として存続した時期がある。史料は断片的であり、本稿での検討も十分ではないため、今後も考察を深めていく必要がある。

【付記】本稿を作成するにあたり、片桐昭彦氏・前嶋敏氏・森田真一氏・福原圭一氏（五十音順）から貴重な御教示を賜りました。また、柏崎市立図書館・米沢市立米沢図書館からは資料調査に御協力をいただきました。感謝申し上げます。

図　琵琶島上杉氏の消長（模式図）

西暦	元号	長尾上杉氏	琵琶島上杉氏など	琵琶島（地名）	
一五〇〇	文亀	能景	◇この頃、琵琶島日向守春綱［越佐六―二二二］？		
	永正				
一五一〇		為景	△正藤［新潟二二六九］	琵琶島之八幡宮［新潟二二六八・二二六九］	第一期
一五二〇	大永				
	享禄				
一五三〇	天文			琵琶嶋［新潟三五七九ほか］	
一五四〇		晴景			
一五五〇		景虎			
	弘治		ヒワシマ女房［山本二〇〇八］		第二a期
			琵琶嶋［上越一二一］		
	永禄		びわ嶋殿［上越三五四二］		
			◇枇杷島弥七郎［年譜］		
一五六〇				ひわ嶋［新潟四二二一］	
		政虎	◇柏崎日向守広行［年譜］		
		輝虎	◇柏崎（琵琶島）弥七郎広員［年譜］		
			△政藤［新潟二二七二］		
			◇枇杷嶋弥七郎広員［村上二一〇］		
			◇枇杷島弥七郎広員［年譜］		
一五七〇	元亀	謙信			

一五八〇　天正

一五九〇　文禄

一六〇〇　慶長

景勝

琵琶島弥七郎殿［上越一一四九］

弥七郎殿［上越一二四六・一二四七］

△政勝［上越一二九六］

琵琶島弥七郎［上越一三六九］

琵琶島善次郎殿［上越一七一三］

△前嶋修理亮殿［上越一七七八］

◇柏崎弥七郎［玉川遺韻］

◇柏崎弥七郎［玉川遺韻］

△弾正少弼藤［上越三四三三］

琵琶島助兵衛［矢田ほか編二〇〇八］

琵琶嶋（ひわしま）［上越一七一五ほか

ひわしま［上越二一六七・二一九二］

琵琶嶋在城［新潟二七六六］

琵琶島保［矢田ほか編二〇〇八］

第二b期　第三a期　第三b期

凡例

△：参考となる人名

◇：近世史料による人名

出典

新潟：『新潟県史』資料編3〜5（新潟県、1983〜1984年）

上越：『上越市史』別編1・2（上越市、2002・2004年）

村上：『村上市史』資料編1古代中世編（村上市、1993年）

年譜：『上杉家御年譜』1謙信公・2景勝公（米沢温故会、1977年）

玉川遺韻：柏崎市立図書館蔵（中村文庫）

矢田俊文・福原圭一・片桐昭彦編『上杉氏分限帳』（高志書院、2008年）

山本隆志「高野山清浄心院「越後過去名簿」（写本）」（『新潟県立歴史博物館研究紀要』第9号、2008年）

［参考文献］

池　享「謙信登場」（『新潟県史』通史編2中世　新潟県、一九八七年）
池上裕子「戦国時代の上杉氏家臣と村」（『「天地人リレー講演会」記録集』新潟県立歴史博物館、二〇〇九年）
市村清貴「戦国争乱と柏崎」（市史編さん委員会編『柏崎市史』上巻　柏崎市、一九九〇年）
井上鋭夫『謙信と信玄』（至文堂、一九六四年、のち『読みなおす日本史　謙信と信玄』吉川弘文館、二〇一二年として再刊）
同『上杉謙信』（人物往来社、一九六六年①、のち講談社学術文庫　講談社、二〇二〇年に再版）
同「中世の頸南」（『頸南』（新潟県文化財報告書）新潟県、一九六六年②、のち「妙高信仰から一向宗へ」として井上著『山の民・川の民―日本中世の生活と信仰―』（平凡社選書六九　平凡社、一九八一年）に所収）
今泉省三・真水　淳編『越佐叢書』第一七巻（野島出版、一九八〇年）
今福　匡『上杉景虎―謙信後継を狙った反主流派の盟主―』（宮帯出版社、二〇一一年）
柏崎市史編さん委員会編『柏崎市史資料集』近世編2上（柏崎市史編さん室、一九八五年）
柏崎市史編さん委員会編『柏崎市史資料集』古代中世篇（柏崎市史編さん室、一九八七年）
片桐昭彦「上杉謙信の家督継承と家格秩序の創出」（上越市史専門委員会編『上越市史研究』第一〇号　上越市、二〇〇四年）
同「謙信の家族・一族と養子たち」（福原圭一・前嶋敏編『上杉謙信』高志書院、二〇一七年）
金子　拓『記憶の歴史学　史料に見る戦国』（講談社選書メチエ五一九　講談社、二〇一一年）
黒田基樹「総論　長尾為景の研究」（同編著『シリーズ・中世関東武士の研究第三四巻　長尾為景』戎光祥出版、二〇二三年）
三条市史編修委員会編『三条市史』資料編第二巻古代中世（三条市役所、一九七九年）
上越市史編さん委員会編『上越市史』別編1上杉氏文書集一（上越市、二〇〇三年）
上越市史編さん委員会編『上越市史』別編2上杉氏文書集二（上越市、二〇〇四年）
新沢佳大『柏崎編年史』上巻（柏崎市教育委員会、一九七〇年）

同　「宇佐美駿河守の虚像とその実像」（『日本歴史』第二七六号、一九七一年）
同　「柏崎市」（平凡社地方資料センター編『新潟県の地名』（日本歴史地名体系第一五巻）平凡社、一九八六年）
同　「御館の乱と柏崎の城主―北条、琵琶島、上条、赤田、旗持山　他―」（『柏崎刈羽』第三七号、二〇一〇年）
続群書類従完成会『歴代古案』第四（史料纂集（古文書編）三三、二〇〇〇年）
高橋一樹「越後国頸城地域の御家人―「六条八幡宮造営注文」を手がかりに―」（『上越市史研究』第二号、一九九七年）
高橋義彦編『越佐史料』巻五（名著出版、一九七一年①）
同編　『越佐史料』巻六（名著出版、一九七一年②）
新潟県『新潟県史』資料編3中世一文書編Ⅰ（一九八二年）
同　『新潟県史』資料編4中世二文書編Ⅱ（一九八三年）
新潟県神社庁柏崎支部『神社明細帳』（一九七八年）
西澤睦郎「謙信と越後の領主」（池享・矢田俊文編『定本 上杉謙信』高志書院、二〇〇〇年）
広井　造「謙信と家臣団」（池享・矢田俊文編『定本 上杉謙信』高志書院、二〇〇〇年）
藤木久志「家臣団の編制」（藩政史研究会編『藩制成立史の綜合研究　米沢藩』吉川弘文館、一九六三年、のち「上杉氏家臣団の編制」として藤木『戦国大名の権力構造』吉川弘文館、一九八七年に所収）
前嶋　敏「景虎の権力形成と晴景」（福原圭一・前嶋編『上杉謙信』高志書院、二〇一七年）
村上市『村上市史』資料編一古代中世編（一九九三年）
森田真一「上条上杉定憲と享禄・天文の乱」（『新潟史学』第四六号、二〇〇一年、のち黒田基樹編『シリーズ・中世関東武士の研究第二二巻　関東上杉氏一族』戎光祥出版、二〇一八年に所収）
同　「越後守護家・八条家と白河荘」（『笹神村史』通史編　笹神村、二〇〇四年、のち黒田基樹編著『シリーズ・中世関東武士の研究第二二巻　関東上杉氏一族』戎光祥出版、二〇一八年に所収）

矢田俊文「文書・日記が語る北陸―中世北陸のムラとマチと流通―」（北陸中世土器研究会編『中・近世の北陸―考古学が語る社会史―』（柏書房、一九九七年）
同「戦国期越後の守護と守護代―上杉房定と長尾為景―」（田村裕・坂井秀弥編『中世の越後と佐渡―遺物と文書が語る中世的世界―』（環日本海歴史民俗学叢書七、高志書院、一九九九年）
同『上杉謙信　政虎一世中忘失すべからず候』（ミネルヴァ日本評伝選、ミネルヴァ書房、二〇〇五年）
矢田俊文・福原圭一・片桐昭彦編『上杉氏分限帳』（高志書院、二〇〇八年）
山田邦明「上杉家中先祖由緒書とその成立」（『日本歴史』第六七三号、二〇〇四年）
山本隆志「高野山清浄心院「越後過去名簿」（写本）」（『新潟県立歴史博物館研究紀要』第九号　新潟県立歴史博物館、二〇〇八年）
米沢温故会『上杉家御年譜』一　謙信公（一九七七年①）
同『上杉家御年譜』二　景勝公（一九七七年②）
同『上杉家御年譜』二十四　御家中諸士略系譜（2）（一九八六年）

Column

山本寺上杉氏の動向

田中洋史

一、魚津城の戦い

天正十年（一五八二）六月三日、上杉勢の籠城する魚津城（富山県魚津市）が、織田氏の軍勢に攻められ落城した。落城の直前、同年四月二十三日に城将たちは連名で滅亡の覚悟を記した書状を認めたが、その署名の筆頭（末尾に記載）は、山本寺景長であった（『上越市史』別編2・二三五九）。このことは、山本寺上杉氏の上杉氏一門としての政治的な位置を端的に示しているだろう。

魚津城に籠城した武将の中には、中条景泰・竹俣慶綱・蓼沼泰重・安部政吉・吉江宗誾ら景勝配下の者たちに加えて、御館の乱で上杉景虎方に属した者たちがいた。たとえば、北条城（新潟県柏崎市）城主・北条氏の旧臣である石口（妥女正）広宗・南条修理亮の名をあげることができる。敗将たちが歴戦の精兵として送り込まれる側面と、最前線に出されて忠節を試されるという側面、その両面の意味が指摘されている（井上・田中二〇〇一）。

魚津城には、信長配下の柴田勝家・前田利家・佐々成政らが迫っていた。越後国内、妙高山麓に侵入した織田勢に備えるため撤退した景勝は、降伏してよいという意思を城中に伝えるも、彼らは拒否。籠城した武将たちは落城時に全滅した。本能寺の変の前日のことであった。

井上慶隆氏は、「もしも城兵がもう一日持ちこたえていたら、もしも本能寺の変がもう一日はやかったら、攻守ところを変えた妥女や修理亮は、逃げる織田勢を捕捉しつつ富山平野に壮絶な追撃戦を展開、別のドラマの幕をあけていたかもしれない」（井上・田中二〇〇一）と記す。

山本寺上杉氏は、さまざまな立場が交錯して、攻防を繰り広げた最前線の城にあって、総大将的な役回りを果たしていたのである。

二、戦乱と山本寺上杉氏

山本寺上杉氏は、室町期の越後守護・上杉房朝の弟・朝定を祖とするといわれる（山田一九八七）。しかし、山本寺上杉氏の関係史料は、家伝文書などまとまったかたちでは伝来していない。断片的な関係史料は、魚津城の戦いのように、越後国内外における戦乱に関わるものが多い。

たとえば、応永三十年（一四二三）ごろに始まった応永の大乱では、「三宝寺匠作」が守護代・長尾邦景方の武将として軍勢を率い、「黒河之城」（新潟県胎内市）に立て籠もっている（『新潟県史』資料編4・一三一六）。なお、「三宝寺」と「山本寺」の表記の相違があり、同族か否かの検討も必要である。

享禄三年（一五三〇）に始まった享禄・天文の乱では、翌年正月に上杉氏一門や阿賀北の領主が連名した反長尾為景方の「軍陣壁書」（『上越市史』資料編3・中世七四二）に署名している。

上杉謙信の跡目争いの御館の乱では、一族の山本寺孝長（景勝方）と山本寺定長（景虎方）が両派に分裂して戦っている。魚津城の戦いで城と運命を共にした山本寺景長は、孝長の次の世代と推測される。山本寺上杉氏は、一族の分裂直後という事情も抱えながら最前線の城の守備についていたのである。

三、上杉家の軍役と山本寺上杉氏

天正三年（一五七五）、上杉謙信は家臣に賦課する軍役を記したいわゆる「上杉家軍役帳」（『上越市史』

別編1・一二四六、一二四七）を作成した。記載された家臣団は、上杉氏の一門、国衆（下郡・中郡・上郡の地域に区分）、旗本に区分される（藤木一九六三）。そして、記載順の冒頭六番目までを上杉氏の一門が占めており、「御中将様」（上杉景勝）、「山浦殿」（山浦国清、山浦上杉氏）、「十郎殿」（上杉景信、古志長尾氏から改姓）、「上条殿」（上条政繁、上条上杉氏）、「弥七郎殿」（琵琶島上杉氏）に次いで、記載順六番目に「山本寺殿」（山本寺定長）の名前がある。本史料は、左記のとおり山本寺上杉氏の軍事力を示すものとして貴重である。

山本寺殿

五拾丁		鑓
拾人	甲打物 籠手・腰指	手明
弐丁	笠・腰指	鉄炮
参本		大小旗
六騎	甲打物 籠手・腰指	馬上

以上、

なお、この記載順と軍役高の大小は一致していない。「身分的には最高の序列を占める一門客将は、軍役高が小さく、頼りにされていない。むしろ突出した力はないが、ほどほどの力をもった、多数の国衆から大きく支えられているため、その発言力に苦慮したことが想像できる」（広井二〇〇四）と指摘されている。

四、その後の山本寺上杉氏

魚津城で亡くなった山本寺景長の子息は、父が「自刃スル時母懐抱シテ」越後に帰り、成長して「僧渓厳曹雪」となり、春日山の林泉寺の住職をつとめた（『上杉家御年譜』二十四 御家中諸士略系譜（2））。山本寺上杉氏は、景長の弟の「伊予守勝長」が継承し、近世・米沢藩の藩士家として存続した。

居城・不動山城（新潟県糸魚川市）は、越後・信濃・越中の「国境」に位置する要衝である（糸魚川市一九七六、鳴海二〇一六、福原二〇一七）。室町期以来、「国境」の守備を託された山本寺上杉氏の存在感は、魚津城の戦いの結末にもつながっていく。

断片的な文献史料を基軸に、ゆかりの遺跡の景観や近世・近代の地誌類に記された伝承なども勘案して、長尾・上杉政権下の越後国における山本寺上杉氏の実像を探ることは、今後の課題である。

〔参考文献〕

糸魚川市編『糸魚川市史』一　自然・古代・中世（糸魚川市、一九七六年）
井上慶隆・田中洋史「御館の乱と勝平城攻防戦」（『越路町史』通史編上巻、越路町、二〇〇一年）
鳴海忠夫「不動山城」（福原圭一・水澤幸一編『甲信越の名城を歩く』新潟編、吉川弘文館、二〇一六年）
広井造「上杉謙信と家臣」（上越市史編さん委員会『上越市史』通史編2中世、上越市、二〇〇四年）
福原圭一「戦国時代の戦争と「国境」」（地方史研究協議会編『信越国境の歴史像―「間」と「境」の地方史―』雄山閣、二〇一七年）
藤木久志「家臣団の編制」（藩政史研究会編『藩制成立史の綜合研究　米沢藩』、吉川弘文館、一九六三年）
山田邦明「国人と守護」（『新潟県史』通史編2中世、新潟県、一九八七年）
米沢温故会『上杉家御年譜』二十四　御家中諸士略系譜（2）（一九八六年）

【執筆者一覧】

序にかえて
黒田基樹　別掲
前嶋　敏　別掲

第一部
今福　匡　一九六四年生まれ。現在、米沢温故会会員・歴史ライター。
福原圭一　一九六八年生まれ。現在、上越市公文書センター所長。

第二部
森田真一　一九七四年生まれ。現在、群馬県地域創生部文化財保護課主幹。
阿部哲人　一九六九年生まれ。現在、米沢市上杉博物館学芸員。
田嶋悠佑　一九八八年生まれ。現在、新潟市歴史博物館学芸員。
片桐昭彦　一九七三年生まれ。現在、新潟大学准教授。
新保　稔　一九九四年生まれ。現在、國學院大學大学院特別研究生。

第三部

広井 造　一九六八年生まれ。現在、長岡市歴史文書館館長。
伊藤啓雄　一九七三年生まれ。現在、柏崎市立博物館学芸員。
田中洋史　一九七二年生まれ。現在、長岡市立科学博物館総括副主幹。

【編著者紹介】

黒田基樹（くろだ・もとき）

1965 年生まれ。

早稲田大学教育学部卒。駒沢大学大学院博士後期課程満期退学。

博士（日本史学、駒沢大学）。

現在、駿河台大学教授。

著書に『図説 北条氏康』『増補改訂 戦国北条家一族事典』（いずれも戎光祥出版）、『「おんな家長」芳春院殿』『増補 戦国大名』（いずれも平凡社）、編著に『長尾為景』（戎光祥出版）などがある。

前嶋敏（まえしま・さとし）

1971 年生まれ。

中央大学大学院博士後期課程単位取得退学。

博士（史学、中央大学）。

現在、新潟県立歴史博物館専門研究員。

著書に『戦国期地域権力の形成』（同成社）、編著に『上杉謙信』（戎光祥出版）、共編著に『上杉謙信』（高志書院）などがある。

装丁：川本 要

戦国大名の新研究4
上杉謙信《うえすぎけんしん》とその一族《いちぞく》

二〇二四年九月一〇日　初版初刷発行

編著者　黒田基樹・前嶋敏
発行者　伊藤光祥
発行所　戎光祥出版株式会社
東京都千代田区麹町一-七
相互半蔵門ビル八階
電　話　〇三-五二七五-三三六一（代）
ＦＡＸ　〇三-五二七五-三三六五
編集協力　株式会社イズシエ・コーポレーション
印刷・製本　モリモト印刷株式会社

https://www.ebisukosyo.co.jp
info@ebisukosyo.co.jp

ISBN978-4-86403-541-5

弊社刊行関連書籍のご案内

各書籍の詳細及びその他最新情報は戎光祥出版ホームページをご覧ください。

(https://www.ebisukosyo.co.jp) ※価格はすべて税込